## 实用版法规专辑

# 五险一金

中国法治出版社
CHINA LEGAL PUBLISHING HOUSE

# 我国的立法体系[①]

| | |
|---|---|
| 全国人民代表大会 | 修改宪法，制定和修改刑事、民事、国家机构的和其他的基本法律。 |
| 全国人民代表大会常务委员会 | 制定和修改除应当由全国人民代表大会制定的法律以外的其他法律；在全国人民代表大会闭会期间，对全国人民代表大会制定的法律进行部分补充和修改；根据全国人民代表大会授权制定相关法律；解释法律。 |
| 国务院 | 根据宪法、法律和全国人民代表大会及其常务委员会的授权，制定行政法规。 |
| 省、自治区、直辖市的人民代表大会及其常务委员会 | 根据本行政区域的具体情况和实际需要，在不同宪法、法律、行政法规相抵触的前提下，制定地方性法规。 |
| 设区的市、自治州的人民代表大会及其常务委员会 | 在不同上位法相抵触的前提下，可对城乡建设与管理、生态文明建设、历史文化保护、基层治理等事项制定地方性法规。 |
| 经济特区所在地的省、市的人民代表大会及其常务委员会 | 根据全国人民代表大会的授权决定，制定法规，在经济特区范围内实施。 |
| 上海市人民代表大会及其常务委员会 | 根据全国人民代表大会常务委员会的授权决定，制定浦东新区法规，在浦东新区实施。 |
| 海南省人民代表大会及其常务委员会 | 根据法律规定，制定海南自由贸易港法规，在海南自由贸易港范围内实施。 |
| 民族自治地方的人民代表大会 | 依照当地民族的政治、经济和文化的特点，制定自治条例和单行条例。对法律和行政法规的规定作出变通的规定，但不得违背法律或者行政法规的基本原则，不得对宪法和民族区域自治法的规定以及其他有关法律、行政法规专门就民族自治地方所作的规定作出变通规定。 |
| 国务院各部、委员会、中国人民银行、审计署和具有行政管理职能的直属机构以及法律规定的机构 | 根据法律和国务院的行政法规、决定、命令，在本部门的权限范围内，制定规章。 |
| 省、自治区、直辖市和设区的市、自治州的人民政府 | 根据法律、行政法规和本省、自治区、直辖市的地方性法规，制定规章。设区的市、自治州人民政府制定的地方政府规章限于城乡建设与管理、生态文明建设、历史文化保护、基层治理等方面的事项。 |
| 中央军事委员会 | 根据宪法和法律制定军事法规，在武装力量内部实施。 |
| 中国人民解放军各战区、军兵种和中国人民武装警察部队 | 根据法律和中央军事委员会的军事法规、决定、命令，在其权限范围内制定军事规章，在武装力量内部实施。 |
| 国家监察委员会 | 根据宪法和法律、全国人民代表大会常务委员会的有关决定，制定监察法规。 |
| 最高人民法院、最高人民检察院 | 作出属于审判、检察工作中具体应用法律的解释。 |

---

[①] 本图表为编者根据《立法法》相关规定编辑整理，供参考。

■实用版法规专辑·新8版

# 编 辑 说 明

　　运用法律维护权利和利益，是读者选购法律图书的主要目的。法律文本单行本提供最基本的法律依据，但单纯的法律文本中的有些概念、术语，读者不易理解；法律释义类图书有助于读者理解法律的本义，但又过于繁杂、冗长。

　　基于上述理念，我社自2006年7月率先出版了"实用版"系列法律图书；2008年2月，我们将与社会经济生活密切相关的领域所依托的法律制度以专辑形式汇编出版了"实用版法规专辑"，并在2012年、2014年、2016年、2018年、2020年、2022年全面更新升级再版。这些品种均深受广大读者的认同和喜爱。

　　2025年，本着"以读者为本"的宗旨，适应实践变化需要，我们第八次对"实用版法规专辑"增订再版，旨在为广大公民提供最新最高效的法律学习及法律纠纷解决方案。

　　**鲜明特点，无可替代：**

　　1. **出版权威**。中国法治出版社是中华人民共和国司法部所属的中央级法律类图书专业出版社，是国家法律、行政法规文本的权威出版机构。

　　2. **法律文本规范**。法律条文利用了我社法律单行本的资源，与国家法律、行政法规正式版本完全一致，确保条文准确、权威。

　　3. **条文注释专业、权威**。本书中的注释都是从全国人大常委会法制工作委员会、中华人民共和国司法部、最高人民法院等对条文的权威解读中精选、提炼而来，简单明了、通俗易懂，涵盖百姓日常生活中经常遇到的纠纷与难题。

　　4. **案例典型指引**。本书收录数件典型案例，均来自最高人民法院指导案例、公报案例、各地方高级人民法院判决书等，点出适用要点,展示解决法律问题的实例。

5. **附录实用**。书末收录经提炼的法律流程图、诉讼文书、办案常用数据(如损害赔偿金额标准)等内容,帮助您大大提高处理法律纠纷的效率。

6. **"实用版法规专辑"** 从某一社会经济生活领域出发,收录、解读该领域所涉重要法律制度,为解决该领域法律纠纷提供支持。

# 五险一金法律制度
# 理解与适用

五险一金，是指用人单位给予劳动者的几种保障性待遇的合称，包括养老保险、医疗保险、失业保险、工伤保险和生育保险，还有住房公积金。2010年10月28日中华人民共和国第十一届全国人民代表大会常务委员会第十七次会议通过的《中华人民共和国社会保险法》（以下简称《社会保险法》）[①] 对相关内容进行了规定。

社会保险是一种为丧失劳动能力、暂时失去劳动岗位或因健康原因造成损失的人员提供收入或补偿的一种制度。我国《宪法》规定，公民在年老、疾病或者丧失劳动能力的情况下，有从国家和社会获得物质帮助的权利；国家建立健全同经济发展水平相适应的社会保障制度。社会保障体系包括社会保险、社会福利、社会救济、社会优抚和社会互助等。社会保险是社会保障体系的重要组成部分，在整个社会保障体系中居于核心地位。制定社会保险法，对于规范社会保险关系，促进社会保险事业的发展，保障公民共享发展成果，维护社会和谐稳定，具有十分重要的意义。

一、《社会保险法》的适用范围

为了建立覆盖城乡的社会保障体系，《社会保险法》规定："社会保险制度坚持广覆盖、保基本、多层次、可持续的方针，社会保险水平应当与经济社会发展水平相适应。"（第3条）"国家建立基本养老保险、基本医疗保险、工伤保险、失业保险、生育保险等社会保险制度，保障公民在年老、疾病、工伤、失业、生育等情况下依法从国家和社会获得物质帮助的权利。"（第2条）同时，考虑到农村居民的社会保险正处于试点阶段的实际情况，《社会保险法》规

---

[①] 本部分及法律条文下解读加工部分的法律文件均使用简称。

定:"国家建立和完善新型农村社会养老保险制度";"国家建立和完善新型农村合作医疗制度"。(第20、24条)

此外,《社会保险法》还对进城务工的农村居民、被征地农民以及在中国境内就业的外国人的社会保险制度适用作了规定。(第95-97条)

二、社会保险费的缴纳

《社会保险法》对基本养老保险、基本医疗保险、工伤保险、失业保险、生育保险等险种的缴费对象作了明确规定:

1. 职工应当参加基本养老保险,由用人单位和职工共同缴纳基本养老保险费。

2. 职工应当参加职工基本医疗保险,由用人单位和职工按照国家规定共同缴纳基本医疗保险费。

3. 职工应当参加工伤保险,由用人单位缴纳工伤保险费,职工不缴纳工伤保险费。

4. 职工应当参加失业保险,由用人单位和职工按照国家规定共同缴纳失业保险费。

5. 职工应当参加生育保险,由用人单位按国家规定缴纳生育保险费,职工不缴纳生育保险费。

三、关于社会保险待遇

为了保障参加社会保险的个人及时足额领取社会保险待遇,《社会保险法》主要作了以下规定:

一是规定了参加基本养老保险、基本医疗保险、工伤保险、失业保险、生育保险的个人享受各项社会保险待遇的基本条件、待遇内容。

二是规定个人死亡同时符合领取基本养老保险丧葬补助金、工伤保险丧葬补助金和失业保险丧葬补助金条件的,其遗属只能选择领取其中的一项。

三是对个人跨地区流动或者发生职业转换需要转移接续社会保险关系的事项作出相应规定。比如《社会保险法》第32条规定,个人跨统筹地区就业的,其基本医疗保险关系随本人转移,缴费年限累计计算。

四、关于社会保险争议的解决

主要规定在《社会保险法》第83条,即用人单位或者个人认为社会保险费征收机构的行为侵害自己合法权益的,可以依法申请行政复议或者提起行政诉讼。

用人单位或者个人对社会保险经办机构不依法办理社会保险登记、核定社会保险费、支付社会保险待遇、办理社会保险转移接续手续或者侵害其他社会保险权益的行为,可以依法申请行政复议或者提起行政诉讼。

个人与所在用人单位发生社会保险争议的,可以依法申请调解、仲裁,提起诉讼。用人单位侵害个人社会保险权益的,个人也可以要求社会保险行政部门或者社会保险费征收机构依法处理。

国家为了加强对住房公积金的管理,维护住房公积金所有者的合法权益,促进城镇住房建设,提高城镇居民的居住水平,制定了《住房公积金管理条例》。该条例的实施推动了住房公积金制度的发展。实践证明,实行住房公积金制度对加快城镇住房制度改革、完善住房供应体系,改善中低收入家庭居住条件等发挥了重要作用。

# 五险一金法律要点提示

| 法律要点 | 法条 | 页码 |
|---|---|---|
| 基本养老保险覆盖范围 | 《社会保险法》第10条 | 第7页 |
| 享受基本养老保险待遇的条件 | 《社会保险法》第16条 | 第9页 |
| 新型农村社会养老保险待遇 | 《社会保险法》第21条 | 第13页 |
| 城镇居民社会养老保险 | 《社会保险法》第22条 | 第13页 |
| 职工基本医疗保险覆盖范围 | 《社会保险法》第23条 | 第14页 |
| 基本医疗保险费用结算制度 | 《社会保险法》第29条 | 第16页 |
| 工伤保险参保范围 | 《社会保险法》第33条<br>《工伤保险条例》第2条 | 第19页<br>第237页 |
| 享受工伤保险待遇的条件 | 《社会保险法》第36条<br>《工伤保险条例》第三、四章 | 第21页<br>第243、255页 |
| 不认定工伤的情形 | 《社会保险法》第37条 | 第23页 |
| 工伤保险基金负担的工伤保险待遇 | 《社会保险法》第38条<br>《工伤保险条例》第30-40条 | 第23页<br>第259-268页 |
| 停止享受工伤保险待遇的情形 | 《社会保险法》第43条 | 第28页 |

| 法律要点 | 法条 | 页码 |
|---|---|---|
| 失业保险参保范围 | 《社会保险法》第44条<br>《失业保险条例》第2条 | 第29页<br>第330页 |
| 领取失业保险金的条件 | 《社会保险法》第45条<br>《失业保险条例》第14条 | 第29页<br>第332页 |
| 领取失业保险金的期限 | 《社会保险法》第46条<br>《失业保险条例》第17条 | 第29页<br>第333页 |
| 领取失业保险金的程序 | 《社会保险法》第50条 | 第31页 |
| 停止领取失业保险待遇的情形 | 《社会保险法》第51条<br>《失业保险条例》第15条 | 第32页<br>第332页 |
| 生育保险待遇 | 《社会保险法》第54条<br>《企业职工生育保险试行办法》第5、6条 | 第33页<br>第345页 |
| 享受生育津贴的情形 | 《社会保险法》第56条 | 第34页 |
| 住房公积金的提取和使用 | 《住房公积金管理条例》第24-27条 | 第357-358页 |

# 目 录

## 综 合

**中华人民共和国社会保险法** ……………………………（1）
  （2018年12月29日）
  实施《中华人民共和国社会保险法》若干规定 ……………（51）
  （2011年6月29日）
**社会保险费征缴暂行条例** ……………………………………（57）
  （2019年3月24日）
  社会保险经办条例 ……………………………………………（64）
  （2023年8月16日）
  社会保险基金先行支付暂行办法 ……………………………（74）
  （2018年12月14日）
  社会保险稽核办法 ……………………………………………（78）
  （2003年2月27日）
  社会保险欺诈案件管理办法 …………………………………（81）
  （2016年4月28日）
  香港澳门台湾居民在内地（大陆）参加社会保险暂行
  办法 ……………………………………………………………（91）
  （2019年11月29日）
  社会保险基金行政监督办法 …………………………………（95）
  （2022年2月9日）
  社会保险基金监督举报奖励暂行办法 ……………………（103）
  （2022年7月11日）

社会保险基金监督举报工作管理办法 …………………（107）
　　（2023年1月17日）

# 养老保险

中华人民共和国老年人权益保障法（节录）…………（117）
　　（2018年12月29日）
企业职工基本养老保险病残津贴暂行办法 ……………（119）
　　（2024年9月27日）
城乡养老保险制度衔接暂行办法 ………………………（121）
　　（2014年2月24日）
城乡养老保险制度衔接经办规程（试行）………………（124）
　　（2014年2月24日）
国务院办公厅关于转发人力资源社会保障部、财政部
　城镇企业职工基本养老保险关系转移接续暂行办法
　的通知 ……………………………………………………（128）
　　（2009年12月28日）
人力资源社会保障部关于城镇企业职工基本养老保险
　关系转移接续若干问题的通知 ………………………（132）
　　（2016年11月28日）
人力资源社会保障部办公厅关于职工基本养老保险关
　系转移接续有关问题的补充通知 ……………………（134）
　　（2019年9月29日）
个人养老金实施办法 ……………………………………（139）
　　（2022年10月26日）
企业年金办法 ……………………………………………（147）
　　（2017年12月18日）
机关事业单位职业年金办法 ……………………………（153）
　　（2015年3月27日）

机关事业单位基本养老保险关系和职业年金转移接续
经办规程（暂行） ……………………………………（156）
（2017年1月18日）

## 医疗保险

医疗保障基金使用监督管理条例 ……………………（166）
（2021年1月15日）
基本医疗保险关系转移接续暂行办法 ………………（176）
（2021年11月1日）
零售药店医疗保障定点管理暂行办法 ………………（180）
（2020年12月30日）
医疗机构医疗保障定点管理暂行办法 ………………（191）
（2020年12月30日）
基本医疗保险用药管理暂行办法 ……………………（203）
（2020年7月30日）
国家医保局、财政部关于进一步做好基本医疗保险跨
省异地就医直接结算工作的通知 …………………（210）
（2022年6月30日）
关于做好进城落户农民参加基本医疗保险和关系转移
接续工作的办法 ……………………………………（230）
（2015年8月27日）
流动就业人员基本医疗保险关系转移接续业务经办
规程 …………………………………………………（233）
（2016年6月22日）

## 工伤保险

**工伤保险条例** ……………………………………………（236）
（2010年12月20日）
工伤职工劳动能力鉴定管理办法 ……………………（281）
（2018年12月14日）

工伤认定办法 ……………………………………………（287）
　　（2010年12月31日）
工伤保险辅助器具配置管理办法 ………………………（291）
　　（2018年12月14日）
职业病诊断与鉴定管理办法 ……………………………（296）
　　（2021年1月4日）
非法用工单位伤亡人员一次性赔偿办法 ………………（309）
　　（2010年12月31日）
部分行业企业工伤保险费缴纳办法 ……………………（310）
　　（2010年12月31日）
因工死亡职工供养亲属范围规定 ………………………（311）
　　（2003年9月23日）
人力资源社会保障部关于执行《工伤保险条例》
　若干问题的意见 ………………………………………（313）
　　（2013年4月25日）
人力资源社会保障部关于执行《工伤保险条例》
　若干问题的意见（二）…………………………………（315）
　　（2016年3月28日）
劳动和社会保障部关于实施《工伤保险条例》若干问
　题的意见 ………………………………………………（318）
　　（2004年11月1日）
人力资源社会保障部关于工伤保险待遇调整和确定机
　制的指导意见 …………………………………………（319）
　　（2017年7月28日）
人力资源社会保障部、财政部关于调整工伤保险费率
　政策的通知 ……………………………………………（323）
　　（2015年7月22日）
最高人民法院关于审理工伤保险行政案件若干问题的
　规定 ……………………………………………………（326）
　　（2014年6月18日）

## 失业保险

**失业保险条例** ·················· (330)
　　(1999年1月22日)
　失业保险金申领发放办法 ············· (337)
　　(2024年6月14日)
　关于畅通失业保险关系跨省转移接续的通知 ······ (341)
　　(2021年11月9日)

## 生育保险

　企业职工生育保险试行办法 ············ (345)
　　(1994年12月14日)
　女职工劳动保护特别规定 ············· (347)
　　(2012年4月28日)

## 住房公积金管理及其他

**住房公积金管理条例** ··············· (352)
　　(2019年3月24日)
　住房城乡建设部关于住房公积金异地个人住房贷款有
　　关操作问题的通知 ··············· (362)
　　(2015年9月15日)
　住房城乡建设部、财政部、中国人民银行关于切实提
　　高住房公积金使用效率的通知 ·········· (364)
　　(2015年9月29日)
　住房和城乡建设部、财政部、中国人民银行等关于在
　　内地（大陆）就业的港澳台同胞享有住房公积金待
　　遇有关问题的意见 ··············· (366)
　　(2017年11月28日)

**实用附录**

1. 参保人员或用人单位申请基本医疗保险关系转移接续流程图 ……………………………………………… (368)
2. 工伤赔偿实用流程图 ………………………………… (369)
3. 工伤赔偿数据速查 …………………………………… (370)

# 综　合

# 中华人民共和国社会保险法

（2010年10月28日第十一届全国人民代表大会常务委员会第十七次会议通过　根据2018年12月29日第十三届全国人民代表大会常务委员会第七次会议《关于修改〈中华人民共和国社会保险法〉的决定》修正）

## 第一章　总　则

**第一条**　【立法宗旨】[①] 为了规范社会保险关系，维护公民参加社会保险和享受社会保险待遇的合法权益，使公民共享发展成果，促进社会和谐稳定，根据宪法，制定本法。

> 注释　社会保险关系是指社会保险主体在社会保险活动中所形成的权利义务关系。社会保险关系比较复杂，包括政府与公民之间、社会保险费征收机构与用人单位和个人之间、用人单位与职工之间、社会保险经办机构与参保人员之间等多重关系。

**第二条**　【建立社会保险制度】国家建立基本养老保险、基本医疗保险、工伤保险、失业保险、生育保险等社会保险制度，保障公民在年老、疾病、工伤、失业、生育等情况下依法从国家和社会获得物质帮助的权利。

> 注释　[企业年金]
> 根据《企业年金办法》，企业年金，是指企业及其职工在依法参加基本养老保险的基础上，自主建立的补充养老保险制度。企业

---

[①] 条文主旨为编者所加，下同。

年金所需费用由企业和职工个人共同缴纳。企业年金基金实行完全积累，为每个参加企业年金的职工建立个人账户，按照国家有关规定投资运营。企业年金基金投资运营收益并入企业年金基金。

[个人养老金]

根据《个人养老金实施办法》，个人养老金是指政府政策支持、个人自愿参加、市场化运营、实现养老保险补充功能的制度。个人养老金实行个人账户制，缴费完全由参加人个人承担，自主选择购买符合规定的储蓄存款、理财产品、商业养老保险、公募基金等金融产品，实行完全积累，按照国家有关规定享受税收优惠政策。个人养老金的参加人应当是在中国境内参加城镇职工基本养老保险或者城乡居民基本养老保险的劳动者。

**参见** 《企业年金办法》；《个人养老金实施办法》；《劳动法》第70条

**第三条　【社会保险制度的方针和社会保险水平】** 社会保险制度坚持广覆盖、保基本、多层次、可持续的方针，社会保险水平应当与经济社会发展水平相适应。

**第四条　【用人单位和个人的权利义务】** 中华人民共和国境内的用人单位和个人依法缴纳社会保险费，有权查询缴费记录、个人权益记录，要求社会保险经办机构提供社会保险咨询等相关服务。

个人依法享受社会保险待遇，有权监督本单位为其缴费情况。

**注释** [社会保险关系中用人单位的权利和义务]

(1) 用人单位的权利。用人单位可以向社会保险经办机构查询、核对其缴费记录，要求社会保险经办机构提供社会保险咨询等相关服务。

(2) 用人单位主要有以下义务：一是缴费义务。职工基本养老保险、职工基本医疗保险、失业保险的缴费义务由用人单位与职工共同承担；工伤保险、生育保险的缴费义务全部由用人单位承担。二是登记义务。用人单位应当自成立之日起30日内凭营业执照、登记证书或者单位印章，向当地社会保险经办机构申请办理社会保险登记；用人单位应当自用工之日起30日内为其职工向社会保险经办机构申请办理社会保险登记。三是申报和代扣代缴义务。用人单位应当自行申报、按时足额缴纳社会保险费，非因不可抗力等法定事由不得缓缴、减免。职工应当缴纳的社会保险费由用人单位代扣代缴，用人单位应当按月将缴纳社会保险费的明细情况告知本人。

[社会保险关系中个人的权利和义务]

（1）个人主要有以下权利：一是依法享受社会保险待遇。二是有权监督本单位为其缴费情况。三是个人可以向社会保险经办机构查询、核对其缴费和享受社会保险待遇记录，要求社会保险经办机构提供社会保险咨询等相关服务。

（2）个人主要有以下义务：一是缴费义务。职工要承担职工基本养老保险、职工基本医疗保险、失业保险的缴费义务；无雇工的个体工商户、未在用人单位参加基本养老保险（基本医疗保险）的非全日制从业人员以及其他灵活就业人员可以参加基本养老保险、职工基本医疗保险，由个人缴纳基本养老保险费和基本医疗保险费；农村居民参加新型农村社会养老保险、新型农村合作医疗，要承担缴费义务；城镇居民参加城镇居民社会养老保险、城镇居民基本医疗保险，要承担缴费义务。二是登记义务。自愿参加社会保险的无雇工的个体工商户、未在用人单位参加社会保险的非全日制从业人员及其他灵活就业人员，应当向社会保险经办机构申请办理社会保险登记；失业人员应当持本单位为其出具的终止或者解除劳动关系的证明，及时到指定的公共就业服务机构办理失业登记。

[个人权益记录]

社会保险个人权益记录，是指以纸质材料和电子数据等载体记录的反映参保人员及其用人单位履行社会保险义务、享受社会保险权益状况的信息，包括下列内容：（1）参保人员及其用人单位社会保险登记信息；（2）参保人员及其用人单位缴纳社会保险费、获得相关补贴的信息；（3）参保人员享受社会保险待遇资格及领取待遇的信息；（4）参保人员缴费年限和个人账户信息；（5）其他反映社会保险个人权益的信息。

[参保人员如何查询个人权益记录？]

社会保险经办机构应当向参保人员及其用人单位开放社会保险

个人权益记录查询程序，界定可供查询的内容，通过社会保险经办机构网点、自动终端或者电话、网站等方式提供查询服务。社会保险经办机构网点应当设立专门窗口向参保人员及其用人单位提供免费查询服务。参保人员向社会保险经办机构查询本人社会保险个人权益记录的，需持本人有效身份证件；参保人员委托他人向社会保险经办机构查询本人社会保险个人权益记录的，被委托人需持书面委托材料和本人有效身份证件。需要书面查询结果或者出具本人参保缴费、待遇享受等书面证明的，社会保险经办机构应当按照规定提供。

**参见**　《社会保险个人权益记录管理办法》

**案例**　北京市某鞋业有限责任公司与王某劳动争议纠纷上诉案（北京市第二中级人民法院民事判决书〔2015〕二中民终字第13554号）

**案件适用要点**：社会保险具有社会统筹性质，用人单位和劳动者必须依法参加社会保险，缴纳社会保险费。缴纳社会保险费不仅是用人单位的法定义务也是劳动者的法定义务，关乎职工、单位和社会三方的利益，不能通过用人单位和劳动者的约定进行变更或放弃。虽然王某本人书写承诺书放弃缴纳社会保险，属于真实意思表示，但该约定违反国家关于社会保险的强制性法律规定，应属无效。

**第五条**　**【社会保险财政保障】**县级以上人民政府将社会保险事业纳入国民经济和社会发展规划。

国家多渠道筹集社会保险资金。县级以上人民政府对社会保险事业给予必要的经费支持。

国家通过税收优惠政策支持社会保险事业。

**注释**　根据《财政部、国家税务总局关于基本养老保险费、基本医疗保险费、失业保险费、住房公积金有关个人所得税政策的通知》，个人实际领（支）取原提存的<u>基本养老保险金、基本医疗保险金、失业保险金和住房公积金时，免征个人所得税</u>。

根据《财政部、国家税务总局关于生育津贴和生育医疗费有关个人所得税政策的通知》，生育妇女按照县级以上人民政府根据国家有关规定制定的生育保险办法，取得的生育津贴、生育医疗费或其他属于生育保险性质的津贴、补贴，免征个人所得税。

**第六条** 【社会保险基金监督】国家对社会保险基金实行严格监管。

国务院和省、自治区、直辖市人民政府建立健全社会保险基金监督管理制度，保障社会保险基金安全、有效运行。

县级以上人民政府采取措施，鼓励和支持社会各方面参与社会保险基金的监督。

> **注释** ［社会保险基金社会监督的对象及内容］
>
> 根据《人力资源和社会保障部关于开展社会保险基金社会监督试点的意见》的规定，社会保险基金社会监督，主要对涉及社会保险基金征缴、支付、管理、服务和投资运营等单位和个人的下列行为进行监督：
>
> （1）社会保险相关部门。是否按规定存储、管理社会保险基金，有无违规开设银行账户、违反收支两条线规定、将不同险种基金混合建账及核算；是否按规定及时足额划转社会保险基金；有无隐匿、转移、侵占、挪用或贪污社会保险基金等行为；有无将社会保险基金用于平衡其他政府预算，兴建、改建办公场所，支付人员经费、运行费用、管理费用，或者违反法律、行政法规规定挪作其他用途。
>
> （2）社会保险经办机构。是否依规办理社会保险登记、核定社会保险缴费基数、费率和人数及按规定编制提供社会保险缴费清册，有无违规核销社会保险欠费行为；基金核算、管理是否符合财务会计制度和相关政策规定；是否及时依规审核社会保险待遇支出，有无通过修改数据材料骗取或协助他人骗取社会保险基金等行为；是否按时足额支付社会保险待遇、结算社会保险基金支出；有无隐匿、转移、侵占、挪用或贪污社会保险基金行为。
>
> （3）社会保险费征收机构。是否按时足额征收社会保险费并及时存入规定的基金专户，有无多征、少征或滞压现象；有无篡改缴费记录等社会保险数据行为或隐匿、丢失相关数据资料情况；有无隐匿、转移、侵占、挪用或贪污社会保险基金行为。

(4) 社会保险相关服务机构。定点医疗机构、定点零售药店、协议工伤康复机构、协议工伤伤残辅助器具配置机构、社会保险基金存储发放机构、职业介绍、培训机构等，有无违反服务协议和相关合同、骗取或协助他人骗取社会保险基金的行为；投资运营机构是否按规定投资运营。

(5) 用人单位。是否按规定办理社会保险登记、申报缴费基数及参保人数；是否按时足额缴纳社会保险费；是否按时足额向参保人员或受益人发放社会保险待遇；有无骗取或协助他人骗取社会保险基金的问题。其他组织有无侵害社会保险基金的行为。

(6) 参保人员。是否按规定办理社会保险手续，有无谎报身份、伪造档案、出具虚假证明材料、隐瞒个人信息骗取参保资格或社会保险基金行为。

**第七条** 【社会保险行政管理职责分工】国务院社会保险行政部门负责全国的社会保险管理工作，国务院其他有关部门在各自的职责范围内负责有关的社会保险工作。

县级以上地方人民政府社会保险行政部门负责本行政区域的社会保险管理工作，县级以上地方人民政府其他有关部门在各自的职责范围内负责有关的社会保险工作。

**第八条** 【社会保险经办机构职责】社会保险经办机构提供社会保险服务，负责社会保险登记、个人权益记录、社会保险待遇支付等工作。

**第九条** 【工会的职责】工会依法维护职工的合法权益，有权参与社会保险重大事项的研究，参加社会保险监督委员会，对与职工社会保险权益有关的事项进行监督。

**注释** 工会协助用人单位办好职工集体福利事业，做好工资、劳动安全卫生和社会保险工作。县级以上各级人民政府及其有关部门研究制定劳动就业、工资、劳动安全卫生、社会保险等涉及职工切身利益的政策、措施时，应当吸收同级工会参加研究，听取工会意见。企业、事业单位、社会组织研究经营管理和发展的重大问题应当听取工会的意见；召开会议讨论有关工资、福利、劳动安全卫生、工作时间、休息休假、女职工保护和社会保险等涉及职工切身利益的问题，必须有工会代表参加。

**参见** 《工会法》

## 第二章 基本养老保险

**第十条 【覆盖范围】**职工应当参加基本养老保险，由用人单位和职工共同缴纳基本养老保险费。

无雇工的个体工商户、未在用人单位参加基本养老保险的非全日制从业人员以及其他灵活就业人员可以参加基本养老保险，由个人缴纳基本养老保险费。

公务员和参照公务员法管理的工作人员养老保险的办法由国务院规定。

**注释** 灵活就业人员是指以非全日制、临时性、季节性、弹性工作等灵活多样的形式实现就业的人员，包括无雇工的个体工商户、非全日制从业人员以及自由撰稿人、演员等自由职业者等，这类人员在工作时间、劳动报酬、工作场所、劳动关系等方面与传统的建立在工厂制度基础上的劳动者不一样，有的没有用人单位，有的与用人单位没有建立固定的劳动关系，但是他们提供了某种形式的劳动，有劳动收入，可以将他们纳入职工基本养老保险覆盖范围。灵活就业人员可以自愿参加职工基本养老保险。注意，有些非全日制从业人员与用人单位建立了比较固定的劳动关系，应当由用人单位与劳动者共同缴纳基本养老保险费。

**第十一条 【制度模式和基金筹资方式】**基本养老保险实行社会统筹与个人账户相结合。

基本养老保险基金由用人单位和个人缴费以及政府补贴等组成。

**第十二条 【缴费基数和缴费比例】**用人单位应当按照国家规定的本单位职工工资总额的比例缴纳基本养老保险费，记入基本养老保险统筹基金。

职工应当按照国家规定的本人工资的比例缴纳基本养老保险费，

记入个人账户。

无雇工的个体工商户、未在用人单位参加基本养老保险的非全日制从业人员以及其他灵活就业人员参加基本养老保险的,应当按照国家规定缴纳基本养老保险费,分别记入基本养老保险统筹基金和个人账户。

**注释** 用人单位的缴费基数和缴费比例。按照现行政策,用人单位缴纳基本养老保险费的比例,一般不超过企业工资总额的20%,具体比例由省、自治区、直辖市人民政府确定。

灵活就业人员的缴费基数和缴费比例。按照现行政策,城镇个体工商户等灵活就业人员参加基本养老保险的缴费基数为当地上年度职工月平均工资,缴费比例为20%,其中8%记入个人账户。

**第十三条 【政府财政补贴】** 国有企业、事业单位职工参加基本养老保险前,视同缴费年限期间应当缴纳的基本养老保险费由政府承担。

基本养老保险基金出现支付不足时,政府给予补贴。

**注释** 关于视同缴费年限计算地问题。参保人员待遇领取地按照《城镇企业职工基本养老保险关系转移接续暂行办法》第6条和第12条执行,即基本养老保险关系在户籍所在地的,由户籍所在地负责办理待遇领取手续;基本养老保险关系不在户籍所在地,而在其基本养老保险关系所在地累计缴费年限满10年的,在该地办理待遇领取手续;基本养老保险关系不在户籍所在地,且在其基本养老保险关系所在地累计缴费年限不满10年的,将其基本养老保险关系转回上一个缴费年限满10年的原参保地办理待遇领取手续;基本养老保险关系不在户籍所在地,且在每个参保地的累计缴费年限均不满10年的,将其基本养老保险关系及相应资金归集到户籍所在地,由户籍所在地按规定办理待遇领取手续。缴费年限,除另有特殊规定外,均包括视同缴费年限。

一地(以省、自治区、直辖市为单位)的累计缴费年限包括在本地的实际缴费年限和计算在本地的视同缴费年限。其中,曾经在机关事业单位和企业工作的视同缴费年限,计算为当时工作地的视同缴费年限;在多地有视同缴费年限的,分别计算为各地的视同缴费年限。

**第十四条** 【个人账户养老金】个人账户不得提前支取,记账利率不得低于银行定期存款利率,免征利息税。个人死亡的,个人账户余额可以继承。

**注释** 个人账户养老金是个人工作期间为退休后养老积蓄的资金,是基本养老保险待遇的重要组成部分,是国家强制提取的,退休前个人不得提前支取。

个人账户养老金虽具有强制储蓄性质,但属于个人所有,个人死亡的(包括退休前和退休后),个人账户养老金余额可以继承。

需要说明的是,2006年1月1日后个人账户资金全部由个人缴纳形成,在此以前,个人账户中一部分资金是个人缴纳,一部分是从单位缴费中划入的。根据国家规定,个人死亡的,其个人账户余额中的个人缴费部分可以继承,单位缴费部分不能继承,应当并入统筹基金。

**第十五条** 【基本养老金构成】基本养老金由统筹养老金和个人账户养老金组成。

基本养老金根据个人累计缴费年限、缴费工资、当地职工平均工资、个人账户金额、城镇人口平均预期寿命等因素确定。

**注释** [统筹养老金]

统筹养老金来自于由用人单位缴费和财政补贴等构成的社会统筹基金,根据个人累计缴费年限、缴费工资、当地职工平均工资等因素确定。

[个人账户养老金]

个人账户养老金是基本养老金的重要组成部分,是个人为自己养老储蓄的资金,体现养老保险中的个人责任。按照现行的制度规定,个人账户养老金月标准为个人账户储存额除以计发月数,计发月数根据职工退休时个人账户金额、城镇人口平均预期寿命和本人退休年龄等因素确定。

**第十六条** 【享受基本养老保险待遇的条件】参加基本养老保险的个人,达到法定退休年龄时累计缴费满十五年的,按月领取基本养老金。

参加基本养老保险的个人,达到法定退休年龄时累计缴费不足十五年的,可以缴费至满十五年,按月领取基本养老金;也可以转入新型农村社会养老保险或者城镇居民社会养老保险,按照国务院规定享受相应的养老保险待遇。

**注释** 本条是关于享受基本养老保险待遇的条件的规定。参加基本养老保险的个人,履行了缴费义务,就应当享受相应的养老保险待遇。我国养老保险制度实行的是缴费模式,享受基本养老待遇与缴费年限挂钩。在我国享受养老保险待遇必须符合两个条件:一是必须达到法定退休年龄;二是累计最低缴费满15年。达到退休年龄是享受基本养老保险待遇的基本条件之一。退休年龄是根据劳动力资源的状况、人口平均预期寿命、劳动人口的抚养比以及养老保险的承担能力等多重因素确定。

[享受基本养老保险待遇的缴费年限是多少年?]

缴费满15年是享受基本养老保险待遇的基本条件之一。注意,规定最低缴费年限为15年,并不是缴满15年就可以不缴费。对职工来说,缴费是法律规定的强制性义务,只要与用人单位建立劳动关系,就应当按照国家规定缴费。同时,个人享受基本养老保险待遇与个人缴费年限直接相关,缴费年限越长、缴费基数越大,退休后领取的养老金就越多。

另外,《国务院关于渐进式延迟法定退休年龄的办法》规定,从2030年1月1日起,将职工按月领取基本养老金最低缴费年限由15年逐步提高至20年,每年提高6个月。职工达到法定退休年龄但不满最低缴费年限的,可以按照规定通过延长缴费或者一次性缴费的办法达到最低缴费年限,按月领取基本养老金。

**第十七条 【参保个人因病或非因工致残、死亡待遇】**参加基本养老保险的个人,因病或者非因工死亡的,其遗属可以领取丧葬补助金和抚恤金;在未达到法定退休年龄时因病或者非因工致残完全丧失劳动能力的,可以领取病残津贴。所需资金从基本养老保险基金中支付。

**注释** ［丧葬补助金和遗属抚恤金］

丧葬补助金是职工死亡后安葬和处理后事的补助费用。遗属抚恤金是职工死亡后给予其家属的经济补偿金和精神安慰金。个人参加基本养老保险，单位和自己缴纳基本养老保险费，主要是为了其退休后能够享受基本养老待遇，个人退休前和退休后因病或者非因工死亡的，其个人账户的余额可以作为遗产由遗属继承，单位缴纳的基本养老保险费并入统筹基金，作为社会互济资金，遗属不能主张继承权。但是，为了体现参保人员对统筹基金的贡献，本法规定，其遗属可以领取丧葬补助金和抚恤金，作为参保人员死亡的丧葬补助费用和遗属抚恤费用。遗属的范围一般包括死者的配偶、子女、依靠死者生前供养的父母以及依靠死者生活的其他亲属。

［病残津贴］

病残津贴是基本养老保险基金对未达到法定退休年龄时因病或者非因工致残、完全丧失劳动能力的参保人员的经济补偿。参保人员达到法定退休年龄前因病或者非因工致残经鉴定为完全丧失劳动能力的，可以申请按月领取病残津贴。《企业职工基本养老保险病残津贴暂行办法》第3条规定："参保人员申请病残津贴时，累计缴费年限（含视同缴费年限，下同）满领取基本养老金最低缴费年限且距离法定退休年龄5年（含）以内的，病残津贴月标准执行参保人员待遇领取地退休人员基本养老金计发办法，并在国家统一调整基本养老金水平时按待遇领取地退休人员政策同步调整。领取病残津贴人员达到法定退休年龄时，应办理退休手续，基本养老金不再重新计算。符合弹性提前退休条件的，可申请弹性提前退休。"第4条规定："参保人员申请病残津贴时，累计缴费年限满领取基本养老金最低缴费年限且距离法定退休年龄5年以上的，病残津贴月标准执行参保人员待遇领取地退休人员基础养老金计发办法，并在国家统一调整基本养老金水平时按照基本养老金全国总体调整比例同步调整。参保人员距离法定退休年龄5年时，病残津贴重新核算，按第三条规定执行。"第5条规定："参保人员申请病残津贴时，累计缴费年限不满领取基本养老金最低缴费年限的，病残津贴月标准执行参保人员待遇领取地退休人员基础养老金计发办法，并在国家

11

统一调整基本养老金水平时按照基本养老金全国总体调整比例同步调整。参保人员累计缴费年限不足5年的,支付12个月的病残津贴;累计缴费年限满5年以上的,每多缴费1年(不满1年按1年计算),增加3个月的病残津贴。"

参保人员申请领取病残津贴,按国家基本养老保险有关规定确定待遇领取地,并将基本养老保险关系归集至待遇领取地,应在待遇领取地申请领取病残津贴。参保人员领取病残津贴期间,不再缴纳基本养老保险费。继续就业并按国家规定缴费的,自恢复缴费次月起,停发病残津贴。参保人员领取病残津贴期间死亡的,其遗属待遇按在职人员标准执行。

**参见** 《企业职工基本养老保险病残津贴暂行办法》

**第十八条** 【基本养老金调整机制】国家建立基本养老金正常调整机制。根据职工平均工资增长、物价上涨情况,适时提高基本养老保险待遇水平。

**第十九条** 【基本养老保险关系转移接续制度】个人跨统筹地区就业的,其基本养老保险关系随本人转移,缴费年限累计计算。个人达到法定退休年龄时,基本养老金分段计算、统一支付。具体办法由国务院规定。

**注释** [基本养老金如何分段计算?]

分段计算是指参保人员以本人各年度缴费工资、缴费年限和待遇取得地对应的各年度在岗职工平均工资计算其基本养老保险金。为了方便参保人员领取基本养老金,本法规定了统一支付的原则,就是无论参保人员在哪里退休,退休地社会保险经办机构应当将各统筹地区的缴费年限和相应的养老保险待遇分段计算出来,将养老金统一支付给参保人员。

**参见** 《人力资源社会保障部关于城镇企业职工基本养老保险关系转移接续若干问题的通知》

**第二十条** 【新型农村社会养老保险及其筹资方式】国家建立和完善新型农村社会养老保险制度。

新型农村社会养老保险实行个人缴费、集体补助和政府补贴相结合。

**注释** 新型农村社会养老保险是与20世纪90年代开展的以个人缴费为主、完全个人账户的农村社会养老保险相对而言的,是指在基本模式上实行社会统筹与个人账户相结合,在筹资方式上实行个人缴费、集体补助、政府补贴相结合的社会养老保险制度。

**第二十一条 【新型农村社会养老保险待遇】** 新型农村社会养老保险待遇由基础养老金和个人账户养老金组成。

参加新型农村社会养老保险的农村居民,符合国家规定条件的,按月领取新型农村社会养老保险待遇。

**第二十二条 【城镇居民社会养老保险】** 国家建立和完善城镇居民社会养老保险制度。

省、自治区、直辖市人民政府根据实际情况,可以将城镇居民社会养老保险和新型农村社会养老保险合并实施。

**注释** 根据《国务院关于建立统一的城乡居民基本养老保险制度的意见》,依据《社会保险法》有关规定,在总结新型农村社会养老保险(以下简称新农保)和城镇居民社会养老保险(以下简称城居保)试点经验的基础上,国务院决定,将新农保和城居保两项制度合并实施,在全国范围内建立统一的城乡居民基本养老保险(以下简称城乡居民养老保险)制度。

城乡居民养老保险基金由个人缴费、集体补助、政府补贴构成。城乡居民养老保险待遇由基础养老金和个人账户养老金构成,支付终身。参加城乡居民养老保险的个人,年满60周岁、累计缴费满15年,且未领取国家规定的基本养老保障待遇的,可以按月领取城乡居民养老保险待遇。参加城乡居民养老保险的人员,在缴费期间户籍迁移,需要跨地区转移城乡居民养老保险关系的,可在迁入地申请转移养老保险关系,一次性转移个人账户全部储存额,并按迁入地规定继续参保缴费,缴费年限累计计算;已经按规定领取城乡居民养老保险待遇的，无论户籍是否迁移，其养老保险关系不转移。

**参见**　《国务院关于建立统一的城乡居民基本养老保险制度的意见》

## 第三章　基本医疗保险

**第二十三条**　【职工基本医疗保险覆盖范围和缴费】职工应当参加职工基本医疗保险，由用人单位和职工按照国家规定共同缴纳基本医疗保险费。

无雇工的个体工商户、未在用人单位参加职工基本医疗保险的非全日制从业人员以及其他灵活就业人员可以参加职工基本医疗保险，由个人按照国家规定缴纳基本医疗保险费。

**注释**　《国务院关于建立城镇职工基本医疗保险制度的决定》明确规定，城镇所有用人单位，包括企业（国有企业、集体企业、外商投资企业、私营企业等）、机关、事业单位、社会团体、民办非企业单位及其职工，都要参加基本医疗保险。

灵活就业人员参加职工基本医疗保险实行自愿原则。原劳动和社会保障部办公厅于2003年出台的《关于城镇灵活就业人员参加基本医疗保险的指导意见》中指出，灵活就业人员参加基本医疗保险要坚持权利和义务相对应、缴费水平与待遇水平相挂钩的原则。在参保政策和管理办法上既要与城镇职工基本医疗保险制度相衔接，又要适应灵活就业人员的特点。已与用人单位建立明确劳动关系的灵活就业人员，要按照用人单位参加基本医疗保险的方法缴费参保。其他灵活就业人员，要以个人身份缴费参保。灵活就业人员参加基本医疗保险的缴费率原则上按照当地的缴费率确定。从统筹基金起步的地区，可参照当地基本医疗保险建立统筹基金的缴费水平确定。缴费基数可参照当地上一年职工年平均工资核定。灵活就业人员缴纳的医疗保险费纳入统筹地区基本医疗保险基金统一管理。

**参见**　《关于城镇灵活就业人员参加基本医疗保险的指导意见》

**案例** 张某、某集团有限公司医疗保险待遇纠纷上诉案（甘肃省白银市中级人民法院民事判决书（2021）甘04民终858号）

**案件适用要点：**《中华人民共和国社会保险法》第二十三条第一款规定，职工应当参加职工医疗保险，由用人单位和职工按照国家规定共同缴纳基本医疗保险费。用人单位未按规定为劳动者缴纳医疗保险费的，劳动者有权要求用人单位赔偿相关医疗保险待遇损失，该待遇损失是指患病职工因治疗产生的经医疗保险经办机构核算后，应由用人单位承担的医疗费数额。

**第二十四条 【新型农村合作医疗制度】** 国家建立和完善新型农村合作医疗制度。

新型农村合作医疗的管理办法，由国务院规定。

**注释** 新型农村合作医疗制度是由政府组织、引导、支持，农民自愿参加，个人、集体和政府多方筹资，以大病统筹为主的农民医疗互助共济制度。

**参见** 《关于建立新型农村合作医疗制度的意见》；《关于进一步做好新型农村合作医疗试点工作的指导意见》

**第二十五条 【城镇居民基本医疗保险制度】** 国家建立和完善城镇居民基本医疗保险制度。

城镇居民基本医疗保险实行个人缴费和政府补贴相结合。

享受最低生活保障的人、丧失劳动能力的残疾人、低收入家庭六十周岁以上的老年人和未成年人等所需个人缴费部分，由政府给予补贴。

**注释** 城镇居民基本医疗保险制度是以大病统筹为主，针对城镇非从业居民的一项基本医疗保险制度。城镇中不属于城镇职工基本医疗保险制度覆盖范围的中小学阶段的学生（包括职业高中、中专、技校学生）、少年儿童和其他非从业城镇居民都可自愿参加城镇居民基本医疗保险。

**参见** 《国务院关于开展城镇居民基本医疗保险试点的指导意见》；《关于将大学生纳入城镇居民基本医疗保险试点范围的指导意见》

**第二十六条** 【医疗保险待遇标准】职工基本医疗保险、新型农村合作医疗和城镇居民基本医疗保险的待遇标准按照国家规定执行。

> **参见** 《国务院关于建立城镇职工基本医疗保险制度的决定》；《国务院关于开展城镇居民基本医疗保险试点的指导意见》

**第二十七条** 【退休时享受基本医疗保险待遇】参加职工基本医疗保险的个人，达到法定退休年龄时累计缴费达到国家规定年限的，退休后不再缴纳基本医疗保险费，按照国家规定享受基本医疗保险待遇；未达到国家规定年限的，可以缴费至国家规定年限。

**第二十八条** 【基本医疗保险基金支付制度】符合基本医疗保险药品目录、诊疗项目、医疗服务设施标准以及急诊、抢救的医疗费用，按照国家规定从基本医疗保险基金中支付。

**第二十九条** 【基本医疗保险费用结算制度】参保人员医疗费用中应当由基本医疗保险基金支付的部分，由社会保险经办机构与医疗机构、药品经营单位直接结算。

社会保险行政部门和卫生行政部门应当建立异地就医医疗费用结算制度，方便参保人员享受基本医疗保险待遇。

> **注释** 本条第1款的规定，改变了过去参保人员看病，先由本人支付全部医疗费用，然后再就其中应由医疗保险基金支付的部分去社会保险经办机构报销的做法，参保人员就医时只需支付个人应承担的医疗费，免除了先行垫付医疗费用的负担，同时也省去了再去社会保险经办机构报销的麻烦。
>
> 根据《基本医疗保险跨省异地就医住院医疗费用直接结算经办规程（试行）》第7条规定，参加基本医疗保险的下列人员，可以申请办理跨省异地就医住院医疗费用直接结算：(1) 异地安置退休人员：指退休后在异地定居并且户籍迁入定居地的人员。(2) 异地长期居住人员：指在异地居住生活且符合参保地规定的人员。(3) 常驻异地工作人员：指用人单位派驻异地工作且符合参保地规定的人员。(4) 异地转诊人员：指符合参保地转诊规定的人员。

**第三十条** 【不纳入基本医疗保险基金支付范围的医疗费用】下列医疗费用不纳入基本医疗保险基金支付范围:

(一) 应当从工伤保险基金中支付的;

(二) 应当由第三人负担的;

(三) 应当由公共卫生负担的;

(四) 在境外就医的。

医疗费用依法应当由第三人负担,第三人不支付或者无法确定第三人的,由基本医疗保险基金先行支付。基本医疗保险基金先行支付后,有权向第三人追偿。

**注释** [第三人负担]

这主要是指由于第三人侵权,导致参保人员的人身受到伤害而产生的医疗费用。如参保人员被第三人打伤而入院治疗,由此产生的医疗费用,按照我国《民法典》侵权责任编等的规定,应由侵权人负担,基本医疗保险基金不予支付。如果此种情况下,侵权人(第三人)不支付该参保人员的医疗费,或者因侵权人逃逸等无法确定侵权人是谁的,为了保证受害的参保人员能够获得及时的医疗救治,本条规定由基本医疗保险基金先行支付该参保人员的医疗费用。基本医疗保险基金先行支付后,医疗保险经办机构从受害的参保人员那里取得代位追偿权,有权向第三人即侵权人,就其应当支付的医疗费用进行追偿。注意:一是这里规定的"第三人"既包括自然人,也包括法人或者其他组织。二是这里规定的"第三人不支付"的情形既包括第三人有能力支付而拒不支付的情形,也包括第三人没有能力或者暂时没有能力而不能支付或者不能立即支付的情形。

[境外就医]

这里所说的"境外"包括我国大陆地区以外的其他国家或地区,以及香港、澳门特别行政区和台湾地区。

**第三十一条** 【服务协议】社会保险经办机构根据管理服务的需要,可以与医疗机构、药品经营单位签订服务协议,规范医疗服务行为。

医疗机构应当为参保人员提供合理、必要的医疗服务。

**注释** 与社保经办机构签订了服务协议的医疗机构、药品经营单位，称为定点医疗机构和定点药店。根据《城镇职工基本医疗保险定点医疗机构管理暂行办法》的规定，定点医疗机构，是指经统筹地区劳动保障行政部门审查，并经社会保险经办机构确定的，为城镇职工基本医疗保险参保人员提供医疗服务的医疗机构。参保人员在获得定点资格的医疗机构范围内，提出个人就医的定点医疗机构选择意向，由所在单位汇总后，统一报送统筹地区社会保险经办机构。社会保险经办机构根据参保人的选择意向统筹确定定点医疗机构。社会保险经办机构要与定点医疗机构签订包括服务人群、服务范围、服务内容、服务质量、医疗费用结算办法、医疗费用支付标准以及医疗费用审核与控制等内容的协议，明确双方的责任、权利和义务。

根据《城镇职工基本医疗保险定点零售药店管理暂行办法》的规定，定点零售药店，是指经统筹地区劳动保障行政部门资格审查，并经社会保险经办机构确定的，为城镇职工基本医疗保险参保人员提供处方外配服务的零售药店。处方外配是指参保人员持定点医疗机构处方，在定点零售药店购药的行为。统筹地区社会保险经办机构在获得定点资格的零售药店范围内确定定点零售药店，统发定点零售药店标牌，并向社会公布，供参保人员选择购药。社会保险经办机构要与定点零售药店签订包括服务范围、服务内容、服务质量、药费结算办法以及药费审核与控制等内容的协议，明确双方的责任、权利和义务。

**参见** 《城镇职工基本医疗保险定点医疗机构管理暂行办法》；《城镇职工基本医疗保险定点零售药店管理暂行办法》

**第三十二条 【基本医疗保险关系转移接续制度】** 个人跨统筹地区就业的，其基本医疗保险关系随本人转移，缴费年限累计计算。

**注释** ［转移接续申请］

参保人员或用人单位提交基本医疗保险关系转移申请，可通过全国统一的医保信息平台直接提交申请，也可通过线下方式在转入地或转出地经办机构窗口申请。

转移接续申请实行统一的校验规则前置,在申请时转入地和转出地校验是否符合转移接续条件,若不符合条件则不予受理转移接续申请并及时告知申请人原因;符合条件则予以受理。

转出地的校验规则主要为是否已中止参保,转入地的校验规则主要为是否已按规定参加转入地基本医保。校验规则涉及事项应逐步实现网上办理、一站式联办。

**参见**　《国家医保局办公室、财政部办公厅关于印发〈基本医疗保险关系转移接续暂行办法〉的通知》

## 第四章　工 伤 保 险

**第三十三条**　【**参保范围和缴费**】职工应当参加工伤保险,由用人单位缴纳工伤保险费,职工不缴纳工伤保险费。

**注释**　[哪些人可以参加工伤保险?]

中华人民共和国境内的企业、事业单位、社会团体、民办非企业单位、基金会、律师事务所、会计师事务所等组织和有雇工的个体工商户应当依照《工伤保险条例》规定参加工伤保险,为本单位全部职工或者雇工缴纳工伤保险费。

中华人民共和国境内的企业、事业单位、社会团体、民办非企业单位、基金会、律师事务所、会计师事务所等组织的职工和个体工商户的雇工,均有依照《工伤保险条例》的规定享受工伤保险待遇的权利。

[用人单位缴纳工伤保险费的数额]

用人单位应当按时缴纳工伤保险费。职工个人不缴纳工伤保险费。用人单位缴纳工伤保险费的数额为本单位职工工资总额乘以单位缴费率之积。对难以按照工资总额缴纳工伤保险费的行业,其缴纳工伤保险费的具体方式,由国务院社会保险行政部门规定。

**参见**　《工伤保险条例》第2、10条;《关于农民工参加工伤保险有关问题的通知》二

**案例** 刘彩丽诉广东省英德市人民政府行政复议案（最高人民法院指导案例191号）

**案件适用要点**：建筑施工企业违反法律、法规规定将自己承包的工程交由自然人实际施工，该自然人因工伤亡，社会保险行政部门参照《最高人民法院关于审理工伤保险行政案件若干问题的规定》第三条第一款有关规定认定建筑施工企业为承担工伤保险责任单位的，人民法院应予支持。

**第三十四条　【工伤保险费率】**国家根据不同行业的工伤风险程度确定行业的差别费率，并根据使用工伤保险基金、工伤发生率等情况在每个行业内确定费率档次。行业差别费率和行业内费率档次由国务院社会保险行政部门制定，报国务院批准后公布施行。

社会保险经办机构根据用人单位使用工伤保险基金、工伤发生率和所属行业费率档次等情况，确定用人单位缴费费率。

**注释** 按照《国民经济行业分类》对行业的划分，根据不同行业的工伤风险程度，由低到高，依次将行业工伤风险类别划分为一类至八类。不同工伤风险类别的行业执行不同的工伤保险行业基准费率。各行业工伤风险类别对应的全国工伤保险行业基准费率为，一类至八类分别控制在该行业用人单位职工工资总额的0.2%、0.4%、0.7%、0.9%、1.1%、1.3%、1.6%、1.9%左右。

**参见** 《人力资源社会保障部、财政部关于调整工伤保险费率政策的通知》

**第三十五条　【工伤保险费缴费基数和费率】**用人单位应当按照本单位职工工资总额，根据社会保险经办机构确定的费率缴纳工伤保险费。

**注释** 缴费基数和缴费费率是工伤保险制度的核心内容，是计算用人单位缴纳工伤保险费数额的依据，缴费基数与缴费费率之积，即为用人单位应当缴纳的工伤保险费数额。

[本单位职工工资总额]

是指用人单位直接支付给本单位全部职工的劳动报酬的总额。

根据国家统计局《关于工资总额组成的规定》，单位的工资总额包括计时工资、计件工资、奖金、津贴、补贴、加班加点工资以及特殊情况下支付的工资。

**参见**　《关于工资总额组成的规定》

**第三十六条**　【享受工伤保险待遇的条件】职工因工作原因受到事故伤害或者患职业病，且经工伤认定的，享受工伤保险待遇；其中，经劳动能力鉴定丧失劳动能力的，享受伤残待遇。

工伤认定和劳动能力鉴定应当简捷、方便。

**注释**　本条是关于职工享受工伤保险待遇的规定。工伤保险待遇是工伤保险制度的重要内容，其目的是保障工伤职工的就医和生活。工伤保险待遇的高低，项目的多少，直接关系着工伤职工的利益。

［符合哪些条件才能享受工伤保险待遇？］

职工因工作原因受到事故伤害或者患职业病的，经过工伤认定可以享受工伤保险待遇。因工作原因受到事故伤害、患职业病是职工进行工伤认定，享受工伤保险待遇的条件：

第一，工作原因。因工作原因受到事故伤害，是最为普遍的工伤情形。根据人力资源社会保障部《关于执行〈工伤保险条例〉若干问题的意见（二）》的规定，职工在参加用人单位组织或者受用人单位指派参加其他单位组织的活动中受到事故伤害的，应当视为工作原因，但参加与工作无关的活动除外。职工因工作原因驻外，有固定的住所、有明确的作息时间，工伤认定时按照在驻在地当地正常工作的情形处理。工作原因、工作时间和工作地点是工伤认定的三个基本要素。判定是否因工作原因，应当从是否属于本岗工作、是否属于与工作有关的预备性或者收尾性工作、是否属于单位临时指派的工作等方面考虑。

第二，事故伤害。主要是指职工在工作过程中发生的人身伤害和急性中毒等事故。

第三，患职业病。职业病是指企业、事业单位和个体经济组织等用人单位的劳动者在职业活动中，因接触粉尘、放射性物质和其他有毒、有害因素而引起的疾病。职业病的范围是由国家主管部门明文规定的，具体可参见《职业病分类和目录》。

**参见** 《工伤保险条例》第三、四章；《工伤认定办法》；《工伤职工劳动能力鉴定管理办法》；《关于执行〈工伤保险条例〉若干问题的意见》；《关于执行〈工伤保险条例〉若干问题的意见（二）》；《职业病分类和目录》

**案例** 1. 孙立兴诉天津园区劳动局工伤认定行政纠纷案（《最高人民法院公报》2006年第5期）

**案件适用要点**：根据《工伤保险条例》第14条第1项规定，职工在工作时间和工作场所内，因工作原因受到事故伤害，应当认定为工伤。对该规定中的"工作场所"、"因工作原因"应作全面、正确的理解。"工作场所"，是指职工从事职业活动的场所，在有多个工作场所的情形下，还包括职工来往于多个工作场所之间的必经区域；"因工作原因"，是指职工受伤与从事本职工作之间存在因果关系，即职工系因从事本职工作而受伤。除了《工伤保险条例》第16条规定的因犯罪或者违反治安管理伤亡的、醉酒导致伤亡的、自残或者自杀等情形外，职工在从事工作中存在过失，不影响该因果关系的成立。

2. 陈善菊不服上海市松江区人力资源和社会保障局社会保障行政确认案（《最高人民法院公报》2013年第9期）

**案件适用要点**：食宿在单位的职工在单位宿舍楼浴室洗澡时遇害，其工作状态和生活状态的界限相对模糊。在此情形下，对于工伤认定的时间、空间和因果关系三个要件的判断主要应考虑因果关系要件，即伤害是否因工作原因。

"因履行工作职责受到暴力伤害"应理解为职工因履行工作职责的行为而遭受暴力伤害，如职工系因个人恩怨而受到暴力伤害，即使发生于工作时间或工作地点，亦不属于此种情形。

"与工作有关的预备性或者收尾性工作"是指根据法律法规、单位规章制度的规定或者约定俗成的做法，职工为完成工作所作的准备或后续事务。职工工作若无洗澡这一必要环节，亦无相关规定将洗澡作为其工作完成后的后续性事务，则洗澡不属于"收尾性工作"。

**第三十七条 【不认定工伤的情形】**职工因下列情形之一导致本人在工作中伤亡的,不认定为工伤:

(一) 故意犯罪;
(二) 醉酒或者吸毒;
(三) 自残或者自杀;
(四) 法律、行政法规规定的其他情形。

**注释** [故意犯罪]

根据我国《刑法》第14条的规定,明知自己的行为会发生危害社会的结果,并且希望或者放任这种结果发生,因而构成犯罪的,是故意犯罪。对于职工是否构成故意犯罪,应当依据司法机关的判决来判断,而不是由工伤认定机构或是社会保险行政部门自行判断。

[醉酒或者吸毒]

关于醉酒。通过对行为人体内酒精含量的检测,如果发现行为人体内的酒精含量达到或超过一定标准,就应认定为醉酒。

关于吸毒。根据《禁毒法》的规定,毒品,是指鸦片、海洛因、甲基苯丙胺(冰毒)、吗啡、大麻、可卡因,以及国家规定管制的其他能够使人形成瘾癖的麻醉药品和精神药品。

[自残或者自杀]

自残是指通过各种手段和方法伤害自己的身体,并造成伤害结果的行为,自残的最极端情况就是自杀。自残或自杀与工作没有必然的因果联系,职工本人对自己的伤亡存在着主观故意,应当对伤亡自行承担后果。

**第三十八条 【工伤保险基金负担的工伤保险待遇】**因工伤发生的下列费用,按照国家规定从工伤保险基金中支付:

(一) 治疗工伤的医疗费用和康复费用;
(二) 住院伙食补助费;
(三) 到统筹地区以外就医的交通食宿费;
(四) 安装配置伤残辅助器具所需费用;
(五) 生活不能自理的,经劳动能力鉴定委员会确认的生活护

理费;

（六）一次性伤残补助金和一至四级伤残职工按月领取的伤残津贴;

（七）终止或者解除劳动合同时,应当享受的一次性医疗补助金;

（八）因工死亡的,其遗属领取的丧葬补助金、供养亲属抚恤金和因工死亡补助金;

（九）劳动能力鉴定费。

**注释** 由工伤保险基金负担的工伤保险待遇大体分为四类,即工伤医疗康复类待遇、辅助器具配置待遇、伤残待遇、死亡待遇。

[工伤医疗康复类待遇]

一是治疗工伤的医疗费用和康复费用。包括治疗工伤所需的挂号费、医疗费、药费、住院费等费用和进行康复性治疗的费用。有三点需要注意:首先,职工治疗工伤应当在签订服务协议的医疗机构就医,情况紧急时可以先到就近的医疗机构急救;其次,治疗工伤的费用应符合工伤保险诊疗项目目录、工伤保险药品目录和工伤保险住院服务标准;最后,工伤职工治疗非工伤引发的疾病,不享受工伤医疗待遇,按照基本医疗保险的相关规定处理。

二是职工治疗工伤需要住院的,由工伤保险基金按照规定发给住院伙食补助费;经医疗机构出具证明,报经办机构同意,工伤职工到统筹地区以外就医的,所需交通、食宿费由工伤保险基金负担。

三是生活不能自理的,经劳动能力鉴定委员会确认的生活护理费。生活护理费按照生活完全不能自理、生活大部分不能自理或者生活部分不能自理三个不同等级支付。

四是劳动能力鉴定费。劳动能力鉴定是职工配置辅助器具、享受生活护理费、延长停工留薪期、享受伤残待遇等的重要前提和必经程序,劳动能力鉴定费用由此常会产生。

[辅助器具配置待遇]

工伤职工因日常生活或就业需要,经劳动能力鉴定委员会确认,可以安装矫形器、义肢、义眼、义齿和配置轮椅等辅助器具，所需费用按照国家规定的标准从工伤保险基金中支付。

［伤残待遇］

由工伤保险基金支付的伤残待遇包括一次性医疗补助金、一次性伤残补助金和一至四级伤残职工的伤残津贴。

（1）一次性医疗补助金。职工因工致残被鉴定为五级至十级伤残的，该职工与用人单位解除或者终止劳动关系后，由工伤保险基金支付一次性医疗补助金。

（2）一次性伤残补助金。是指职工因工致残并经劳动能力鉴定委员会评定伤残等级的，按照该伤残等级，从工伤保险基金中对其一次性支付的伤残补助费用。

（3）伤残津贴。伤残津贴按照伤残鉴定等级的不同而有所区别。工伤保险基金需要负担一至四级伤残职工按月领取的伤残津贴。另需注意本法第40条中规定的伤残津贴与基本养老保险待遇的关系。

［死亡待遇］

死亡待遇主要包括丧葬补助金、供养亲属抚恤金和因工死亡补助金。

（1）丧葬补助金。职工因工死亡的，伤残职工在停工留薪期内因工导致死亡的，一级至四级伤残职工在停工留薪期满后死亡的，其近亲属按照规定从工伤保险基金中领取丧葬补助金。丧葬补助金是安葬工亡职工、处理后事的必须费用。丧葬补助金计发对象是工亡职工的近亲属，一般包括：配偶、父母、子女、兄弟姐妹、祖父母、外祖父母、孙子女、外孙子女。

（2）供养亲属抚恤金。按照因工死亡职工生前本人工资的一定比例计发，计发对象是由因工死亡职工生前提供主要生活来源、无劳动能力的亲属。

（3）因工死亡补助金。从2011年1月1日起，依照《工伤保险条例》的规定，职工因工死亡，其一次性工亡补助金标准调整为按全国上一年度城镇居民人均可支配收入的20倍计算，发放给工亡职工近亲属。

**参见** 《工伤保险条例》第 30-40 条;《因工死亡职工供养亲属范围规定》;《国务院关于进一步加强企业安全生产工作的通知》

**第三十九条 【用人单位负担的工伤保险待遇】** 因工伤发生的下列费用,按照国家规定由用人单位支付:

(一) 治疗工伤期间的工资福利;

(二) 五级、六级伤残职工按月领取的伤残津贴;

(三) 终止或者解除劳动合同时,应当享受的一次性伤残就业补助金。

**注释** 治疗工伤期间的工资福利,即职工享受停工留薪待遇。根据《工伤保险条例》的规定,职工因工作遭受事故伤害或者患职业病需要暂停工作接受工伤医疗的,在停工留薪期内,原工资福利待遇不变,由所在单位按月支付。

职工因工致残被鉴定为五级、六级伤残的,经工伤职工本人提出,该职工可以与用人单位解除或者终止劳动关系,由用人单位支付一次性伤残就业补助金;职工因工致残被鉴定为七至十级伤残的,劳动合同期满终止,或者职工本人提出解除劳动合同的,由用人单位支付一次性伤残就业补助金。

**案例** 吴江市佳帆纺织有限公司诉周付坤工伤保险待遇纠纷案(《最高人民法院公报》2021 年第 5 期)

**案件适用要点**:劳动者因第三人侵权造成人身损害并构成工伤的,在停工留薪期间内,原工资福利待遇不变,由所在单位按月支付。用人单位以侵权人已向劳动者赔偿误工费为由,主张无需支付停工留薪期间工资的,人民法院不予支持。

**第四十条 【伤残津贴和基本养老保险待遇的衔接】** 工伤职工符合领取基本养老金条件的,停发伤残津贴,享受基本养老保险待遇。基本养老保险待遇低于伤残津贴的,从工伤保险基金中补足差额。

**注释** 依法领取伤残津贴的伤残职工在退休时如果未达到领取基本养老保险待遇条件的,就继续享受工伤保险伤残津贴;如果达到领取基本养老保险待遇条件的，就享受基本养老保险待遇。但是因为工伤职工被鉴定为一至四级伤残后，只需要继续缴纳基本医疗保险费，不再缴纳基本养老保险费，因此他们的基本养老保险缴费年限一般较短；而难以安排工作的五、六级伤残职工以伤残津贴为缴费基数缴纳基本养老保险费，因此缴费一般比较少。按照少缴少得的原则，他们的养老保险待遇较低，可能会低于伤残津贴。为了保障他们在退休后能够维持原来的生活水平，本法规定对于工伤职工退休后享受的基本养老保险待遇低于伤残津贴的，由工伤保险基金补足差额。

**第四十一条** 【未参保单位职工发生工伤时的待遇】职工所在用人单位未依法缴纳工伤保险费，发生工伤事故的，由用人单位支付工伤保险待遇。用人单位不支付的，从工伤保险基金中先行支付。

从工伤保险基金中先行支付的工伤保险待遇应当由用人单位偿还。用人单位不偿还的，社会保险经办机构可以依照本法第六十三条的规定追偿。

**注释** 本条在明确用人单位不缴纳工伤保险费应承担工伤保险待遇责任的同时，对用人单位不支付或者无力支付职工工伤待遇的，规定由工伤保险基金先行支付，保证工伤职工能够及时得到医疗救治，享受工伤保险待遇。

[用人单位应当参加而未参加工伤保险的，应如何处理？]

根据《工伤保险条例》第62条规定，用人单位依照该条例规定应当参加工伤保险而未参加的，由社会保险行政部门责令限期参加，补缴应当缴纳的工伤保险费，并自欠缴之日起，按日加收万分之五的滞纳金；逾期仍不缴纳的，处欠缴数额1倍以上3倍以下的罚款。依照《工伤保险条例》规定应当参加工伤保险而未参加工伤保险的用人单位职工发生工伤的，由该用人单位按照《工伤保险条例》规定的工伤保险待遇项目和标准支付费用。用人单位参加工伤保险并补缴应当缴纳的工伤保险费、滞纳金后，由工伤保险基金和用人单位依照《工伤保险条例》的规定支付新发生的费用。

**案例** 北京奥德清洁服务有限公司上海分公司诉上海市长宁区人力资源和社会保障局工伤认定案（《最高人民法院公报》2020年第1期）

**案件适用要点**：职工应当参加工伤保险，缴纳工伤保险费是用人单位的法定义务，不能由职工和用人单位协商排除用人单位的法定缴纳义务。认定工伤并不以用人单位是否缴纳工伤保险费为前提。用人单位未依法缴纳工伤保险费的，职工在被认定为工伤后可以依法请求用人单位承担相应的工伤保险待遇。

**第四十二条 【民事侵权责任和工伤保险责任竞合】** 由于第三人的原因造成工伤，第三人不支付工伤医疗费用或者无法确定第三人的，由工伤保险基金先行支付。工伤保险基金先行支付后，有权向第三人追偿。

**注释** 由于第三人侵权导致职工工伤的，同时违反了《民法典》侵权责任编和《社会保险法》，根据两个法律的规定，职工可以向侵权的第三人要求民事侵权赔偿，也可以向工伤保险基金要求享受工伤保险待遇，出现民事侵权责任和工伤保险责任的竞合。

《社会保险法》对这一问题仅规定由于第三人的原因造成工伤的，应当由第三人承担医疗费用，第三人不支付工伤医疗费用或者无法确定第三人的，由工伤保险基金先行支付。工伤保险基金先行支付后，有权向第三人追偿。其中，"第三人不支付"既包括拒不支付的情形，也包括不能支付的情形。

**第四十三条 【停止享受工伤保险待遇的情形】** 工伤职工有下列情形之一的，停止享受工伤保险待遇：

（一）丧失享受待遇条件的；
（二）拒不接受劳动能力鉴定的；
（三）拒绝治疗的。

## 第五章 失业保险

**第四十四条** 【参保范围和失业保险费负担】职工应当参加失业保险,由用人单位和职工按照国家规定共同缴纳失业保险费。

> **注释** 失业保险是指国家通过立法强制缴费建立基金,对因失业而暂时中断生活来源的劳动者提供物质帮助的制度。目前,根据《失业保险条例》第6条规定,城镇企业事业单位按照本单位工资总额的2%缴纳失业保险费。城镇企业事业单位职工按照本人工资的1%缴纳失业保险费。

> **参见** 《失业保险条例》第2、6条

**第四十五条** 【领取失业保险金的条件】失业人员符合下列条件的,从失业保险基金中领取失业保险金:

(一)失业前用人单位和本人已经缴纳失业保险费满一年的;
(二)非因本人意愿中断就业的;
(三)已经进行失业登记,并有求职要求的。

> **注释** 失业人员是指在劳动年龄内有劳动能力,目前无工作但正以某种方式在寻找工作的人员,包括就业转失业的人员和新生劳动力中未实现就业的人员。本法所指失业人员只限定为就业转失业的人员。
>
> 一般来讲,中断就业的原因分为两种:非自愿中断就业,即失业人员不愿意中断就业,但因本人无法控制的原因而被迫中断就业;自愿中断就业,即失业人员因自愿离职而导致失业。

> **参见** 《失业保险条例》第14条

**第四十六条** 【领取失业保险金的期限】失业人员失业前用人单位和本人累计缴费满一年不足五年的,领取失业保险金的期限最长为十二个月;累计缴费满五年不足十年的,领取失业保险金的期限最长为十八个月;累计缴费十年以上的,领取失业保险金的期限最长为二十四个月。重新就业后,再次失业的,缴费时间重新计算,

领取失业保险金的期限与前次失业应当领取而尚未领取的失业保险金的期限合并计算,最长不超过二十四个月。

**注释** 失业保险金是社会保险经办机构按规定支付给符合条件的失业人员的基本生活费用,是最主要的失业保险待遇,领取失业保险金是参加失业保险的职工的权利。

根据失业人员失业前用人单位和本人累计缴费期限,本条规定了三档领取失业保险金的期限,分别为12个月、18个月和24个月。这三档期限为最长期限,不是实际领取期限,实际期限根据失业人员的重新就业情况确定,可以少于或等于最长期限。例如,本条规定累计缴费满一年不足五年的,领取失业保险金的期限最长为12个月,如果在6个月内重新就业,就只能领6个月。不能理解为累计缴费时间满1年不足5年的失业人员不论其是否存在重新就业等情况,都能领取12个月的失业保险金。

**参见** 《失业保险条例》第17条

**第四十七条 【失业保险金标准】** 失业保险金的标准,由省、自治区、直辖市人民政府确定,不得低于城市居民最低生活保障标准。

**注释** 《失业保险条例》第18条规定,失业保险金的标准,按照低于当地最低工资标准、高于城市居民最低生活保障标准的水平,由省、自治区、直辖市人民政府确定。而《社会保险法》只规定失业保险金标准不得低于城市居民最低生活保障标准,对是否低于当地最低工资标准不再作出规定。

**第四十八条 【享受基本医疗保险待遇】** 失业人员在领取失业保险金期间,参加职工基本医疗保险,享受基本医疗保险待遇。

失业人员应当缴纳的基本医疗保险费从失业保险基金中支付,个人不缴纳基本医疗保险费。

**第四十九条 【在领取失业保险金期间死亡时的待遇】** 失业人员在领取失业保险金期间死亡的,参照当地对在职职工死亡的规定,向其遗属发给一次性丧葬补助金和抚恤金。所需资金从失业保险基金中支付。

个人死亡同时符合领取基本养老保险丧葬补助金、工伤保险丧葬补助金和失业保险丧葬补助金条件的，其遗属只能选择领取其中的一项。

**注释** 关于丧葬补助金待遇竞合的处理。除了失业保险规定了丧葬补助金外，基本养老保险、工伤保险也规定了丧葬补助金：即本法第17条和第38条。在此情况下，就可能发生失业人员死亡同时符合领取基本养老保险丧葬补助金和失业保险丧葬补助金条件，或者同时符合领取工伤保险丧葬补助金和失业保险丧葬补助金条件，或者同时符合领取基本养老保险丧葬补助金、工伤保险丧葬补助金、失业保险丧葬补助金条件三种情形。如果死亡失业人员的遗属同时符合领取多个险种的丧葬补助金的条件，根据本条规定，可以通过比较，<u>自主选择一项社会保险基金的丧葬补助金</u>。

**第五十条** 【领取失业保险金的程序】用人单位应当及时为失业人员出具终止或者解除劳动关系的证明，并将失业人员的名单自终止或者解除劳动关系之日起十五日内告知社会保险经办机构。

失业人员应当持本单位为其出具的终止或者解除劳动关系的证明，及时到指定的公共就业服务机构办理失业登记。

失业人员凭失业登记证明和个人身份证明，到社会保险经办机构办理领取失业保险金的手续。失业保险金领取期限自办理失业登记之日起计算。

**注释** 《劳动合同法》第50条规定，用人单位应当在解除或者终止劳动合同时出具解除或者终止劳动合同的证明，并在15日内为劳动者办理档案和社会保险关系转移手续。本条第1款进一步明确，及时为失业人员出具终止或者解除劳动关系的证明，并将失业人员的名单告知社会保险经办机构是用人单位的应尽义务。如果用人单位拒不出具终止或者解除劳动关系证明，依照本法可以适用《劳动合同法》的有关法律责任规定，即由劳动行政部门责令改正，给劳动者造成损害的，承担赔偿责任。

**案例** 徐某山、辽宁某物流有限公司劳动争议纠纷上诉案（辽宁省沈阳市中级人民法院民事判决书（2021）辽01民终17799号）

**案件适用要点**：《中华人民共和国社会保险法》第五十条规定，用人单位应当及时为失业人员出具终止或者解除劳动关系的证明，并将失业人员的名单自终止或者解除劳动关系之日起十五日内告知社会保险经办机构。本案中上诉人符合领取失业保险金的条件，被上诉人未告知其按照规定享受失业保险待遇的权利，也未给其办理失业保险金领取手续，导致其无法领取失业金，被上诉人应承担赔偿责任。

**第五十一条 【停止领取失业保险待遇的情形】** 失业人员在领取失业保险金期间有下列情形之一的，停止领取失业保险金，并同时停止享受其他失业保险待遇：

（一）重新就业的；
（二）应征服兵役的；
（三）移居境外的；
（四）享受基本养老保险待遇的；
（五）无正当理由，拒不接受当地人民政府指定部门或者机构介绍的适当工作或者提供的培训的。

**注释** 重新就业。职工失业享受失业保险待遇的一个重要条件就是要有求职要求而找不到工作。失业期间，通过加强学习、接受就业培训、接受就业服务机构的职业介绍等，失业人员大多会重新就业。对个人而言，重新就业后，其身份便转变为从业人员，不再属于失业保险的保障范围，不能再继续享受失业保险待遇。

应征服兵役。在我国，公民不分民族、种族、职业、家庭出身、宗教信仰和教育程度，都有服兵役义务。失业人员在享受失业保险待遇期间，符合条件的，可以应征服兵役，根据有关军事法律、法规、条令享受服役和生活保障。

移居境外。随着全球化时代的到来和国际交往日益密切，我国公民移居其他国家或地区的数量逐年增多。失业人员移居境外，表明其在国内没有就业意愿，不符合领取失业保险待遇条件，而且其在境外是否就业不好证明。

享受基本养老保险待遇。根据本法规定，基本养老保险实行累计缴费，失业人员失业前参加基本养老保险并按规定缴费的，在其享受失业保险待遇期间，基本养老保险关系暂时中断，其缴费年限和个人账户可以存续，待重新就业后，应当接续基本养老保险关系。失业人员达到退休年龄时缴费满15年可以从享受失业保险直接过渡到享受基本养老保险，按其缴费年限享受养老保险待遇，基本生活由基本养老保险金予以保障，在这种情况下，应当停止其享受失业保险待遇。

无正当理由，拒不接受当地人民政府指定部门或者机构介绍的适当工作或者提供的培训。建立失业保险制度的目的是为了保障失业人员的基本生活，促进失业人员再就业。在保障失业人员基本生活的同时，政府和社会还应根据失业人员自身特点、求职意愿和市场需求，为其提供就业服务、创造就业条件。在这种情况下，失业人员应主动接受政府和社会提供的就业岗位和培训，尽快实现再就业。这不仅可以从根本上解决失业人员的基本生活问题，也可以减轻失业保险基金的支出。为了鼓励失业人员尽快实现再就业，对无正当理由，拒不接受当地人民政府指定部门或者机构介绍的适当的工作或者提供的培训的，停止其享受失业保险待遇。另外，把握此项规定，关键是要明确什么情况属于无正当理由。一般来讲，无正当理由拒绝介绍的工作应为与失业人员的年龄、身体状况、受教育程度、工作经历、工作能力及求职意愿基本相符的工作。

**参见**　《失业保险条例》第15条

**第五十二条**　【失业保险关系的转移接续】职工跨统筹地区就业的，其失业保险关系随本人转移，缴费年限累计计算。

## 第六章　生育保险

**第五十三条**　【参保范围和缴费】职工应当参加生育保险，由用人单位按照国家规定缴纳生育保险费，职工不缴纳生育保险费。

**第五十四条**　【生育保险待遇】用人单位已经缴纳生育保险费

的，其职工享受生育保险待遇；职工未就业配偶按照国家规定享受生育医疗费用待遇。所需资金从生育保险基金中支付。

生育保险待遇包括生育医疗费用和生育津贴。

**注释** 享受生育保险待遇的范围包括参保的职工以及参保职工的未就业配偶。生育保险待遇包括两项：生育医疗费用和生育津贴。(1) 生育医疗费用包括女职工因怀孕、生育发生的检查费、接生费、手术费、住院费、药费和计划生育手术费等。(2) 生育津贴是指根据国家法律、法规规定对职业妇女因生育而离开工作岗位期间，给予的生活费用。

**参见** 《企业职工生育保险试行办法》

**第五十五条 【生育医疗费的项目】** 生育医疗费用包括下列各项：

（一）生育的医疗费用；

（二）计划生育的医疗费用；

（三）法律、法规规定的其他项目费用。

**第五十六条 【享受生育津贴的情形】** 职工有下列情形之一的，可以按照国家规定享受生育津贴：

（一）女职工生育享受产假；

（二）享受计划生育手术休假；

（三）法律、法规规定的其他情形。

生育津贴按照职工所在用人单位上年度职工月平均工资计发。

**注释** 根据《女职工劳动保护特别规定》第 7 条规定，女职工生育享受 98 天产假，其中产前可以休假 15 天；难产的，增加产假 15 天；生育多胞胎的，每多生育 1 个婴儿，增加产假 15 天。女职工怀孕未满 4 个月流产的，享受 15 天产假；怀孕满 4 个月流产的，享受 42 天产假。

## 第七章　社会保险费征缴

**第五十七条 【用人单位社会保险登记】** 用人单位应当自成立之日起三十日内凭营业执照、登记证书或者单位印章，向当地社会保险经办机构申请办理社会保险登记。社会保险经办机构应当自收到申请之日起十五日内予以审核,发给社会保险登记证件。

用人单位的社会保险登记事项发生变更或者用人单位依法终止的,应当自变更或者终止之日起三十日内,到社会保险经办机构办理变更或者注销社会保险登记。

市场监督管理部门、民政部门和机构编制管理机关应当及时向社会保险经办机构通报用人单位的成立、终止情况,公安机关应当及时向社会保险经办机构通报个人的出生、死亡以及户口登记、迁移、注销等情况。

**第五十八条** 【个人社会保险登记】用人单位应当自用工之日起三十日内为其职工向社会保险经办机构申请办理社会保险登记。未办理社会保险登记的,由社会保险经办机构核定其应当缴纳的社会保险费。

自愿参加社会保险的无雇工的个体工商户、未在用人单位参加社会保险的非全日制从业人员以及其他灵活就业人员,应当向社会保险经办机构申请办理社会保险登记。

国家建立全国统一的个人社会保障号码。个人社会保障号码为公民身份号码。

> **注释** 根据《劳动合同法》第7条的规定,用人单位自用工之日起即与劳动者建立劳动关系。用工之日,指用人单位实际用工,劳动者实际提供劳动之日。已签订劳动合同但未实际用工的,自实际用工之日起建立劳动关系。已实际用工,但未签订劳动合同的,不影响劳动关系的建立。

**第五十九条** 【社会保险费征收】县级以上人民政府加强社会保险费的征收工作。

社会保险费实行统一征收,实施步骤和具体办法由国务院规定。

> **注释** 根据《社会保险费征缴暂行条例》第6条规定,社会保险费实行三项社会保险费集中、统一征收。社会保险费的征收机构由省、自治区、直辖市人民政府规定,可以由税务机关征收,也

可以由劳动保障行政部门按照国务院规定设立的社会保险经办机构征收。

**第六十条 【社会保险费的缴纳】**用人单位应当自行申报、按时足额缴纳社会保险费,非因不可抗力等法定事由不得缓缴、减免。职工应当缴纳的社会保险费由用人单位代扣代缴,用人单位应当按月将缴纳社会保险费的明细情况告知本人。

无雇工的个体工商户、未在用人单位参加社会保险的非全日制从业人员以及其他灵活就业人员,可以直接向社会保险费征收机构缴纳社会保险费。

**第六十一条 【社会保险费征收机构的义务】**社会保险费征收机构应当依法按时足额征收社会保险费,并将缴费情况定期告知用人单位和个人。

**注释** [社会保险费征缴]

基本养老保险费的征缴范围:国有企业、城镇集体企业、外商投资企业、城镇私营企业和其他城镇企业及其职工,实行企业化管理的事业单位及其职工。

基本医疗保险费的征缴范围:国有企业、城镇集体企业、外商投资企业、城镇私营企业和其他城镇企业及其职工,国家机关及其工作人员,事业单位及其职工,民办非企业单位及其职工,社会团体及其专职人员。

失业保险费的征缴范围:国有企业、城镇集体企业、外商投资企业、城镇私营企业和其他城镇企业及其职工,事业单位及其职工。

省、自治区、直辖市人民政府根据当地实际情况,可以规定将城镇个体工商户纳入基本养老保险、基本医疗保险的范围,并可以规定将社会团体及其专职人员、民办非企业单位及其职工以及有雇工的城镇个体工商户及其雇工纳入失业保险的范围。

**参见** 《社会保险费征缴暂行条例》

**第六十二条 【用人单位未按规定申报应缴数额】**用人单位未按规定申报应当缴纳的社会保险费数额的,按照该单位上月缴费额的百分之一百一十确定应当缴纳数额；缴费单位补办申报手续后，由社会保险费征收机构按照规定结算。

**注释** 缴费单位必须按月向社会保险经办机构申报应缴纳的社会保险费数额，经社会保险经办机构核定后，在规定的期限内缴纳社会保险费。缴费单位不按规定申报应缴纳的社会保险费数额的，由社会保险经办机构暂按该单位上月缴费数额的110%确定应缴数额；没有上月缴费数额的，由社会保险经办机构暂按该单位的经营状况、职工人数等有关情况确定应缴数额。缴费单位补办申报手续并按核定数额缴纳社会保险费后，由社会保险经办机构按照规定结算。

**参见** 《社会保险费征缴暂行条例》

**第六十三条** 【用人单位未按时足额缴费】用人单位未按时足额缴纳社会保险费的，由社会保险费征收机构责令其限期缴纳或者补足。

用人单位逾期仍未缴纳或者补足社会保险费的，社会保险费征收机构可以向银行和其他金融机构查询其存款账户；并可以申请县级以上有关行政部门作出划拨社会保险费的决定，书面通知其开户银行或者其他金融机构划拨社会保险费。用人单位账户余额少于应当缴纳的社会保险费的，社会保险费征收机构可以要求该用人单位提供担保，签订延期缴费协议。

用人单位未足额缴纳社会保险费且未提供担保的，社会保险费征收机构可以申请人民法院扣押、查封、拍卖其价值相当于应当缴纳社会保险费的财产，以拍卖所得抵缴社会保险费。

**注释** 缴费单位未按规定缴纳和代扣代缴社会保险费的，由劳动保障行政部门或者税务机关责令限期缴纳；逾期仍不缴纳的，除补缴欠缴数额外，从欠缴之日起，按日加收2‰的滞纳金。滞纳金并入社会保险基金。

缴费单位逾期拒不缴纳社会保险费、滞纳金的，由劳动保障行政部门或者税务机关申请人民法院依法强制征缴。

**参见** 《社会保险费征缴暂行条例》

# 第八章 社会保险基金

**第六十四条 【社会保险基金类别、管理原则和统筹层次】** 社会保险基金包括基本养老保险基金、基本医疗保险基金、工伤保险基金、失业保险基金和生育保险基金。除基本医疗保险基金与生育保险基金合并建账及核算外,其他各项社会保险基金按照社会保险险种分别建账,分账核算。社会保险基金执行国家统一的会计制度。

社会保险基金专款专用,任何组织和个人不得侵占或者挪用。

基本养老保险基金逐步实行全国统筹,其他社会保险基金逐步实行省级统筹,具体时间、步骤由国务院规定。

**注释** [专款专用]

社会保险基金作为国家强制性基金,专款专用是对所有组织和个人提出的要求,社会保险经办机构、社会保险行政主管部门乃至各级人民政府及其工作人员,都不得违反社会保险基金专款专用的基本原则,社会保险基金主要用于社会保险待遇支出,除了有关国家规定的支出项目外,一律不得支出。除了依照法律法规规定做一定的投资运行外,不得挪作他用,更不得侵占。

[在审理和执行民事、经济纠纷案件时,不得查封、冻结和扣划社会保险基金]

社会保险基金是由社会保险机构代参保人员管理,并最终由参保人员享用的公共基金,不属于社会保险机构所有。社会保险机构对该项基金设立专户管理,专款专用,专项用于保障企业退休职工、失业人员的基本生活需要,属专项资金,不得挪作他用。因此,各地人民法院在审理和执行民事、经济纠纷案件时,不得查封、冻结或扣划社会保险基金;不得用社会保险基金偿还社会保险机构及其原下属企业的债务。

**参见** 《会计法》;《社会保险费征缴暂行条例》;《最高人民法院关于在审理和执行民事、经济纠纷案件时不得查封、冻结和扣划社会保险基金的通知》

**第六十五条** 【社会保险基金的收支平衡和政府补贴责任】社会保险基金通过预算实现收支平衡。

县级以上人民政府在社会保险基金出现支付不足时，给予补贴。

**第六十六条** 【社会保险基金按照统筹层次设立预算】社会保险基金按照统筹层次设立预算。除基本医疗保险基金与生育保险基金预算合并编制外，其他社会保险基金预算按照社会保险项目分别编制。

> **注释** 根据《国务院关于试行社会保险基金预算的意见》规定，社会保险基金预算是根据国家社会保险和预算管理法律法规建立、反映各项社会保险基金收支的年度计划。社会保险基金预算按险种分别编制，包括企业职工基本养老保险基金、失业保险基金、城镇职工基本医疗保险基金、工伤保险基金、生育保险基金等内容。
>
> **参见** 《国务院关于试行社会保险基金预算的意见》

**第六十七条** 【社会保险基金预算制定程序】社会保险基金预算、决算草案的编制、审核和批准，依照法律和国务院规定执行。

**第六十八条** 【社会保险基金财政专户】社会保险基金存入财政专户，具体管理办法由国务院规定。

**第六十九条** 【社会保险基金的保值增值】社会保险基金在保证安全的前提下，按照国务院规定投资运营实现保值增值。

社会保险基金不得违规投资运营，不得用于平衡其他政府预算，不得用于兴建、改建办公场所和支付人员经费、运行费用、管理费用，或者违反法律、行政法规规定挪作其他用途。

**第七十条** 【社会保险基金信息公开】社会保险经办机构应当定期向社会公布参加社会保险情况以及社会保险基金的收入、支出、结余和收益情况。

> **注释** [公开社会保险费征缴情况]
> 社会保险经办机构应当建立缴费记录，其中基本养老保险、基本医疗保险并应当按照规定记录个人账户。社会保险经办机构负责

保存缴费记录,并保证其完整、安全。社会保险经办机构应当至少每年向缴费个人发送一次基本养老保险、基本医疗保险个人账户通知单。

缴费单位、缴费个人有权按照规定查询缴费记录。

缴费单位应当每年向本单位职工公布本单位全年社会保险费缴纳情况,接受职工监督。社会保险经办机构应当定期向社会公告社会保险费征收情况,接受社会监督。

**参见**　《社会保险费征缴暂行条例》

**第七十一条**　【全国社会保障基金】国家设立全国社会保障基金,由中央财政预算拨款以及国务院批准的其他方式筹集的资金构成,用于社会保障支出的补充、调剂。全国社会保障基金由全国社会保障基金管理运营机构负责管理运营,在保证安全的前提下实现保值增值。

全国社会保障基金应当定期向社会公布收支、管理和投资运营的情况。国务院财政部门、社会保险行政部门、审计机关对全国社会保障基金的收支、管理和投资运营情况实施监督。

## 第九章　社会保险经办

**第七十二条**　【社会保险经办机构的设置及经费保障】统筹地区设立社会保险经办机构。社会保险经办机构根据工作需要,经所在地的社会保险行政部门和机构编制管理机关批准,可以在本统筹地区设立分支机构和服务网点。

社会保险经办机构的人员经费和经办社会保险发生的基本运行费用、管理费用,由同级财政按照国家规定予以保障。

**第七十三条**　【管理制度和支付社会保险待遇职责】社会保险经办机构应当建立健全业务、财务、安全和风险管理制度。

社会保险经办机构应当按时足额支付社会保险待遇。

**第七十四条**　【获取社会保险数据、建档、权益记录等服务】社会保险经办机构通过业务经办、统计、调查获取社会保险工作所需的数据，有关单位和个人应当及时、如实提供。

社会保险经办机构应当及时为用人单位建立档案，完整、准确地记录参加社会保险的人员、缴费等社会保险数据，妥善保管登记、申报的原始凭证和支付结算的会计凭证。

社会保险经办机构应当及时、完整、准确地记录参加社会保险的个人缴费和用人单位为其缴费，以及享受社会保险待遇等个人权益记录，定期将个人权益记录单免费寄送本人。

用人单位和个人可以免费向社会保险经办机构查询、核对其缴费和享受社会保险待遇记录，要求社会保险经办机构提供社会保险咨询等相关服务。

**第七十五条 【社会保险信息系统的建设】**全国社会保险信息系统按照国家统一规划，由县级以上人民政府按照分级负责的原则共同建设。

## 第十章 社会保险监督

**第七十六条 【人大监督】**各级人民代表大会常务委员会听取和审议本级人民政府对社会保险基金的收支、管理、投资运营以及监督检查情况的专项工作报告，组织对本法实施情况的执法检查等，依法行使监督职权。

**第七十七条 【行政部门监督】**县级以上人民政府社会保险行政部门应当加强对用人单位和个人遵守社会保险法律、法规情况的监督检查。

社会保险行政部门实施监督检查时，被检查的用人单位和个人应当如实提供与社会保险有关的资料，不得拒绝检查或者谎报、瞒报。

**第七十八条 【财政监督、审计监督】**财政部门、审计机关按照各自职责，对社会保险基金的收支、管理和投资运营情况实施监督。

**第七十九条 【社会保险行政部门对基金的监督】**社会保险行政部门对社会保险基金的收支、管理和投资运营情况进行监督检查，发现存在问题的，应当提出整改建议，依法作出处理决定或者向有关行政部门提出处理建议。社会保险基金检查结果应当定期向社会公布。

社会保险行政部门对社会保险基金实施监督检查，有权采取下列措施：

（一）查阅、记录、复制与社会保险基金收支、管理和投资运营相关的资料，对可能被转移、隐匿或者灭失的资料予以封存；

（二）询问与调查事项有关的单位和个人，要求其对与调查事项有关的问题作出说明、提供有关证明材料；

（三）对隐匿、转移、侵占、挪用社会保险基金的行为予以制止并责令改正。

**注释** [人力资源社会保障行政部门依法履行的社会保险基金行政监督职责]

根据《社会保险基金行政监督办法》，人力资源社会保障行政部门依法履行下列社会保险基金行政监督职责：（1）检查社会保险基金收支、管理情况；（2）受理有关社会保险基金违法违规行为的举报；（3）依法查处社会保险基金违法违规问题；（4）宣传社会保险基金监督法律、法规、规章和政策；（5）法律、法规规定的其他事项。

[人力资源社会保障行政部门对社会保险经办机构实施的监督]

根据《社会保险基金行政监督办法》，人力资源社会保障行政部门对社会保险经办机构的下列事项实施监督：（1）执行社会保险基金收支、管理的有关法律、法规、规章和政策的情况；（2）社会保险基金预算执行及决算情况；（3）社会保险基金收入户、支出户等银行账户开立、使用和管理情况；（4）社会保险待遇审核和基金支付情况；（5）社会保险服务协议订立、变更、履行、解除或者终止情况；（6）社会保险基金收支、管理内部控制情况；（7）法律、法规规定的其他事项。

[人力资源社会保障行政部门对社会保险服务机构实施的监督]

根据《社会保险基金行政监督办法》，人力资源社会保障行政部门对社会保险服务机构的下列事项实施监督：（1）遵守社会保险相关法律、法规、规章和政策的情况；(2) 社会保险基金管理使用情况；(3) 社会保险基金管理使用内部控制情况；(4) 社会保险服务协议履行情况；(5) 法律、法规规定的其他事项。

[人力资源社会保障行政部门对与社会保险基金收支、管理直接相关单位实施的监督]

根据《社会保险基金行政监督办法》，人力资源社会保障行政部门对与社会保险基金收支、管理直接相关单位的下列事项实施监督：(1) 提前退休审批情况；(2) 工伤认定（职业伤害确认）情况；(3) 劳动能力鉴定情况；(4) 法律、法规规定的其他事项。

**参见**　《社会保险基金行政监督办法》

**第八十条　【社会保险监督委员会】**统筹地区人民政府成立由用人单位代表、参保人员代表，以及工会代表、专家等组成的社会保险监督委员会，掌握、分析社会保险基金的收支、管理和投资运营情况，对社会保险工作提出咨询意见和建议，实施社会监督。

社会保险经办机构应当定期向社会保险监督委员会汇报社会保险基金的收支、管理和投资运营情况。社会保险监督委员会可以聘请会计师事务所对社会保险基金的收支、管理和投资运营情况进行年度审计和专项审计。审计结果应当向社会公开。

社会保险监督委员会发现社会保险基金收支、管理和投资运营中存在问题的，有权提出改正建议；对社会保险经办机构及其工作人员的违法行为，有权向有关部门提出依法处理建议。

**第八十一条　【为用人单位和个人信息保密】**社会保险行政部门和其他有关行政部门、社会保险经办机构、社会保险费征收机构及其工作人员，应当依法为用人单位和个人的信息保密，不得以任何形式泄露。

**第八十二条　【违法行为的举报、投诉】**任何组织或者个人有权对违反社会保险法律、法规的行为进行举报、投诉。

社会保险行政部门、卫生行政部门、社会保险经办机构、社会保险费征收机构和财政部门、审计机关对属于本部门、本机构职责范围的举报、投诉，应当依法处理；对不属于本部门、本机构职责范围的,应当书面通知并移交有权处理的部门、机构处理。有权处理的部门、机构应当及时处理,不得推诿。

**注释** [社会保险基金监督举报]

根据《社会保险基金监督举报工作管理办法》的规定,社会保险基金监督举报,是指任何组织或者个人向人力资源社会保障行政部门反映机构、单位、个人涉嫌欺诈骗取、套取或者挪用贪占社会保险基金情形的行为。依照本办法,举报涉嫌欺诈骗取、套取或者挪用贪占社会保险基金情形的任何组织或者个人是举报人;被举报的机构、单位、个人是被举报人。

参保单位、个人、中介机构涉嫌有下列情形之一的,任何组织或者个人可以依照《社会保险基金监督举报工作管理办法》举报:(1)以提供虚假证明材料等手段虚构社会保险参保条件、违规补缴的;(2)伪造、变造有关证件、档案、材料,骗取社会保险基金的;(3)组织或者协助他人以伪造、变造档案、材料等手段骗取参保补缴、提前退休资格或者违规申领社会保险待遇的;(4)个人丧失社会保险待遇享受资格后,本人或者相关受益人不按规定履行告知义务、隐瞒事实违规享受社会保险待遇的;(5)其他欺诈骗取、套取或者挪用贪占社会保险基金的情形。

社会保险服务机构及其工作人员涉嫌有下列情形之一的,任何组织或者个人可以依照《社会保险基金监督举报工作管理办法》举报:(1)工伤保险协议医疗机构、工伤康复协议机构、工伤保险辅助器具配置协议机构、工伤预防项目实施单位、职业伤害保障委托承办机构及其工作人员以伪造、变造或者提供虚假证明材料及相关报销票据、冒名顶替等手段骗取或者协助、配合他人骗取社会保险基金的;(2)享受失业保险培训补贴的培训机构及其工作人员以伪造、变造、提供虚假培训记录等手段骗取或者协助、配合他人骗取社会保险基金的;(3)其他欺诈骗取、套取或者挪用贪占社会保险基金的情形。

社会保险经办机构及其工作人员涉嫌有下列情形之一的,任何组织或者个人可以依照《社会保险基金监督举报工作管理办法》举报：(1) 隐匿、转移、侵占、挪用、截留社会保险基金的；(2) 违规审核、审批社会保险申报材料，违规办理参保、补缴、关系转移、待遇核定、待遇资格认证等，违规发放社会保险待遇的；(3) 伪造或者篡改缴费记录、享受社会保险待遇记录等社会保险数据、个人权益记录的；(4) 其他欺诈骗取、套取或者挪用贪占社会保险基金的情形。

与社会保险基金收支、管理直接相关单位及其工作人员涉嫌有下列情形之一的，任何组织或者个人可以依照《社会保险基金监督举报工作管理办法》举报：(1) 人力资源社会保障行政部门及其工作人员违规出具行政执法文书、违规进行工伤认定、违规办理提前退休，侵害社会保险基金的；(2) 劳动能力鉴定委员会及其工作人员违规进行劳动能力鉴定，侵害社会保险基金的；(3) 劳动人事争议仲裁机构及其工作人员违规出具仲裁文书，侵害社会保险基金的；(4) 信息化综合管理机构及其工作人员伪造或者篡改缴费记录、享受社会保险待遇记录等社会保险数据、个人权益记录的；(5) 其他欺诈骗取、套取或者挪用贪占社会保险基金的情形。

**参见**　《社会保险基金监督举报工作管理办法》

**第八十三条**　【社会保险权利救济途径】用人单位或者个人认为社会保险费征收机构的行为侵害自己合法权益的，可以依法申请行政复议或者提起行政诉讼。

用人单位或者个人对社会保险经办机构不依法办理社会保险登记、核定社会保险费、支付社会保险待遇、办理社会保险转移接续手续或者侵害其他社会保险权益的行为，可以依法申请行政复议或者提起行政诉讼。

个人与所在用人单位发生社会保险争议的，可以依法申请调解、仲裁，提起诉讼。用人单位侵害个人社会保险权益的，个人也可以要求社会保险行政部门或者社会保险费征收机构依法处理。

**注释**　[行政复议]

行政复议是指公民、法人或者其他组织认为行政主体的行政行为侵犯其合法权益，依法向行政复议机关提出复查该行政行为的申请,行政复议机关依照法定程序对被申请的行政行为进行合法、适当性审查,并作出行政复议决定的一种法律制度。根据《行政复议法》第20条的规定,公民、法人或者其他组织认为行政行为侵犯其合法权益的,可以自知道或者应当知道该行政行为之日起60日内提出行政复议申请;但是法律规定的申请期限超过60日的除外。

[行政诉讼]

<u>行政诉讼</u>,是指行政相对人认为行政主体作出的行政行为侵犯其合法权益,依法向法院提起诉讼,请求法院对被诉的行政行为进行审查,法院在诉讼当事人和其他诉讼参与人的参加下,对行政案件进行审理和裁判的活动。根据《行政诉讼法》第45条、第46条的规定,公民、法人或者其他组织不服复议决定的,可以在收到复议决定书之日起15日内向人民法院提起诉讼。复议机关逾期不作决定的,申请人可以在复议期满之日起15日内向人民法院提起诉讼。法律另有规定的除外。公民、法人或者其他组织直接向人民法院提起诉讼的,应当自知道或者应当知道作出行政行为之日起6个月内提出。法律另有规定的除外。因不动产提起诉讼的案件自行政行为作出之日起超过20年,其他案件自行政行为作出之日起超过5年提起诉讼的,人民法院不予受理。

[个人与所在用人单位发生社会保险争议的救济途径]

依照《劳动争议调解仲裁法》的规定,用人单位与劳动者因社会保险发生争议,当事人不愿协商、协商不成或者达成和解协议后不履行的,可以向调解组织申请调解;不愿调解、调解不成或者达成调解协议后不履行的,可以向劳动争议仲裁委员会申请仲裁;对仲裁裁决不服的,可以向人民法院提起诉讼。劳动争议申请仲裁的时效期间为1年。仲裁时效期间从当事人知道或者应当知道其权利被侵害之日起计算。

注意,根据《劳动争议调解仲裁法》第47条的规定,因执行国家的劳动标准在社会保险方面发生的争议,仲裁裁决为终局裁决,裁决书自作出之日起发生法律效力。用人单位可以自收到仲裁裁决书之日起30日内向劳动争议仲裁委员会所在地的中级人民法院申请撤销裁决;劳动者对仲裁裁决不服的,可以自收到仲裁裁决书之日起 15 日内向人民法院提起诉讼。

**参见** 《劳动争议调解仲裁法》；《行政复议法》；《行政诉讼法》

**案例** 王某平与江苏省某供电公司养老保险待遇纠纷上诉案（江苏省常州市中级人民法院民事裁定书（2021）苏 04 民终 4387 号）

**案件适用要点**：《中华人民共和国社会保险法》第六十三条第一款规定，用人单位未按时足额缴纳社会保险费的，由社会保险费征收机构责令其限期缴纳或者补足。由此可知，社会保险经办机构具有缴费登记、催促缴费等职责。用人单位没有为劳动者办理社会保险手续且社会保险经办机构不能办理补交手续导致劳动者无法享受社会保险待遇的，由此产生赔偿损失纠纷，属于人民法院受案范围。而已经由用人单位办理了社保手续但因用人单位欠缴、拒缴社会保险费或者因缴费年限、缴费基数等发生争议，则由社会保险经办机构处理解决，不属于人民法院受案范围。

# 第十一章 法律责任

**第八十四条** 【不办理社会保险登记的法律责任】用人单位不办理社会保险登记的，由社会保险行政部门责令限期改正；逾期不改正的，对用人单位处应缴社会保险费数额一倍以上三倍以下的罚款，对其直接负责的主管人员和其他直接责任人员处五百元以上三千元以下的罚款。

**第八十五条** 【拒不出具终止或者解除劳动关系证明的处理】用人单位拒不出具终止或者解除劳动关系证明的，依照《中华人民共和国劳动合同法》的规定处理。

**注释** 《劳动合同法》第 50 条规定，用人单位应当在解除或者终止劳动合同时出具解除或者终止劳动合同的证明，并在 15 日内为劳动者办理档案和社会保险关系转移手续。

《劳动合同法》第 89 条规定，用人单位违反劳动合同法规定未向劳动者出具解除或者终止劳动合同的书面证明，由劳动行政部门责令改正；给劳动者造成损害的，应当承担赔偿责任。

**第八十六条** 【未按时足额缴费的责任】用人单位未按时足额缴纳社会保险费的,由社会保险费征收机构责令限期缴纳或者补足,并自欠缴之日起,按日加收万分之五的滞纳金;逾期仍不缴纳的,由有关行政部门处欠缴数额一倍以上三倍以下的罚款。

**第八十七条** 【骗取社保基金支出的责任】社会保险经办机构以及医疗机构、药品经营单位等社会保险服务机构以欺诈、伪造证明材料或者其他手段骗取社会保险基金支出的,由社会保险行政部门责令退回骗取的社会保险金,处骗取金额二倍以上五倍以下的罚款;属于社会保险服务机构的,解除服务协议;直接负责的主管人员和其他直接责任人员有执业资格的,依法吊销其执业资格。

**第八十八条** 【骗取社会保险待遇的责任】以欺诈、伪造证明材料或者其他手段骗取社会保险待遇的,由社会保险行政部门责令退回骗取的社会保险金,处骗取金额二倍以上五倍以下的罚款。

**注释** 根据《全国人大常委会关于〈中华人民共和国刑法〉第二百六十六条的解释》,以欺诈、伪造证明材料或者其他手段骗取养老、医疗、工伤、失业、生育等社会保险金或者其他社会保障待遇的,属于《刑法》第266条规定的诈骗公私财物的行为。

**第八十九条** 【经办机构及其工作人员违法行为责任】社会保险经办机构及其工作人员有下列行为之一的,由社会保险行政部门责令改正;给社会保险基金、用人单位或者个人造成损失的,依法承担赔偿责任;对直接负责的主管人员和其他直接责任人员依法给予处分:

(一)未履行社会保险法定职责的;

(二)未将社会保险基金存入财政专户的;

(三)克扣或者拒不按时支付社会保险待遇的;

(四)丢失或者篡改缴费记录、享受社会保险待遇记录等社会保险数据、个人权益记录的;

(五)有违反社会保险法律、法规的其他行为的。

**第九十条** 【擅自更改缴费基数、费率的责任】社会保险费征收机构擅自更改社会保险费缴费基数、费率,导致少收或者多收社会保险费的，由有关行政部门责令其追缴应当缴纳的社会保险费或者退还不应当缴纳的社会保险费；对直接负责的主管人员和其他直接责任人员依法给予处分。

第九十一条 【隐匿、转移、侵占、挪用社保基金等的责任】违反本法规定，隐匿、转移、侵占、挪用社会保险基金或者违规投资运营的，由社会保险行政部门、财政部门、审计机关责令追回；有违法所得的，没收违法所得；对直接负责的主管人员和其他直接责任人员依法给予处分。

> **注释** 根据《最高人民检察院关于贪污养老、医疗等社会保险基金能否适用〈最高人民法院最高人民检察院关于办理贪污贿赂刑事案件适用法律若干问题的解释〉第一条第二款第一项规定的批复》规定，养老、医疗、工伤、失业、生育等社会保险基金可以认定为《最高人民法院、最高人民检察院关于办理贪污贿赂刑事案件适用法律若干问题的解释》第1条第2款第1项规定的"特定款物"。

第九十二条 【泄露用人单位和个人信息的行政责任】社会保险行政部门和其他有关行政部门、社会保险经办机构、社会保险费征收机构及其工作人员泄露用人单位和个人信息的，对直接负责的主管人员和其他直接责任人员依法给予处分；给用人单位或者个人造成损失的，应当承担赔偿责任。

第九十三条 【国家工作人员的相关责任】国家工作人员在社会保险管理、监督工作中滥用职权、玩忽职守、徇私舞弊的，依法给予处分。

第九十四条 【相关刑事责任】违反本法规定，构成犯罪的，依法追究刑事责任。

# 第十二章 附 则

第九十五条 【进城务工农村居民参加社会保险】进城务工的农村居民依照本法规定参加社会保险。

**注释** 本条规定的进城务工的农村居民是指与用人单位建立劳动关系的农村居民。根据《劳动合同法》，这些农村居民与城镇职工没有身份差别，应当与城镇职工一样参加社会保险。

2006年《国务院关于解决农民工问题的若干意见》中也指出，高度重视农民工社会保障工作。根据农民工最紧迫的社会保障需求，坚持分类指导、稳步推进，优先解决工伤保险和大病医疗保障问题，逐步解决养老保障问题。农民工的社会保障，要适应流动性大的特点，保险关系和待遇能够转移接续，使农民工在流动就业中的社会保障权益不受损害；要兼顾农民工工资收入偏低的实际情况，实行低标准进入、渐进式过渡，调动用人单位和农民工参保的积极性。

**参见** 《劳动合同法》；《国务院关于解决农民工问题的若干意见》

**第九十六条** 【被征地农民的社会保险】征收农村集体所有的土地，应当足额安排被征地农民的社会保险费，按照国务院规定将被征地农民纳入相应的社会保险制度。

**注释** 根据《民法典》第243条规定，为了公共利益的需要，依照法律规定的权限和程序可以征收集体所有的土地和单位、个人的房屋及其他不动产。征收集体所有的土地，应当依法足额支付土地补偿费、安置补助费以及农村村民住宅、其他地上附着物和青苗等的补偿费用，安排被征地农民的社会保障费用，保障被征地农民的生活，维护被征地农民的合法权益。

**参见** 《民法典》第243条；《关于做好被征地农民就业培训和社会保障工作指导意见的通知》

**第九十七条** 【外国人参加我国社会保险】外国人在中国境内就业的，参照本法规定参加社会保险。

**第九十八条** 【施行日期】本法自2011年7月1日起施行。

# 实施《中华人民共和国社会保险法》若干规定

(2011年6月29日人力资源和社会保障部令第13号公布 自2011年7月1日起施行)

为了实施《中华人民共和国社会保险法》(以下简称社会保险法),制定本规定。

## 第一章 关于基本养老保险

**第一条** 社会保险法第十五条规定的统筹养老金,按照国务院规定的基础养老金计发办法计发。

**第二条** 参加职工基本养老保险的个人达到法定退休年龄时,累计缴费不足十五年的,可以延长缴费至满十五年。社会保险法实施前参保、延长缴费五年后仍不足十五年的,可以一次性缴费至满十五年。

**第三条** 参加职工基本养老保险的个人达到法定退休年龄后,累计缴费不足十五年(含依照第二条规定延长缴费)的,可以申请转入户籍所在地新型农村社会养老保险或者城镇居民社会养老保险,享受相应的养老保险待遇。

参加职工基本养老保险的个人达到法定退休年龄后,累计缴费不足十五年(含依照第二条规定延长缴费),且未转入新型农村社会养老保险或者城镇居民社会养老保险的,个人可以书面申请终止职工基本养老保险关系。社会保险经办机构收到申请后,应当书面告知其转入新型农村社会养老保险或者城镇居民社会养老保险的权利以及终止职工基本养老保险关系的后果,经本人书面确认后,终止其职工基本养老保险关系,并将个人账户储存额一次性支付给本人。

**第四条** 参加职工基本养老保险的个人跨省流动就业,达到法定退休年龄时累计缴费不足十五年的,按照《国务院办公厅关于转发人力资源社会保障部财政部城镇企业职工基本养老保险关系转移接续暂行办法的通知》(国办发〔2009〕66号)有关待遇领取地的规定确定继续缴费地后,按照本规定第二条办理。

**第五条** 参加职工基本养老保险的个人跨省流动就业,符合按月领取基本养老金条件时,基本养老金分段计算、统一支付的具体办法,按照《国务院办公厅关于转发人力资源社会保障部财政部城镇企业职工基本养老保险关系转移接续暂行办法的通知》(国办发〔2009〕66号)执行。

**第六条** 职工基本养老保险个人账户不得提前支取。个人在达到法定的领取基本养老金条件前离境定居的,其个人账户予以保留,达到法定领取条件时,按照国家规定享受相应的养老保险待遇。其中,丧失中华人民共和国国籍的,可以在其离境时或者离境后书面申请终止职工基本养老保险关系。社会保险经办机构收到申请后,应当书面告知其保留个人账户的权利以及终止职工基本养老保险关系的后果,经本人书面确认后,终止其职工基本养老保险关系,并将个人账户储存额一次性支付给本人。

参加职工基本养老保险的个人死亡后,其个人账户中的余额可以全部依法继承。

## 第二章 关于基本医疗保险

**第七条** 社会保险法第二十七条规定的退休人员享受基本医疗保险待遇的缴费年限按照各地规定执行。

参加职工基本医疗保险的个人,基本医疗保险关系转移接续时,基本医疗保险缴费年限累计计算。

**第八条** 参保人员在协议医疗机构发生的医疗费用,符合基本医疗保险药品目录、诊疗项目、医疗服务设施标准的,按照国家规定从基本医疗保险基金中支付。

参保人员确需急诊、抢救的，可以在非协议医疗机构就医；因抢救必须使用的药品可以适当放宽范围。参保人员急诊、抢救的医疗服务具体管理办法由统筹地区根据当地实际情况制定。

## 第三章 关于工伤保险

**第九条** 职工（包括非全日制从业人员）在两个或者两个以上用人单位同时就业的，各用人单位应当分别为职工缴纳工伤保险费。职工发生工伤，由职工受到伤害时工作的单位依法承担工伤保险责任。

**第十条** 社会保险法第三十七条第二项中的醉酒标准，按照《车辆驾驶人员血液、呼气酒精含量阈值与检验》（GB 19522-2004）[①]执行。公安机关交通管理部门、医疗机构等有关单位依法出具的检测结论、诊断证明等材料，可以作为认定醉酒的依据。

**第十一条** 社会保险法第三十八条第八项中的因工死亡补助金是指《工伤保险条例》第三十九条的一次性工亡补助金，标准为工伤发生时上一年度全国城镇居民人均可支配收入的20倍。

上一年度全国城镇居民人均可支配收入以国家统计局公布的数据为准。

**第十二条** 社会保险法第三十九条第一项治疗工伤期间的工资福利，按照《工伤保险条例》第三十三条有关职工在停工留薪期内应当享受的工资福利和护理等待遇的规定执行。

## 第四章 关于失业保险

**第十三条** 失业人员符合社会保险法第四十五条规定条件的，可以申请领取失业保险金并享受其他失业保险待遇。其中，非因本人意愿中断就业包括下列情形：

---

① 现为（GB 19522—2024）。

（一）依照劳动合同法第四十四条第一项、第四项、第五项规定终止劳动合同的；

（二）由用人单位依照劳动合同法第三十九条、第四十条、第四十一条规定解除劳动合同的；

（三）用人单位依照劳动合同法第三十六条规定向劳动者提出解除劳动合同并与劳动者协商一致解除劳动合同的；

（四）由用人单位提出解除聘用合同或者被用人单位辞退、除名、开除的；

（五）劳动者本人依照劳动合同法第三十八条规定解除劳动合同的；

（六）法律、法规、规章规定的其他情形。

**第十四条** 失业人员领取失业保险金后重新就业的，再次失业时，缴费时间重新计算。失业人员因当期不符合失业保险金领取条件的，原有缴费时间予以保留，重新就业并参保的，缴费时间累计计算。

**第十五条** 失业人员在领取失业保险金期间，应当积极求职，接受职业介绍和职业培训。失业人员接受职业介绍、职业培训的补贴由失业保险基金按照规定支付。

## 第五章 关于基金管理和经办服务

**第十六条** 社会保险基金预算、决算草案的编制、审核和批准，依照《国务院关于试行社会保险基金预算的意见》（国发〔2010〕2号）的规定执行。

**第十七条** 社会保险经办机构应当每年至少一次将参保人员个人权益记录单通过邮寄方式寄送本人。同时，社会保险经办机构可以通过手机短信或者电子邮件等方式向参保人员发送个人权益记录。

**第十八条** 社会保险行政部门、社会保险经办机构及其工作人员应当依法为用人单位和个人的信息保密，不得违法向他人泄露下列信息：

（一）涉及用人单位商业秘密或者公开后可能损害用人单位合法利益的信息；

（二）涉及个人权益的信息。

## 第六章 关于法律责任

**第十九条** 用人单位在终止或者解除劳动合同时拒不向职工出具终止或者解除劳动关系证明，导致职工无法享受社会保险待遇的，用人单位应当依法承担赔偿责任。

**第二十条** 职工应当缴纳的社会保险费由用人单位代扣代缴。用人单位未依法代扣代缴的，由社会保险费征收机构责令用人单位限期代缴，并自欠缴之日起向用人单位按日加收万分之五的滞纳金。用人单位不得要求职工承担滞纳金。

**第二十一条** 用人单位因不可抗力造成生产经营出现严重困难的，经省级人民政府社会保险行政部门批准后，可以暂缓缴纳一定期限的社会保险费，期限一般不超过一年。暂缓缴费期间，免收滞纳金。到期后，用人单位应当缴纳相应的社会保险费。

**第二十二条** 用人单位按照社会保险法第六十三条的规定，提供担保并与社会保险费征收机构签订缓缴协议的，免收缓缴期间的滞纳金。

**第二十三条** 用人单位按照本规定第二十一条、第二十二条缓缴社会保险费期间，不影响其职工依法享受社会保险待遇。

**第二十四条** 用人单位未按月将缴纳社会保险费的明细情况告知职工本人的，由社会保险行政部门责令改正；逾期不改的，按照《劳动保障监察条例》第三十条的规定处理。

**第二十五条** 医疗机构、药品经营单位等社会保险服务机构以欺诈、伪造证明材料或者其他手段骗取社会保险基金支出的，由社会保险行政部门责令退回骗取的社会保险金，处骗取金额二倍以上五倍以下的罚款。对与社会保险经办机构签订服务协议的医疗机构、药品经营单位，由社会保险经办机构按照协议追究责任，情节严重的，可以解除与其签订的服务协议。对有执业资格的直接负责的主管人员和其他直接责任人员，由社会保险行政部门建议授予其执业资格的有关主管部门依法吊销其执业资格。

**第二十六条** 社会保险经办机构、社会保险费征收机构、社会保险基金投资运营机构、开设社会保险基金专户的机构和专户管理银行及其工作人员有下列违法情形的，由社会保险行政部门按照社会保险法第九十一条的规定查处：

（一）将应征和已征的社会保险基金，采取隐藏、非法放置等手段，未按规定征缴、入账的；

（二）违规将社会保险基金转入社会保险基金专户以外的账户的；

（三）侵吞社会保险基金的；

（四）将各项社会保险基金互相挤占或者其他社会保障基金挤占社会保险基金的；

（五）将社会保险基金用于平衡财政预算，兴建、改建办公场所和支付人员经费、运行费用、管理费用的；

（六）违反国家规定的投资运营政策的。

## 第七章 其 他

**第二十七条** 职工与所在用人单位发生社会保险争议的，可以依照《中华人民共和国劳动争议调解仲裁法》、《劳动人事争议仲裁办案规则》的规定，申请调解、仲裁，提起诉讼。

职工认为用人单位有未按时足额为其缴纳社会保险费等侵害其社会保险权益行为的，也可以要求社会保险行政部门或者社会保险费征收机构依法处理。社会保险行政部门或者社会保险费征收机构应当按照社会保险法和《劳动保障监察条例》等相关规定处理。在处理过程中，用人单位对双方的劳动关系提出异议的，社会保险行政部门应当依法查明相关事实后继续处理。

**第二十八条** 在社会保险经办机构征收社会保险费的地区,社会保险行政部门应当依法履行社会保险法第六十三条所规定的有关行政部门的职责。

**第二十九条** 2011年7月1日后对用人单位未按时足额缴纳社会保险费的处理,按照社会保险法和本规定执行;对2011年7月1日前发生的用人单位未按时足额缴纳社会保险费的行为,按照国家和地方人民政府的有关规定执行。

**第三十条** 本规定自2011年7月1日起施行。

# 社会保险费征缴暂行条例

(1999年1月22日中华人民共和国国务院令第259号发布 根据2019年3月24日《国务院关于修改部分行政法规的决定》修订)

## 第一章 总 则

**第一条** 【立法目的】为了加强和规范社会保险费征缴工作,保障社会保险金的发放,制定本条例。

> **注释** 根据我国《劳动法》的规定,劳动者在下列情形下,依法享受社会保险待遇:(1)退休;(2)患病、负伤;(3)因工伤残或者患职业病;(4)失业;(5)生育。劳动者死亡后,其遗属依法享受遗属津贴。劳动者享受社会保险待遇的条件和标准由法律、法规规定。劳动者享受的社会保险金必须按时足额支付。
> 
> 社会保险费征缴,是指由专门机构向用人单位和劳动者筹集社会保险基金的制度。社会保险的强制性决定了社会保险费是征缴制,即参加社会保险者必须在规定时间、按规定标准缴纳社会保险费,或者由专门机构直接收取,拒不缴纳的要承担相应的法律责任。

**第二条　【适用范围】**基本养老保险费、基本医疗保险费、失业保险费（以下统称社会保险费）的征收、缴纳，适用本条例。

本条例所称缴费单位、缴费个人，是指依照有关法律、行政法规和国务院的规定，应当缴纳社会保险费的单位和个人。

**注释**　工伤保险费的征缴按照《社会保险费征缴暂行条例》关于基本养老保险费、基本医疗保险费、失业保险费的征缴规定执行。（参见《工伤保险条例》第3条）

生育保险根据"以支定收，收支基本平衡"的原则筹集资金，由企业按照其工资总额的一定比例向社会保险经办机构缴纳生育保险费，建立生育保险基金。生育保险费的提取比例由当地人民政府根据计划内生育人数和生育津贴、生育医疗费等项费用确定，并可根据费用支出情况适时调整，但最高不得超过工资总额的百分之一。企业缴纳的生育保险费作为期间费用处理，列入企业管理费用。职工个人不缴纳生育保险费。（参见《企业职工生育保险试行办法》第4条）

**第三条　【征缴范围】**基本养老保险费的征缴范围：国有企业、城镇集体企业、外商投资企业、城镇私营企业和其他城镇企业及其职工，实行企业化管理的事业单位及其职工。

基本医疗保险费的征缴范围：国有企业、城镇集体企业、外商投资企业、城镇私营企业和其他城镇企业及其职工，国家机关及其工作人员，事业单位及其职工，民办非企业单位及其职工，社会团体及其专职人员。

失业保险费的征缴范围：国有企业、城镇集体企业、外商投资企业、城镇私营企业和其他城镇企业及其职工，事业单位及其职工。

省、自治区、直辖市人民政府根据当地实际情况，可以规定将城镇个体工商户纳入基本养老保险、基本医疗保险的范围，并可以规定将社会团体及其专职人员、民办非企业单位及其职工以及有雇工的城镇个体工商户及其雇工纳入失业保险的范围。

社会保险费的费基、费率依照有关法律、行政法规和国务院的规定执行。

**第四条 【足额缴纳与专款专用】**缴费单位、缴费个人应当按时足额缴纳社会保险费。

征缴的社会保险费纳入社会保险基金，专款专用，任何单位和个人不得挪用。

> **注释** 根据我国《劳动法》的规定，用人单位无故不缴纳社会保险费的，由劳动行政部门责令其限期缴纳；逾期不缴的，可以加收滞纳金。
>
> 参加社会保险的企业破产的，欠缴的社会保险统筹费用应当缴纳至人民法院裁定宣告破产之日。

**第五条 【征缴主管部门】**国务院劳动保障行政部门负责全国的社会保险费征缴管理和监督检查工作。县级以上地方各级人民政府劳动保障行政部门负责本行政区域内的社会保险费征缴管理和监督检查工作。

**第六条 【征收机构】**社会保险费实行三项社会保险费集中、统一征收。社会保险费的征收机构由省、自治区、直辖市人民政府规定，可以由税务机关征收，也可以由劳动保障行政部门按照国务院规定设立的社会保险经办机构（以下简称社会保险经办机构）征收。

> **注释** 根据我国《劳动法》的规定，社会保险基金经办机构依照法律规定收支、管理和运营社会保险基金，并负有使社会保险基金保值增值的责任。社会保险基金监督机构依照法律规定，对社会保险基金的收支、管理和运营实施监督。社会保险基金经办机构和社会保险基金监督机构的设立和职能由法律规定。

## 第二章 征缴管理

**第七条 【社会保险登记】**缴费单位必须向当地社会保险经办机构办理社会保险登记，参加社会保险。

登记事项包括：单位名称、住所、经营地点、单位类型、法定代表人或者负责人、开户银行账号以及国务院劳动保障行政部门规定的其他事项。

**第八条** 【社会保险登记证件】企业在办理登记注册时,同步办理社会保险登记。

前款规定以外的缴费单位应当自成立之日起30日内,向当地社会保险经办机构申请办理社会保险登记。

**第九条** 【社保变更与注销】缴费单位的社会保险登记事项发生变更或者缴费单位依法终止的,应当自变更或者终止之日起30日内,到社会保险经办机构办理变更或者注销社会保险登记手续。

**第十条** 【社会保险费应缴数额】缴费单位必须按月向社会保险经办机构申报应缴纳的社会保险费数额,经社会保险经办机构核定后,在规定的期限内缴纳社会保险费。

缴费单位不按规定申报应缴纳的社会保险费数额的,由社会保险经办机构暂按该单位上月缴费数额的110%确定应缴数额;没有上月缴费数额的,由社会保险经办机构暂按该单位的经营状况、职工人数等有关情况确定应缴数额。缴费单位补办申报手续并按核定数额缴纳社会保险费后,由社会保险经办机构按照规定结算。

> **注释** 在执行本条规定时,对不按规定申报应缴纳社会保险费数额的缴费单位,社会保险经办机构先暂按该单位上月缴费数额的110%确定应缴数额,由社会保险费征收机构暂按社会保险经办机构确定的应缴数额及时征收,在缴费单位补办申报手续并按核定数额缴纳社会保险费后,由社会保险经办机构按照规定结算。

**第十一条** 【协助义务】省、自治区、直辖市人民政府规定由税务机关征收社会保险费的,社会保险经办机构应当及时向税务机关提供缴费单位社会保险登记、变更登记、注销登记以及缴费申报的情况。

**第十二条** 【缴费形式】缴费单位和缴费个人应当以货币形式全额缴纳社会保险费。

缴费个人应当缴纳的社会保险费,由所在单位从其本人工资中代扣代缴。

社会保险费不得减免。

**第十三条** 【欠缴处理】缴费单位未按规定缴纳和代扣代缴社会保险费的，由劳动保障行政部门或者税务机关责令限期缴纳；逾期仍不缴纳的，除补缴欠缴数额外，从欠缴之日起，按日加收2‰的滞纳金。滞纳金并入社会保险基金。

**第十四条** 【社会保障基金财政专户】征收的社会保险费存入财政部门在国有商业银行开设的社会保障基金财政专户。

社会保险基金按照不同险种的统筹范围，分别建立基本养老保险基金、基本医疗保险基金、失业保险基金。各项社会保险基金分别单独核算。

社会保险基金不计征税、费。

> 注释　对社会保险费（基本养老保险、基本医疗保险、失业保险）征收机构承受用以抵缴社会保险费的土地、房屋权属免征契税。

**第十五条** 【缴费情况汇总】省、自治区、直辖市人民政府规定由税务机关征收社会保险费的，税务机关应当及时向社会保险经办机构提供缴费单位和缴费个人的缴费情况；社会保险经办机构应当将有关情况汇总，报劳动保障行政部门。

**第十六条** 【缴费记录】社会保险经办机构应当建立缴费记录，其中基本养老保险、基本医疗保险并应当按照规定记录个人账户。社会保险经办机构负责保存缴费记录，并保证其完整、安全。社会保险经办机构应当至少每年向缴费个人发送一次基本养老保险、基本医疗保险个人账户通知单。

缴费单位、缴费个人有权按照规定查询缴费记录。

## 第三章　监督检查

**第十七条** 【缴费监督】缴费单位应当每年向本单位职工公布本单位全年社会保险费缴纳情况，接受职工监督。

社会保险经办机构应当定期向社会公告社会保险费征收情况，接受社会监督。

第十八条 【缴费检查】按照省、自治区、直辖市人民政府关于社会保险费征缴机构的规定，劳动保障行政部门或者税务机关依法对单位缴费情况进行检查时，被检查的单位应当提供与缴纳社会保险费有关的用人情况、工资表、财务报表等资料，如实反映情况，不得拒绝检查，不得谎报、瞒报。劳动保障行政部门或者税务机关可以记录、录音、录像、照相和复制有关资料；但是，应当为缴费单位保密。

劳动保障行政部门、税务机关的工作人员在行使前款所列职权时，应当出示执行公务证件。

第十九条 【有关单位协助义务】劳动保障行政部门或者税务机关调查社会保险费征缴违法案件时，有关部门、单位应当给予支持、协助。

第二十条 【社保经办机构受托检查、调查】社会保险经办机构受劳动保障行政部门的委托，可以进行与社会保险费征缴有关的检查、调查工作。

第二十一条 【举报】任何组织和个人对有关社会保险费征缴的违法行为，有权举报。劳动保障行政部门或者税务机关对举报应当及时调查，按照规定处理，并为举报人保密。

第二十二条 【收支管理】社会保险基金实行收支两条线管理，由财政部门依法进行监督。

审计部门依法对社会保险基金的收支情况进行监督。

## 第四章 罚 则

第二十三条 【社会保险登记等违规处理】缴费单位未按照规定办理社会保险登记、变更登记或者注销登记，或者未按照规定申报应缴纳的社会保险费数额的，由劳动保障行政部门责令限期改正；情节严重的，对直接负责的主管人员和其他直接责任人员可以处一千元以上五千元以下的罚款；情节特别严重的，对直接负责的主管人员和其他直接责任人员可以处五千元以上一万元以下的罚款。

第二十四条 【违反财会制度欠缴处理】缴费单位违反有关财务、会计、统计的法律、行政法规和国家有关规定，伪造、变造、故意毁灭有关账册、材料，或者不设账册，致使社会保险费缴费基数无法确定的，除依照有关法律、行政法规的规定给予行政处罚、纪律处分、刑事处罚外，依照本条例第十条的规定征缴；迟延缴纳的，由劳动保障行政部门或者税务机关依照本条例第十三条的规定决定加收滞纳金，并对直接负责的主管人员和其他直接责任人员处五千元以上二万元以下的罚款。

第二十五条 【行政争议与诉讼】缴费单位和缴费个人对劳动保障行政部门或者税务机关的处罚决定不服的，可以依法申请复议；对复议决定不服的，可以依法提起诉讼。

第二十六条 【强制征缴】缴费单位逾期拒不缴纳社会保险费、滞纳金的，由劳动保障行政部门或者税务机关申请人民法院依法强制征缴。

**注释** 社会保险基金经办机构是法律法规授权的组织，依法收支、管理和运营社会保险基金，并负有使社会保险基金保值增值的责任。社会保险基金经办机构与用人单位因拖欠社会保险费而发生的纠纷，属于行政争议。用人单位认为社会保险基金经办机构在收支、管理和运营社会保险基金中的具体行政行为侵犯其合法权益，可依法申请行政复议或者提起行政诉讼；既不履行义务又不依法申请复议或者起诉的，社会保险基金经办机构可以依法通知银行扣缴或者申请人民法院强制执行。

第二十七条 【失职责任】劳动保障行政部门、社会保险经办机构或者税务机关的工作人员滥用职权、徇私舞弊、玩忽职守，致使社会保险费流失的，由劳动保障行政部门或者税务机关追回流失的社会保险费；构成犯罪的，依法追究刑事责任；尚不构成犯罪的，依法给予行政处分。

第二十八条 【挪用责任】任何单位、个人挪用社会保险基金的，追回被挪用的社会保险基金；有违法所得的，没收违法所得，并入社会保险基金；构成犯罪的，依法追究刑事责任；尚不构成犯罪的，对直接负责的主管人员和其他直接责任人员依法给予行政处分。

## 第五章 附 则

**第二十九条** 【工伤、生育保险费的征缴】省、自治区、直辖市人民政府根据本地实际情况，可以决定本条例适用于本行政区域内工伤保险费和生育保险费的征收、缴纳。

**第三十条** 【征缴经费】税务机关、社会保险经办机构征收社会保险费，不得从社会保险基金中提取任何费用，所需经费列入预算，由财政拨付。

**第三十一条** 【施行日期】本条例自发布之日起施行。

# 社会保险经办条例

(2023年7月21日国务院第11次常务会议通过 2023年8月16日中华人民共和国国务院令第765号公布 自2023年12月1日起施行)

## 第一章 总 则

**第一条** 为了规范社会保险经办，优化社会保险服务，保障社会保险基金安全，维护用人单位和个人的合法权益，促进社会公平，根据《中华人民共和国社会保险法》，制定本条例。

**第二条** 经办基本养老保险、基本医疗保险、工伤保险、失业保险、生育保险等国家规定的社会保险，适用本条例。

**第三条** 社会保险经办工作坚持中国共产党的领导，坚持以人民为中心，遵循合法、便民、及时、公开、安全的原则。

**第四条** 国务院人力资源社会保障行政部门主管全国基本养老

保险、工伤保险、失业保险等社会保险经办工作。国务院医疗保障行政部门主管全国基本医疗保险、生育保险等社会保险经办工作。

县级以上地方人民政府人力资源社会保障行政部门按照统筹层次主管基本养老保险、工伤保险、失业保险等社会保险经办工作。县级以上地方人民政府医疗保障行政部门按照统筹层次主管基本医疗保险、生育保险等社会保险经办工作。

**第五条** 国务院人力资源社会保障行政部门、医疗保障行政部门以及其他有关部门按照各自职责，密切配合、相互协作，共同做好社会保险经办工作。

县级以上地方人民政府应当加强对本行政区域社会保险经办工作的领导，加强社会保险经办能力建设，为社会保险经办工作提供保障。

## 第二章 社会保险登记和关系转移

**第六条** 用人单位在登记管理机关办理登记时同步办理社会保险登记。

个人申请办理社会保险登记，以公民身份号码作为社会保障号码，取得社会保障卡和医保电子凭证。社会保险经办机构应当自收到申请之日起10个工作日内办理完毕。

**第七条** 社会保障卡是个人参加基本养老保险、基本医疗保险、工伤保险、失业保险、生育保险等社会保险和享受各项社会保险待遇的凭证，包括实体社会保障卡和电子社会保障卡。

医保电子凭证是个人参加基本医疗保险、生育保险等社会保险和享受基本医疗保险、生育保险等社会保险待遇的凭证。

**第八条** 登记管理机关应当将用人单位设立、变更、注销登记的信息与社会保险经办机构共享，公安、民政、卫生健康、司法行政等部门应当将个人的出生、死亡以及户口登记、迁移、注销等信息与社会保险经办机构共享。

**第九条** 用人单位的性质、银行账户、用工等参保信息发生变化,以及个人参保信息发生变化的,用人单位和个人应当及时告知社会保险经办机构。社会保险经办机构应当对用人单位和个人提供的参保信息与共享信息进行比对核实。

第十条 用人单位和个人申请变更、注销社会保险登记,社会保险经办机构应当自收到申请之日起10个工作日内办理完毕。用人单位注销社会保险登记的,应当先结清欠缴的社会保险费、滞纳金、罚款。

第十一条 社会保险经办机构应当及时、完整、准确记录下列信息:

(一)社会保险登记情况;

(二)社会保险费缴纳情况;

(三)社会保险待遇享受情况;

(四)个人账户情况;

(五)与社会保险经办相关的其他情况。

第十二条 参加职工基本养老保险的个人跨统筹地区就业,其职工基本养老保险关系随同转移。

参加职工基本养老保险的个人在机关事业单位与企业等不同性质用人单位之间流动就业,其职工基本养老保险关系随同转移。

参加城乡居民基本养老保险且未享受待遇的个人跨统筹地区迁移户籍,其城乡居民基本养老保险关系可以随同转移。

第十三条 参加职工基本医疗保险的个人跨统筹地区就业,其职工基本医疗保险关系随同转移。

参加城乡居民基本医疗保险的个人跨统筹地区迁移户籍或者变动经常居住地,其城乡居民基本医疗保险关系可以按照规定随同转移。

职工基本医疗保险与城乡居民基本医疗保险之间的关系转移,按照规定执行。

第十四条 参加失业保险的个人跨统筹地区就业,其失业保险关系随同转移。

第十五条 参加工伤保险、生育保险的个人跨统筹地区就业,在新就业地参加工伤保险、生育保险。

**第十六条** 用人单位和个人办理社会保险关系转移接续手续的,社会保险经办机构应当在规定时限内办理完毕,并将结果告知用人单位和个人,或者提供办理情况查询服务。

**第十七条** 军事机关和社会保险经办机构,按照各自职责办理军人保险与社会保险关系转移接续手续。

社会保险经办机构应当为军人保险与社会保险关系转移接续手续办理优先提供服务。

## 第三章　社会保险待遇核定和支付

**第十八条** 用人单位和个人应当按照国家规定,向社会保险经办机构提出领取基本养老金的申请。社会保险经办机构应当自收到申请之日起20个工作日内办理完毕。

**第十九条** 参加职工基本养老保险的个人死亡或者失业人员在领取失业保险金期间死亡,其遗属可以依法向社会保险经办机构申领丧葬补助金和抚恤金。社会保险经办机构应当及时核实有关情况,按照规定核定并发放丧葬补助金和抚恤金。

**第二十条** 个人医疗费用、生育医疗费用中应当由基本医疗保险(含生育保险)基金支付的部分,由社会保险经办机构审核后与医疗机构、药品经营单位直接结算。

因特殊情况个人申请手工报销,应当向社会保险经办机构提供医疗机构、药品经营单位的收费票据、费用清单、诊断证明、病历资料。社会保险经办机构应当对收费票据、费用清单、诊断证明、病历资料进行审核,并自收到申请之日起30个工作日内办理完毕。

参加生育保险的个人申领生育津贴,应当向社会保险经办机构提供病历资料。社会保险经办机构应当对病历资料进行审核,并自收到申请之日起10个工作日内办理完毕。

**第二十一条** 工伤职工及其用人单位依法申请劳动能力鉴定、辅助器具配置确认、停工留薪期延长确认、工伤旧伤复发确认,应当向社会保险经办机构提供诊断证明、病历资料。

第二十二条　个人治疗工伤的医疗费用、康复费用、安装配置辅助器具费用中应当由工伤保险基金支付的部分，由社会保险经办机构审核后与医疗机构、辅助器具配置机构直接结算。

因特殊情况用人单位或者个人申请手工报销，应当向社会保险经办机构提供医疗机构、辅助器具配置机构的收费票据、费用清单、诊断证明、病历资料。社会保险经办机构应当对收费票据、费用清单、诊断证明、病历资料进行审核，并自收到申请之日起20个工作日内办理完毕。

第二十三条　人力资源社会保障行政部门、医疗保障行政部门应当按照各自职责建立健全异地就医医疗费用结算制度。社会保险经办机构应当做好异地就医医疗费用结算工作。

第二十四条　个人申领失业保险金，社会保险经办机构应当自收到申请之日起10个工作日内办理完毕。

个人在领取失业保险金期间，社会保险经办机构应当从失业保险基金中支付其应当缴纳的基本医疗保险（含生育保险）费。

个人申领职业培训等补贴，应当提供职业资格证书或者职业技能等级证书。社会保险经办机构应当对职业资格证书或者职业技能等级证书进行审核，并自收到申请之日起10个工作日内办理完毕。

第二十五条　个人出现国家规定的停止享受社会保险待遇的情形，用人单位、待遇享受人员或者其亲属应当自相关情形发生之日起20个工作日内告知社会保险经办机构。社会保险经办机构核实后应当停止发放相应的社会保险待遇。

第二十六条　社会保险经办机构应当通过信息比对、自助认证等方式，核验社会保险待遇享受资格。通过信息比对、自助认证等方式无法确认社会保险待遇享受资格的，社会保险经办机构可以委托用人单位或者第三方机构进行核实。

对涉嫌丧失社会保险待遇享受资格后继续享受待遇的，社会保险经办机构应当调查核实。经调查确认不符合社会保险待遇享受资格的，停止发放待遇。

## 第四章 社会保险经办服务和管理

**第二十七条** 社会保险经办机构应当依托社会保险公共服务平台、医疗保障信息平台等实现跨部门、跨统筹地区社会保险经办。

**第二十八条** 社会保险经办机构应当推动社会保险经办事项与相关政务服务事项协同办理。社会保险经办窗口应当进驻政务服务中心，为用人单位和个人提供一站式服务。

人力资源社会保障行政部门、医疗保障行政部门应当强化社会保险经办服务能力，实现省、市、县、乡镇（街道）、村（社区）全覆盖。

**第二十九条** 用人单位和个人办理社会保险事务，可以通过政府网站、移动终端、自助终端等服务渠道办理，也可以到社会保险经办窗口现场办理。

**第三十条** 社会保险经办机构应当加强无障碍环境建设，提供无障碍信息交流，完善无障碍服务设施设备，采用授权代办、上门服务等方式，为老年人、残疾人等特殊群体提供便利。

**第三十一条** 用人单位和个人办理社会保险事务，社会保险经办机构要求其提供身份证件以外的其他证明材料的，应当有法律、法规和国务院决定依据。

**第三十二条** 社会保险经办机构免费向用人单位和个人提供查询核对社会保险缴费和享受社会保险待遇记录、社会保险咨询等相关服务。

**第三十三条** 社会保险经办机构应当根据经办工作需要，与符合条件的机构协商签订服务协议，规范社会保险服务行为。人力资源社会保障行政部门、医疗保障行政部门应当加强对服务协议订立、履行等情况的监督。

**第三十四条** 医疗保障行政部门所属的社会保险经办机构应当改进基金支付和结算服务，加强服务协议管理，建立健全集体协商谈判机制。

第三十五条 社会保险经办机构应当妥善保管社会保险经办信息，确保信息完整、准确和安全。

第三十六条 社会保险经办机构应当建立健全业务、财务、安全和风险管理等内部控制制度。

社会保险经办机构应当定期对内部控制制度的制定、执行情况进行检查、评估，对发现的问题进行整改。

第三十七条 社会保险经办机构应当明确岗位权责，对重点业务、高风险业务分级审核。

第三十八条 社会保险经办机构应当加强信息系统应用管理，健全信息核验机制，记录业务经办过程。

第三十九条 社会保险经办机构具体编制下一年度社会保险基金预算草案，报本级人力资源社会保障行政部门、医疗保障行政部门审核汇总。社会保险基金收入预算草案由社会保险经办机构会同社会保险费征收机构具体编制。

第四十条 社会保险经办机构设立社会保险基金支出户，用于接受财政专户拨入基金、支付基金支出款项、上解上级经办机构基金、下拨下级经办机构基金等。

第四十一条 社会保险经办机构应当按照国家统一的会计制度对社会保险基金进行会计核算、对账。

第四十二条 社会保险经办机构应当核查下列事项：

（一）社会保险登记和待遇享受等情况；

（二）社会保险服务机构履行服务协议、执行费用结算项目和标准情况；

（三）法律、法规规定的其他事项。

第四十三条 社会保险经办机构发现社会保险服务机构违反服务协议的，可以督促其履行服务协议，按照服务协议约定暂停或者不予拨付费用、追回违规费用、中止相关责任人员或者所在部门涉及社会保险基金使用的社会保险服务，直至解除服务协议；社会保险服务机构及其相关责任人员有权进行陈述、申辩。

第四十四条 社会保险经办机构发现用人单位、个人、社会保险服务机构违反社会保险法律、法规、规章的,应当责令改正。对拒不改正或者依法应当由人力资源社会保障行政部门、医疗保障行政部门处理的,及时移交人力资源社会保障行政部门、医疗保障行政部门处理。

**第四十五条** 国务院人力资源社会保障行政部门、医疗保障行政部门会同有关部门建立社会保险信用管理制度,明确社会保险领域严重失信主体名单认定标准。

社会保险经办机构应当如实记录用人单位、个人和社会保险服务机构及其工作人员违反社会保险法律、法规行为等失信行为。

**第四十六条** 个人多享受社会保险待遇的,由社会保险经办机构责令退回;难以一次性退回的,可以签订还款协议分期退回,也可以从其后续享受的社会保险待遇或者个人账户余额中抵扣。

## 第五章 社会保险经办监督

**第四十七条** 人力资源社会保障行政部门、医疗保障行政部门按照各自职责对社会保险经办机构下列事项进行监督检查:

(一)社会保险法律、法规、规章执行情况;
(二)社会保险登记、待遇支付等经办情况;
(三)社会保险基金管理情况;
(四)与社会保险服务机构签订服务协议和服务协议履行情况;
(五)法律、法规规定的其他事项。

财政部门、审计机关按照各自职责,依法对社会保险经办机构的相关工作实施监督。

**第四十八条** 人力资源社会保障行政部门、医疗保障行政部门应当按照各自职责加强对社会保险服务机构、用人单位和个人遵守社会保险法律、法规、规章情况的监督检查。社会保险服务机构、用人单位和个人应当配合,如实提供与社会保险有关的资料,不得拒绝检查或者谎报、瞒报。

人力资源社会保障行政部门、医疗保障行政部门发现社会保险服务机构、用人单位违反社会保险法律、法规、规章的，应当按照各自职责提出处理意见，督促整改，并可以约谈相关负责人。

**第四十九条** 人力资源社会保障行政部门、医疗保障行政部门、社会保险经办机构及其工作人员依法保护用人单位和个人的信息，不得以任何形式泄露。

**第五十条** 人力资源社会保障行政部门、医疗保障行政部门应当畅通监督渠道，鼓励和支持社会各方面对社会保险经办进行监督。

社会保险经办机构应当定期向社会公布参加社会保险情况以及社会保险基金的收入、支出、结余和收益情况，听取用人单位和个人的意见建议，接受社会监督。

工会、企业代表组织应当及时反映用人单位和个人对社会保险经办的意见建议。

**第五十一条** 任何组织和个人有权对违反社会保险法律、法规、规章的行为进行举报、投诉。

人力资源社会保障行政部门、医疗保障行政部门对收到的有关社会保险的举报、投诉，应当依法进行处理。

**第五十二条** 用人单位和个人认为社会保险经办机构在社会保险经办工作中侵害其社会保险权益的，可以依法申请行政复议或者提起行政诉讼。

## 第六章 法律责任

**第五十三条** 社会保险经办机构及其工作人员有下列行为之一的，由人力资源社会保障行政部门、医疗保障行政部门按照各自职责责令改正；给社会保险基金、用人单位或者个人造成损失的，依法承担赔偿责任；对负有责任的领导人员和直接责任人员依法给予处分：

（一）未履行社会保险法定职责的；

（二）违反规定要求提供证明材料的；

（三）克扣或者拒不按时支付社会保险待遇的；

（四）丢失或者篡改缴费记录、享受社会保险待遇记录等社会保

险数据、个人权益记录的;

（五）违反社会保险经办内部控制制度的。

**第五十四条** 人力资源社会保障行政部门、医疗保障行政部门、社会保险经办机构及其工作人员泄露用人单位和个人信息的，对负有责任的领导人员和直接责任人员依法给予处分；给用人单位或者个人造成损失的，依法承担赔偿责任。

**第五十五条** 以欺诈、伪造证明材料或者其他手段骗取社会保险基金支出的，由人力资源社会保障行政部门、医疗保障行政部门按照各自职责责令退回，处骗取金额2倍以上5倍以下的罚款；属于定点医药机构的，责令其暂停相关责任部门6个月以上1年以下涉及社会保险基金使用的社会保险服务，直至由社会保险经办机构解除服务协议；属于其他社会保险服务机构的，由社会保险经办机构解除服务协议。对负有责任的领导人员和直接责任人员，有执业资格的，由有关主管部门依法吊销其执业资格。

**第五十六条** 隐匿、转移、侵占、挪用社会保险基金或者违规投资运营的，由人力资源社会保障行政部门、医疗保障行政部门、财政部门、审计机关按照各自职责责令追回；有违法所得的，没收违法所得；对负有责任的领导人员和直接责任人员依法给予处分。

**第五十七条** 社会保险服务机构拒绝人力资源社会保障行政部门、医疗保障行政部门监督检查或者谎报、瞒报有关情况的，由人力资源社会保障行政部门、医疗保障行政部门按照各自职责责令改正，并可以约谈有关负责人；拒不改正的，处1万元以上5万元以下的罚款。

**第五十八条** 公职人员在社会保险经办工作中滥用职权、玩忽职守、徇私舞弊的，依法给予处分。

**第五十九条** 违反本条例规定，构成违反治安管理行为的，依法给予治安管理处罚；构成犯罪的，依法追究刑事责任。

## 第七章　附　　则

**第六十条** 本条例所称社会保险经办机构，是指人力资源社会保障行政部门所属的经办基本养老保险、工伤保险、失业保险等社会保险的机构和医疗保障行政部门所属的经办基本医疗保险、生育保险等社会保险的机构。

第六十一条 本条例所称社会保险服务机构,是指与社会保险经办机构签订服务协议,提供社会保险服务的医疗机构、药品经营单位、辅助器具配置机构、失业保险委托培训机构等机构。

第六十二条 社会保障卡加载金融功能,有条件的地方可以扩大社会保障卡的应用范围,提升民生服务效能。医保电子凭证可以根据需要,加载相关服务功能。

第六十三条 本条例自2023年12月1日起施行。

# 社会保险基金先行支付暂行办法

(2011年6月29日人力资源和社会保障部令第15号公布 根据2018年12月14日《人力资源社会保障部关于修改部分规章的决定》修订)

第一条 为了维护公民的社会保险合法权益,规范社会保险基金先行支付管理,根据《中华人民共和国社会保险法》(以下简称社会保险法)和《工伤保险条例》,制定本办法。

第二条 参加基本医疗保险的职工或者居民(以下简称个人)由于第三人的侵权行为造成伤病的,其医疗费用应当由第三人按照确定的责任大小依法承担。超过第三人责任部分的医疗费用,由基本医疗保险基金按照国家规定支付。

前款规定中应当由第三人支付的医疗费用,第三人不支付或者无法确定第三人的,在医疗费用结算时,个人可以向参保地社会保险经办机构书面申请基本医疗保险基金先行支付,并告知造成其伤病的原因和第三人不支付医疗费用或者无法确定第三人的情况。

**第三条** 社会保险经办机构接到个人根据第二条规定提出的申请后，经审核确定其参加基本医疗保险的，应当按照统筹地区基本医疗保险基金支付的规定先行支付相应部分的医疗费用。

**第四条** 个人由于第三人的侵权行为造成伤病被认定为工伤，第三人不支付工伤医疗费用或者无法确定第三人的，个人或者其近亲属可以向社会保险经办机构书面申请工伤保险基金先行支付，并告知第三人不支付或者无法确定第三人的情况。

**第五条** 社会保险经办机构接到个人根据第四条规定提出的申请后，应当审查个人获得基本医疗保险基金先行支付和其所在单位缴纳工伤保险费等情况，并按照下列情形分别处理：

（一）对于个人所在用人单位已经依法缴纳工伤保险费，且在认定工伤之前基本医疗保险基金有先行支付的，社会保险经办机构应当按照工伤保险有关规定，用工伤保险基金先行支付超出基本医疗保险基金先行支付部分的医疗费用，并向基本医疗保险基金退还先行支付的费用；

（二）对于个人所在用人单位已经依法缴纳工伤保险费，在认定工伤之前基本医疗保险基金无先行支付的，社会保险经办机构应当用工伤保险基金先行支付工伤医疗费用；

（三）对于个人所在用人单位未依法缴纳工伤保险费，且在认定工伤之前基本医疗保险基金有先行支付的，社会保险经办机构应当在3个工作日内向用人单位发出书面催告通知，要求用人单位在5个工作日内依法支付超出基本医疗保险基金先行支付部分的医疗费用，并向基本医疗保险基金偿还先行支付的医疗费用。用人单位在规定时间内不支付其余部分医疗费用的，社会保险经办机构应当用工伤保险基金先行支付；

（四）对于个人所在用人单位未依法缴纳工伤保险费，在认定工伤之前基本医疗保险基金无先行支付的，社会保险经办机构应当在3个工作日向用人单位发出书面催告通知，要求用人单位在5个工作日内依法支付全部工伤医疗费用；用人单位在规定时间内不支付的，社会保险经办机构应当用工伤保险基金先行支付。

**第六条** 职工所在用人单位未依法缴纳工伤保险费,发生工伤事故的,用人单位应当采取措施及时救治,并按照规定的工伤保险待遇项目和标准支付费用。

职工被认定为工伤后,有下列情形之一的,职工或者其近亲属可以持工伤认定决定书和有关材料向社会保险经办机构书面申请先行支付工伤保险待遇:

(一)用人单位被依法吊销营业执照或者撤销登记、备案的;

(二)用人单位拒绝支付全部或者部分费用的;

(三)依法经仲裁、诉讼后仍不能获得工伤保险待遇,法院出具中止执行文书的;

(四)职工认为用人单位不支付的其他情形。

**第七条** 社会保险经办机构收到职工或者其近亲属根据第六条规定提出的申请后,应当在3个工作日内向用人单位发出书面催告通知,要求其在5个工作日内予以核实并依法支付工伤保险待遇,告知其如在规定期限内不按时足额支付的,工伤保险基金在按照规定先行支付后,取得要求其偿还的权利。

**第八条** 用人单位未按照第七条规定按时足额支付的,社会保险经办机构应当按照社会保险法和《工伤保险条例》的规定,先行支付工伤保险待遇项目中应当由工伤保险基金支付的项目。

**第九条** 个人或者其近亲属提出先行支付医疗费用、工伤医疗费用或者工伤保险待遇申请,社会保险经办机构经审核不符合先行支付条件的,应当在收到申请后5个工作日内作出不予先行支付的决定,并书面通知申请人。

**第十条** 个人申请先行支付医疗费用、工伤医疗费用或者工伤保险待遇的,应当提交所有医疗诊断、鉴定等费用的原始票据等证据。社会保险经办机构应当保留所有原始票据等证据,要求申请人在先行支付凭据上签字确认,凭原始票据等证据先行支付医疗费用、工伤医疗费用或者工伤保险待遇。

个人因向第三人或者用人单位请求赔偿需要医疗费用、工伤医疗费用或者工伤保险待遇的原始票据等证据的,可以向社会保险经办机构索取复印件,并将第三人或者用人单位赔偿情况及时告知社会保险经办机构。

**第十一条** 个人已经从第三人或者用人单位处获得医疗费用、工伤医疗费用或者工伤保险待遇的,应当主动将先行支付金额中应当由第三人承担的部分或者工伤保险基金先行支付的工伤保险待遇退还给基本医疗保险基金或者工伤保险基金,社会保险经办机构不再向第三人或者用人单位追偿。

个人拒不退还的,社会保险经办机构可以从以后支付的相关待遇中扣减其应当退还的数额,或者向人民法院提起诉讼。

**第十二条** 社会保险经办机构按照本办法第三条规定先行支付医疗费用或者按照第五条第一项、第二项规定先行支付工伤医疗费用后,有关部门确定了第三人责任的,应当要求第三人按照确定的责任大小依法偿还先行支付数额中的相应部分。第三人逾期不偿还的,社会保险经办机构应当依法向人民法院提起诉讼。

**第十三条** 社会保险经办机构按照本办法第五条第三项、第四项和第六条、第七条、第八条的规定先行支付工伤保险待遇后,应当责令用人单位在10日内偿还。

用人单位逾期不偿还的,社会保险经办机构可以按照社会保险法第六十三条的规定,向银行和其他金融机构查询其存款账户,申请县级以上社会保险行政部门作出划拨应偿还款项的决定,并书面通知用人单位开户银行或者其他金融机构划拨其应当偿还的数额。

用人单位账户余额少于应当偿还数额的,社会保险经办机构可以要求其提供担保,签订延期还款协议。

用人单位未按时足额偿还且未提供担保的,社会保险经办机构可以申请人民法院扣押、查封、拍卖其价值相当于应当偿还数额的财产,以拍卖所得偿还所欠数额。

**第十四条** 社会保险经办机构向用人单位追偿工伤保险待遇发生的合理费用以及用人单位逾期偿还部分的利息损失等,应当由用人单位承担。

**第十五条** 用人单位不支付依法应当由其支付的工伤保险待遇项目的,职工可以依法申请仲裁、提起诉讼。

**第十六条** 个人隐瞒已经从第三人或者用人单位处获得医疗费用、工伤医疗费用或者工伤保险待遇,向社会保险经办机构申请并获得社会保险基金先行支付的,按照社会保险法第八十八条的规定处理。

**第十七条** 用人单位对社会保险经办机构作出先行支付的追偿决定不服或者对社会保险行政部门作出的划拨决定不服的,可以依法申请行政复议或者提起行政诉讼。

个人或者其近亲属对社会保险经办机构作出不予先行支付的决定不服或者对先行支付的数额不服的,可以依法申请行政复议或者提起行政诉讼。

**第十八条** 本办法自 2011 年 7 月 1 日起施行。

# 社会保险稽核办法

(2003 年 2 月 27 日劳动和社会保障部令第 16 号公布 自 2003 年 4 月 1 日起施行)

**第一条** 为了规范社会保险稽核工作,确保社会保险费应收尽收,维护参保人员的合法权益,根据《社会保险费征缴暂行条例》和国家有关规定,制定本办法。

**第二条** 本办法所称稽核是指社会保险经办机构依法对社会保险费缴纳情况和社会保险待遇领取情况进行的核查。

**第三条** 县级以上社会保险经办机构负责社会保险稽核工作。

县级以上社会保险经办机构的稽核部门具体承办社会保险稽核工作。

**第四条** 社会保险稽核人员应当具备以下条件:

(一)坚持原则,作风正派,公正廉洁;

（二）具备中专以上学历和财会、审计专业知识；

（三）熟悉社会保险业务及相关法律、法规，具备开展稽核工作的相应资格。

**第五条** 社会保险经办机构及社会保险稽核人员开展稽核工作，行使下列职权：

（一）要求被稽核单位提供用人情况、工资收入情况、财务报表、统计报表、缴费数据和相关账册、会计凭证等与缴纳社会保险费有关的情况和资料；

（二）可以记录、录音、录像、照相和复制与缴纳社会保险费有关的资料，对被稽核对象的参保情况和缴纳社会保险费等方面的情况进行调查、询问；

（三）要求被稽核对象提供与稽核事项有关的资料。

**第六条** 社会保险稽核人员承担下列义务：

（一）办理稽核事务应当实事求是，客观公正，不得利用工作之便谋取私利；

（二）保守被稽核单位的商业秘密以及个人隐私；

（三）为举报人保密。

**第七条** 社会保险稽核人员有下列情形之一的，应当自行回避：

（一）与被稽核单位负责人或者被稽核个人之间有亲属关系的；

（二）与被稽核单位或者稽核事项有经济利益关系的；

（三）与被稽核单位或者稽核事项有其他利害关系，可能影响稽核公正实施的。

被稽核对象有权以口头形式或者书面形式申请有前款规定情形之一的人员回避。

稽核人员的回避，由其所在的社会保险经办机构的负责人决定。对稽核人员的回避做出决定前，稽核人员不得停止实施稽核。

**第八条** 社会保险稽核采取日常稽核、重点稽核和举报稽核等方式进行。

社会保险经办机构应当制定日常稽核工作计划，根据工作计划定期实施日常稽核。

社会保险经办机构对特定的对象和内容应当进行重点稽核。

对于不按规定缴纳社会保险费的行为，任何单位和个人有权举报，社会保险经办机构应当及时受理举报并进行稽核。

**第九条** 社会保险缴费情况稽核内容包括：

（一）缴费单位和缴费个人申报的社会保险缴费人数、缴费基数是否符合国家规定；

（二）缴费单位和缴费个人是否按时足额缴纳社会保险费；

（三）欠缴社会保险费的单位和个人的补缴情况；

（四）国家规定的或者劳动保障行政部门交办的其他稽核事项。

**第十条** 社会保险经办机构对社会保险费缴纳情况按照下列程序实施稽核：

（一）提前3日将进行稽核的有关内容、要求、方法和需要准备的资料等事项通知被稽核对象，特殊情况下的稽核也可以不事先通知；

（二）应有两名以上稽核人员共同进行，出示执行公务的证件，并向被稽核对象说明身份；

（三）对稽核情况应做笔录，笔录应当由稽核人员和被稽核单位法定代表人（或法定代表人委托的代理人）签名或盖章，被稽核单位法定代表人拒不签名或盖章的，应注明拒签原因；

（四）对于经稽核未发现违反法规行为的被稽核对象，社会保险经办机构应当在稽核结束后5个工作日内书面告知其稽核结果；

（五）发现被稽核对象在缴纳社会保险费或按规定参加社会保险等方面，存在违反法规行为，要据实写出稽核意见书，并在稽核结束后10个工作日内送达被稽核对象。被稽核对象应在限定时间内予以改正。

**第十一条** 被稽核对象少报、瞒报缴费基数和缴费人数，社会保险经办机构应当责令其改正；拒不改正的，社会保险经办机构应当报请劳动保障行政部门依法处罚。

被稽核对象拒绝稽核或伪造、变造、故意毁灭有关账册、材料迟延缴纳社会保险费的，社会保险经办机构应当报请劳动保障行政部门依法处罚。

社会保险经办机构应定期向劳动保障行政部门报告社会保险稽核工作情况。劳动保障行政部门应将社会保险经办机构提请处理事项的结果及时通报社会保险经办机构。

**第十二条** 社会保险经办机构应当对参保个人领取社会保险待遇情况进行核查，发现社会保险待遇领取人丧失待遇领取资格后本人或他人继续领取待遇或以其他形式骗取社会保险待遇的，社会保险经办机构应当立即停止待遇的支付并责令退还；拒不退还的，由劳动保障行政部门依法处理，并可对其处以500元以上1000元以下罚款；构成犯罪的，由司法机关依法追究刑事责任。

**第十三条** 社会保险经办机构工作人员在稽核工作中滥用职权、徇私舞弊、玩忽职守的，依法给予行政处分；构成犯罪的，依法追究刑事责任。

**第十四条** 本办法自2003年4月1日起施行。

# 社会保险欺诈案件管理办法

（2016年4月28日　人社厅发〔2016〕61号）

## 第一章　总　　则

**第一条** 为加强社会保险欺诈案件管理，规范执法办案行为，提高案件查办质量和效率，促进公正廉洁执法，根据《社会保险法》、《行政处罚法》和《行政执法机关移送涉嫌犯罪案件的规定》等法律法规以及《人力资源社会保障部 公安部关于加强社会保险欺诈案件查处和移送工作的通知》，结合工作实际，制定本办法。

**第二条** 社会保险行政部门应当建立规范、有效的社会保险欺诈案件管理制度，加强案件科学化、规范化、全程化、信息化管理。

**第三条** 社会保险行政部门对社会保险欺诈案件的管理活动适

用本办法。

**第四条** 社会保险行政部门的基金监督机构具体负责社会保险欺诈案件归口管理工作。

上级社会保险行政部门应当加强对下级社会保险行政部门社会保险欺诈案件查办和案件管理工作的指导和监督。

**第五条** 社会保险行政部门应当制定统一、规范的社会保险欺诈案件执法办案流程和法律文书格式，实现执法办案活动程序化、标准化管理。

**第六条** 社会保险行政部门应当建立健全社会保险欺诈案件管理信息系统，实现执法办案活动信息化管理。

**第七条** 社会保险行政部门根据社会保险欺诈案件查办和管理工作需要，可以聘请专业人员和机构参与案件查办或者案件管理工作，提供专业咨询和技术支持。

## 第二章 记录管理和流程监控

**第八条** 社会保险行政部门应当建立社会保险欺诈案件管理台账，对社会保险欺诈案件进行统一登记、集中管理，对案件立案、调查、决定、执行、移送、结案、归档等执法办案全过程进行跟踪记录、监控和管理。

**第九条** 社会保险行政部门应当及时、准确地登记和记录案件全要素信息。

案件登记和记录内容包括：案件名称、编号、来源、立案时间、涉案对象和险种等案件基本信息情况，案件调查和检查、决定、执行、移送、结案和立卷归档情况，案件办理各环节法律文书签发和送达情况，办案人员情况以及其他需要登记和记录的案件信息。

**第十条** 社会保险行政部门应当建立案件流程监控制度，对案件查办时限、程序和文书办理进行跟踪监控和督促。

**第十一条** 社会保险行政部门应当根据案件查办期限要求，合理设定执法办案各环节的控制时限，加强案件查办时限监控。

**第十二条** 社会保险行政部门应当根据案件查办程序规定，设定执法办案程序流转的顺序控制，上一环节未完成不得进行下一环节。

**第十三条** 社会保险行政部门应当根据案件查办文书使用管理规定，设定文书办理程序和格式控制，规范文书办理和使用行为。

## 第三章 立案和查处管理

**第十四条** 社会保险行政部门立案查处社会保险欺诈案件，应当遵循依法行政、严格执法的原则，坚持有案必查、违法必究，做到事实清楚、证据确凿、程序合法、法律法规规章适用准确适当、法律文书使用规范。

**第十五条** 社会保险欺诈案件由违法行为发生地社会保险行政部门管辖。

社会保险行政部门对社会保险欺诈案件管辖发生争议的，应当按照主要违法行为发生地或者社会保险基金主要受损地管辖原则协商解决。协商不成的，报请共同的上一级社会保险行政部门指定管辖。

**第十六条** 社会保险行政部门应当健全立案管理制度，对发现的社会保险欺诈违法违规行为，符合立案条件，属于本部门管辖的，应当按照规定及时立案查处。

**第十七条** 社会保险行政部门对于查处的重大社会保险欺诈案件，应当在立案后10个工作日内向上一级社会保险行政部门报告。

立案报告内容应当包括案件名称、编号、来源、立案时间、涉案对象、险种等案件基本信息情况以及基本案情等。

**第十八条** 社会保险行政部门立案查处社会保险欺诈案件，应当指定案件承办人。

指定的案件承办人应当具备执法办案资格条件，并符合回避规定。

**第十九条** 案件承办人应当严格按照规定的程序、方法、措施和时限,开展案件调查或者检查,收集、调取、封存和保存证据,制作和使用文书,提交案件调查或者检查报告。

第二十条　社会保险行政部门应当对案件调查或者检查结果进行审查,并根据违法行为的事实、性质、情节以及社会危害程度等不同情况,作出给予或者不予行政处理、处罚的决定。

社会保险行政部门在作出行政处罚决定前,应当按照规定履行事先告知程序,保障当事人依法行使陈述、申辩权以及要求听证的权利。

第二十一条　社会保险行政部门作出行政处理、处罚决定的,应当制作行政处理、处罚决定书,并按照规定期限和程序送达当事人。

社会保险行政部门应当定期查询行政处理、处罚决定执行情况,对于当事人逾期并经催告后仍不执行的,应当依法强制执行或者申请人民法院强制执行。

第二十二条　社会保险行政部门及其执法办案人员应当严格执行罚款决定和收缴分离制度,除依法可以当场收缴的罚款外,不得自行收缴罚款。

第二十三条　对于符合案件办结情形的社会保险欺诈案件,社会保险行政部门应当及时结案。

符合下列情形的,可以认定为案件办结:

(一) 作出行政处理处罚决定并执行完毕的;
(二) 作出不予行政处理、处罚决定的;
(三) 涉嫌构成犯罪,依法移送司法机关并被立案的;
(四) 法律法规规定的其他案件办结情形。

第二十四条　社会保险行政部门跨区域调查案件的,相关地区社会保险行政部门应当积极配合、协助调查。

第二十五条　社会保险行政部门应当健全部门行政执法协作机制,加强与审计、财政、价格、卫生计生、工商、税务、药品监管和金融监管等行政部门的协调配合,形成监督合力。

## 第四章 案件移送管理

**第二十六条** 社会保险行政部门应当健全社会保险欺诈案件移送制度，按照规定及时向公安机关移送涉嫌社会保险欺诈犯罪案件，不得以行政处罚代替案件移送。

社会保险行政部门在查处社会保险欺诈案件过程中，发现国家工作人员涉嫌违纪、犯罪线索的，应当根据案件的性质，向纪检监察机关或者人民检察院移送。

**第二十七条** 社会保险行政部门移送涉嫌社会保险欺诈犯罪案件，应当组成专案组，核实案情提出移送书面报告，报本部门负责人审批，作出批准或者不批准移送的决定。

作出批准移送决定的，应当制作涉嫌犯罪案件移送书，并附涉嫌社会保险欺诈犯罪案件调查报告、涉案的有关书证、物证及其他有关涉嫌犯罪的材料，在规定时间内向公安机关移送，并抄送同级人民检察院。在移送案件时已经作出行政处罚决定的，应当将行政处罚决定书一并抄送。

作出不批准移送决定的，应当将不批准的理由记录在案。

**第二十八条** 社会保险行政部门对于案情重大、复杂疑难，性质难以确定的案件，可以就刑事案件立案追诉标准、证据固定和保全等问题，咨询公安机关、人民检察院。

**第二十九条** 对于公安机关决定立案的社会保险欺诈案件，社会保险行政部门应当在接到立案通知书后及时将涉案物品以及与案件有关的其他材料移交公安机关，并办理交接手续。

**第三十条** 对于已移送公安机关的社会保险欺诈案件，社会保险行政部门应当定期向公安机关查询案件办理进展情况。

**第三十一条** 公安机关在查处社会保险欺诈案件过程中，需要社会保险行政部门协助查证、提供有关社会保险信息数据和证据材料或者就政策性、专业性问题进行咨询的，社会保险行政部门应当予以协助配合。

**第三十二条** 对于公安机关决定不予立案或者立案后撤销的案件,社会保险行政部门应当按照规定接收公安机关退回或者移送的案卷材料,并依法作出处理。

社会保险行政部门对于公安机关作出的不予立案决定有异议的,可以向作出决定的公安机关申请复议,也可以建议人民检察院进行立案监督。

**第三十三条** 社会保险行政部门应当与公安机关建立联席会议、案情通报、案件会商等工作机制,确保基金监督行政执法与刑事司法工作衔接顺畅,坚决克服有案不移、有案难移、以罚代刑现象。

**第三十四条** 社会保险行政部门应当与公安机关定期或者不定期召开联席会议,互通社会保险欺诈案件查处以及行政执法与刑事司法衔接工作情况,分析社会保险欺诈形势和任务,协调解决工作中存在的问题,研究提出加强预防和查处的措施。

**第三十五条** 社会保险行政部门应当按照规定与公安、检察机关实现基金监督行政执法与刑事司法信息的共享,实现社会保险欺诈案件移送等执法、司法信息互联互通。

## 第五章 重大案件督办

**第三十六条** 社会保险行政部门应当建立重大社会保险欺诈案件督办制度,加强辖区内重大社会保险欺诈案件查处工作的协调、指导和监督。

重大案件督办是指上级社会保险行政部门对下级社会保险行政部门查办重大案件的调查、违法行为的认定、法律法规的适用、办案程序、处罚及移送等环节实施协调、指导和监督。

**第三十七条** 上级社会保险行政部门可以根据案件性质、涉案金额、复杂程度、查处难度以及社会影响等情况,对辖区内发生的重大社会保险欺诈案件进行督办。

对跨越多个地区,案情特别复杂,本级社会保险行政部门查处确有困难的,可以报请上级社会保险行政部门进行督办。

**第三十八条** 案件涉及其他行政部门的,社会保险行政部门可以协调相关行政部门实施联合督办。

**第三十九条** 社会保险行政部门(以下简称督办单位)确定需要督办的案件后,应当向承办案件的下级社会保险行政部门(以下简称承办单位)发出重大案件督办函,同时抄报上级社会保险行政部门。

**第四十条** 承办单位收到督办单位重大案件督办函后,应当及时立案查处,并在立案后 10 个工作日内将立案情况报告督办单位。

**第四十一条** 承办单位应当每 30 个工作日向督办单位报告一次案件查处进展情况;重大案件督办函有确定报告时限的,按照确定报告时限报告。案件查处有重大进展的,应当及时报告。

**第四十二条** 督办单位应当对承办单位督办案件查处工作进行指导、协调和督促。

对于承办单位未按要求立案查处督办案件和报告案件查处进展情况的,督办单位应当及时询问情况,进行催办。

**第四十三条** 督办单位催办可以采取电话催办、发函催办、约谈催办的方式,必要时也可以采取现场督导催办方式。

**第四十四条** 对因督办案件情况发生变化,不需要继续督办的,督办单位可以撤销督办,并向承办单位发出重大案件撤销督办函。

**第四十五条** 承办单位应当在督办案件办结后,及时向督办单位报告结果。

办结报告内容应当包括案件名称、编号、来源、涉案对象和险种等基本信息情况、主要违法事实情况、案件调查或检查情况、行政处理处罚决定和执行情况以及案件移送情况等。

## 第六章 案件立卷归档

**第四十六条** 社会保险行政部门应当健全社会保险欺诈案件立卷归档管理制度,规范案卷管理行为。

**第四十七条** 社会保险欺诈案件办结后,社会保险行政部门应当及时收集、整理案件相关材料,进行立卷归档。

**第四十八条** 社会保险欺诈案件应当分别立卷,统一编号,一案一卷,做到目录清晰、资料齐全、分类规范、装订整齐、归档及时。

案卷可以立为正卷和副卷。正卷主要列入各类证据材料、法律文书等可以对外公开的材料;副卷主要列入案件讨论记录、法定秘密材料等不宜对外公开的材料。

**第四十九条** 装订成册的案卷应当由案卷封面、卷内文件材料目录、卷内文件材料、卷内文件材料备考表和封底组成。

**第五十条** 卷内文件材料应当按照以下规则组合排列:

(一)行政决定文书及其送达回证排列在最前面,其他文书材料按照工作流程顺序排列;

(二)证据材料按照所反映的问题特征分类,每类证据主证材料排列在前,旁证材料排列在后;

(三)其他文件材料按照取得或者形成的时间顺序,并结合重要程度进行排列。

**第五十一条** 社会保险行政部门应当按照国家规定确定案卷保管期限和保管案卷。

**第五十二条** 社会保险行政部门建立案件电子档案的,电子档案应当与纸质档案内容一致。

## 第七章 案件质量评查

**第五十三条** 社会保险行政部门应当健全社会保险欺诈案件质量评查制度,组织、实施、指导和监督本区域内社会保险欺诈案件质量评查工作,加强案件质量管理。

**第五十四条** 案件质量评查应当从证据采信、事实认定、法律适用、程序规范、文书使用和制作等方面进行,通过审阅案卷、实地调研等方式,对执法办案形成的案卷进行检查、评议,发现、解决案件质量问题,提高执法办案质量。

评查内容主要包括：

（一）执法办案主体是否合法，执法办案人员是否具有资格；

（二）当事人认定是否准确；

（三）认定事实是否清楚，证据是否充分、确凿；

（四）适用法律、法规和规章是否准确、适当；

（五）程序是否合法、规范；

（六）文书使用是否符合法定要求，记录内容是否清楚，格式是否规范；

（七）文书送达是否符合法定形式与要求；

（八）行政处理、处罚决定和执行是否符合法定形式与要求；

（九）文书和材料的立卷归档是否规范。

第五十五条　社会保险行政部门应当定期或者不定期开展案件质量评查。

案件质量评查可以采取集中评查、交叉评查、网上评查方式，采用重点抽查或者随机抽查方法。

第五十六条　社会保险行政部门应当合理确定案件质量评查标准，划分评查档次。

第五十七条　社会保险行政部门开展案件质量评查，应当成立评查小组。

评查小组开展评查工作，应当实行一案一查一评，根据评查标准进行检查评议，形成评查结果。

第五十八条　评查工作结束后，社会保险行政部门应当将评查结果通报下级社会保险行政部门。

## 第八章　案件分析和报告

第五十九条　社会保险行政部门应当建立社会保险欺诈案件分析制度，定期对案件总体情况进行分析，对典型案例进行剖析，开展业务交流研讨，提高执法办案质量和能力。

第六十条　社会保险行政部门应当建立社会保险欺诈案件专项

报告制度，定期对案件查处和移送情况进行汇总，报送上一级社会保险行政部门。

省级社会保险行政部门应当于半年和年度结束后 20 日内上报社会保险欺诈案件查处和移送情况报告，并附社会保险欺诈案件查处和移送情况表（见附表），与社会保险基金要情统计表同时报送（一式三份）。

专项报告内容主要包括：社会保险欺诈案件查处和移送情况及分析、重大案件和上级督办案件查处情况、案件查处和移送制度机制建设和执行情况以及案件管理工作情况。

**第六十一条** 社会保险行政部门应当建立社会保险欺诈案件情况通报制度，定期或者不定期通报本辖区内社会保险欺诈案件发生和查处情况。

通报社会保险欺诈案件情况，可以在本系统通报，也可以根据工作需要向社会公开通报。

对于重大社会保险欺诈案件可以进行专题通报。

**第六十二条** 社会保险行政部门应当健全社会保险欺诈案例指导制度，定期或者不定期收集、整理、印发社会保险欺诈典型案例，指导辖区内案件查处工作。

**第六十三条** 社会保险行政部门应当健全社会保险欺诈案件信息公开制度，依法公开已办结案件相关信息，接受社会监督。

**第六十四条** 社会保险行政部门查处社会保险欺诈案件，作出行政处罚决定的，应当在作出决定后 7 个工作日内，在社会保险行政部门门户网站进行公示。

**第六十五条** 社会保险行政部门应当完善单位和个人社会保险欺诈违法信息记录和使用机制，将欺诈违法信息纳入单位和个人诚信记录，加强失信惩戒，促进社会保险诚信建设。

## 第九章 监督检查

**第六十六条** 上级社会保险行政部门应当定期或者不定期对下

级社会保险行政部门社会保险欺诈案件查处和移送情况以及案件管理情况进行监督检查，加强行政层级执法监督。

第六十七条　社会保险行政部门应当健全执法办案责任制，明确执法办案职责，加强对执法办案活动的监督和问责。

## 第十章　附　　则

第六十八条　本办法自发布之日起施行。

第六十九条　本办法由人力资源社会保障部负责解释。

# 香港澳门台湾居民在内地（大陆）参加社会保险暂行办法

（2019年11月29日人力资源和社会保障部、国家医疗保障局令第41号公布　自2020年1月1日起施行）

第一条　为了维护在内地（大陆）就业、居住和就读的香港特别行政区、澳门特别行政区居民中的中国公民和台湾地区居民（以下简称港澳台居民）依法参加社会保险和享受社会保险待遇的合法权益，加强社会保险管理，根据《中华人民共和国社会保险法》（以下简称社会保险法）等规定，制定本办法。

第二条　在内地（大陆）依法注册或者登记的企业、事业单位、社会组织、有雇工的个体经济组织等用人单位（以下统称用人单位）依法聘用、招用的港澳台居民，应当依法参加职工基本养老保险、职工基本医疗保险、工伤保险、失业保险和生育保险，由用人单位和本人按照规定缴纳社会保险费。

在内地（大陆）依法从事个体工商经营的港澳台居民，可以按照注册地有关规定参加职工基本养老保险和职工基本医疗保险；在内地（大陆）灵活就业且办理港澳台居民居住证的港澳台居民，可以按照居住地有关规定参加职工基本养老保险和职工基本医疗保险。

在内地（大陆）居住且办理港澳台居民居住证的未就业港澳台居民，可以在居住地按照规定参加城乡居民基本养老保险和城乡居民基本医疗保险。

在内地（大陆）就读的港澳台大学生，与内地（大陆）大学生执行同等医疗保障政策，按规定参加高等教育机构所在地城乡居民基本医疗保险。

**第三条** 用人单位依法聘用、招用港澳台居民的，应当持港澳台居民有效证件，以及劳动合同、聘用合同等证明材料，为其办理社会保险登记。在内地（大陆）依法从事个体工商经营和灵活就业的港澳台居民，按照注册地（居住地）有关规定办理社会保险登记。

已经办理港澳台居民居住证且符合在内地（大陆）参加城乡居民基本养老保险和城乡居民基本医疗保险条件的港澳台居民，持港澳台居民居住证在居住地办理社会保险登记。

**第四条** 港澳台居民办理社会保险的各项业务流程与内地（大陆）居民一致。社会保险经办机构或者社会保障卡管理机构应当为港澳台居民建立社会保障号码，并发放社会保障卡。

港澳台居民在办理居住证时取得的公民身份号码作为其社会保障号码；没有公民身份号码的港澳居民的社会保障号码，由社会保险经办机构或者社会保障卡管理机构按照国家统一规定编制。

**第五条** 参加社会保险的港澳台居民，依法享受社会保险待遇。

**第六条** 参加职工基本养老保险的港澳台居民达到法定退休年龄时，累计缴费不足15年的，可以延长缴费至满15年。社会保险法实施前参保、延长缴费5年后仍不足15年的，可以一次性缴费至满15年。

参加城乡居民基本养老保险的港澳台居民，符合领取待遇条件的，在居住地按有关规定领取城乡居民基本养老保险待遇。达到待遇领取年龄时，累计缴费不足15年的，可以按照有关规定延长缴费或者补缴。

参加职工基本医疗保险的港澳台居民，达到法定退休年龄时累计缴费达到国家规定年限的，退休后不再缴纳基本医疗保险费，按照国家规定享受基本医疗保险待遇；未达到国家规定年限的，可以缴费至国家规定年限。退休人员享受基本医疗保险待遇的缴费年限按照各地规定执行。

参加城乡居民基本医疗保险的港澳台居民按照与所在统筹地区城乡居民同等标准缴费，并享受同等的基本医疗保险待遇。

参加基本医疗保险的港澳台居民，在境外就医所发生的医疗费用不纳入基本医疗保险基金支付范围。

**第七条** 港澳台居民在达到规定的领取养老金条件前离开内地（大陆）的，其社会保险个人账户予以保留，再次来内地（大陆）就业、居住并继续缴费的，缴费年限累计计算；经本人书面申请终止社会保险关系的，可以将其社会保险个人账户储存额一次性支付给本人。

已获得香港、澳门、台湾居民身份的原内地（大陆）居民，离开内地（大陆）时选择保留社会保险关系的，返回内地（大陆）就业、居住并继续参保时，原缴费年限合并计算；离开内地（大陆）时已经选择终止社会保险关系的，原缴费年限不再合并计算，可以将其社会保险个人账户储存额一次性支付给本人。

**第八条** 参加社会保险的港澳台居民在内地（大陆）跨统筹地区流动办理社会保险关系转移时，按照国家有关规定执行。港澳台居民参加企业职工基本养老保险的，不适用建立临时基本养老保险缴费账户的相关规定。已经领取养老保险待遇的，不再办理基本养老保险关系转移接续手续。已经享受退休人员医疗保险待遇的，不再办理基本医疗保险关系转移接续手续。

参加职工基本养老保险的港澳台居民跨省流动就业的，应当转移基本养老保险关系。达到待遇领取条件时，在其基本养老保险关系所在地累计缴费年限满10年的，在该地办理待遇领取手续；在其基本养老保险关系所在地累计缴费年限不满10年的，将其基本养老保险关系转回上一个缴费年限满10年的参保地办理待遇领取手续；在各参保地累计缴费年限均不满10年的，由其缴费年限最长的参保地负责归集基本养老保险关系及相应资金，办理待遇领取手续，并支付基本养老保险待遇；如有多个缴费年限相同的最长参保地，则由其最后一个缴费年限最长的参保地负责归集基本养老保险关系及相应资金，办理待遇领取手续，并支付基本养老保险待遇。

参加职工基本养老保险的港澳台居民跨省流动就业，达到法定退休年龄时累计缴费不足15年的，按照本条第二款有关待遇领取地的规定确定继续缴费地后，按照本办法第六条第一款办理。

**第九条** 按月领取基本养老保险、工伤保险待遇的港澳台居民，应当按照社会保险经办机构的规定，办理领取待遇资格认证。

按月领取基本养老保险、工伤保险、失业保险待遇的港澳台居民丧失领取资格条件后，本人或者其亲属应当于1个月内向社会保险经办机构如实报告情况。因未主动报告而多领取的待遇应当及时退还社会保险经办机构。

**第十条** 各级财政对在内地（大陆）参加城乡居民基本养老保险和城乡居民基本医疗保险（港澳台大学生除外）的港澳台居民，按照与所在统筹地区城乡居民相同的标准给予补助。

各级财政对港澳台大学生参加城乡居民基本医疗保险补助政策按照有关规定执行。

**第十一条** 已在香港、澳门、台湾参加当地社会保险，并继续保留社会保险关系的港澳台居民，可以持相关授权机构出具的证明，不在内地（大陆）参加基本养老保险和失业保险。

**第十二条** 内地（大陆）与香港、澳门、台湾有关机构就社会保险事宜作出具体安排的，按照相关规定办理。

**第十三条** 社会保险行政部门或者社会保险费征收机构应当按照社会保险法的规定，对港澳台居民参加社会保险的情况进行监督检查。用人单位未依法为聘用、招用的港澳台居民办理社会保险登记或者未依法为其缴纳社会保险费的，按照社会保险法等法律、行政法规和有关规章的规定处理。

**第十四条** 办法所称"港澳台居民有效证件"，指港澳居民来往内地通行证、港澳台居民居住证。

**第十五条** 本办法自2020年1月1日起施行。

# 社会保险基金行政监督办法

(2022年2月9日人力资源社会保障部令第48号公布 自2022年3月18日起施行)

## 第一章 总 则

**第一条** 为了保障社会保险基金安全，规范和加强社会保险基金行政监督，根据《中华人民共和国社会保险法》和有关法律法规，制定本办法。

**第二条** 本办法所称社会保险基金行政监督，是指人力资源社会保障行政部门对基本养老保险基金、工伤保险基金、失业保险基金等人力资源社会保障部门管理的社会保险基金收支、管理情况进行的监督。

**第三条** 社会保险基金行政监督应当遵循合法、客观、公正、效率的原则。

**第四条** 人力资源社会保障部主管全国社会保险基金行政监督工作。县级以上地方各级人力资源社会保障行政部门负责本行政区域内的社会保险基金行政监督工作。

人力资源社会保障行政部门对下级人力资源社会保障行政部门管辖范围内的重大监督事项，可以直接进行监督。

**第五条** 人力资源社会保障行政部门应当加强社会保险基金行政监督队伍建设，保证工作所需经费，保障监督工作独立性。

**第六条** 社会保险基金行政监督工作人员应当忠于职守、清正廉洁、秉公执法、保守秘密。

社会保险基金行政监督工作人员依法履行监督职责受法律保护，失职追责、尽职免责。

社会保险基金行政监督工作人员应当具备与履行职责相适应的专业能力，依规取得行政执法证件，并定期参加培训。

**第七条** 人力资源社会保障行政部门负责社会保险基金监督的机构具体实施社会保险基金行政监督工作。人力资源社会保障部门负责社会保险政策、经办、信息化综合管理等机构,依据职责协同做好社会保险基金行政监督工作。

**第八条** 人力资源社会保障行政部门应当加强与公安、民政、司法行政、财政、卫生健康、人民银行、审计、税务、医疗保障等部门的协同配合,加强信息共享、分析,加大协同查处力度,共同维护社会保险基金安全。

**第九条** 人力资源社会保障行政部门应当畅通社会监督渠道,鼓励和支持社会各方参与社会保险基金监督。

任何组织或者个人有权对涉及社会保险基金的违法违规行为进行举报。

## 第二章 监督职责

**第十条** 人力资源社会保障行政部门依法履行下列社会保险基金行政监督职责:

(一)检查社会保险基金收支、管理情况;

(二)受理有关社会保险基金违法违规行为的举报;

(三)依法查处社会保险基金违法违规问题;

(四)宣传社会保险基金监督法律、法规、规章和政策;

(五)法律、法规规定的其他事项。

**第十一条** 人力资源社会保障行政部门对社会保险经办机构的下列事项实施监督:

(一)执行社会保险基金收支、管理的有关法律、法规、规章和政策的情况;

(二)社会保险基金预算执行及决算情况;

(三)社会保险基金收入户、支出户等银行账户开立、使用和管理情况;

(四)社会保险待遇审核和基金支付情况;

（五）社会保险服务协议订立、变更、履行、解除或者终止情况；

（六）社会保险基金收支、管理内部控制情况；

（七）法律、法规规定的其他事项。

**第十二条** 人力资源社会保障行政部门对社会保险服务机构的下列事项实施监督：

（一）遵守社会保险相关法律、法规、规章和政策的情况；

（二）社会保险基金管理使用情况；

（三）社会保险基金管理使用内部控制情况；

（四）社会保险服务协议履行情况；

（五）法律、法规规定的其他事项。

**第十三条** 人力资源社会保障行政部门对与社会保险基金收支、管理直接相关单位的下列事项实施监督：

（一）提前退休审批情况；

（二）工伤认定（职业伤害确认）情况；

（三）劳动能力鉴定情况；

（四）法律、法规规定的其他事项。

## 第三章 监督权限

**第十四条** 人力资源社会保障行政部门有权要求被监督单位提供与监督事项有关的资料，包括但不限于与社会保险基金收支、管理相关的文件、财务资料、业务资料、审计报告、会议纪要等。

被监督单位应当全面、完整提供实施监督所需资料，说明情况，并对所提供资料真实性、完整性作出书面承诺。

**第十五条** 人力资源社会保障行政部门有权查阅、记录、复制被监督单位与社会保险基金有关的会计凭证、会计账簿、财务会计报告、业务档案，以及其他与社会保险基金收支、管理有关的数据、资料，有权查询被监督单位社会保险信息系统的用户管理、权限控制、数据管理等情况。

**第十六条** 人力资源社会保障行政部门有权询问与监督事项有

关的单位和个人，要求其对与监督事项有关的问题作出说明、提供有关佐证。

**第十七条** 人力资源社会保障行政部门应当充分利用信息化技术手段查找问题，加强社会保险基金监管信息系统应用。

**第十八条** 信息化综合管理机构应当根据监督工作需要，向社会保险基金行政监督工作人员开放社会保险经办系统等信息系统的查询权限，提供有关信息数据。

**第十九条** 人力资源社会保障行政部门有权对隐匿、伪造、变造或者故意销毁会计凭证、会计账簿、财务会计报告以及其他与社会保险基金收支、管理有关资料的行为予以制止并责令改正；有权对可能被转移、隐匿或者灭失的资料予以封存。

**第二十条** 人力资源社会保障行政部门有权对隐匿、转移、侵占、挪用社会保险基金的行为予以制止并责令改正。

## 第四章 监督实施

**第二十一条** 社会保险基金行政监督的检查方式包括现场检查和非现场检查。人力资源社会保障行政部门应当制定年度检查计划，明确检查范围和重点。

被监督单位应当配合人力资源社会保障行政部门的工作，并提供必要的工作条件。

**第二十二条** 人力资源社会保障行政部门实施现场检查，依照下列程序进行：

（一）根据年度检查计划和工作需要确定检查项目及检查内容，制定检查方案，并在实施检查3个工作日前通知被监督单位；提前通知可能影响检查结果的，可以现场下达检查通知；

（二）检查被监督单位社会保险基金相关凭证账簿，查阅与监督事项有关的文件、资料、档案、数据，向被监督单位和有关个人调查取证，听取被监督单位有关社会保险基金收支、管理使用情况的汇报；

（三）根据检查结果，形成检查报告，并送被监督单位征求意见。被监督单位如有异议,应当在接到检查报告10个工作日内提出书面意见。逾期未提出书面意见的,视同无异议。

第二十三条 人力资源社会保障行政部门实施非现场检查,依照下列程序进行:

(一)根据检查计划及工作需要,确定非现场检查目的及检查内容,通知被监督单位按照规定的范围、格式及时限报送数据、资料;或者从信息系统提取社会保险基金管理使用相关数据;

(二)审核被监督单位报送和提取的数据、资料,数据、资料不符合要求的,被监督单位应当补报或者重新报送;

(三)比对分析数据、资料,对发现的疑点问题要求被监督单位核查说明;对存在的重大问题,实施现场核实;评估社会保险基金收支、管理状况及存在的问题,形成检查报告。

对报送和提取的数据、资料,人力资源社会保障行政部门应当做好存储和使用管理,保证数据安全。

第二十四条 人力资源社会保障行政部门对监督发现的问题,采取以下处理措施:

(一)对社会保险基金收支、管理存在问题的,依法提出整改意见,采取约谈、函询、通报等手段督促整改;

(二)对依法应当由有关主管机关处理的,向有关主管机关提出处理建议。

人力资源社会保障行政部门有权对被监督单位的整改情况进行检查。

第二十五条 人力资源社会保障行政部门对通过社会保险基金行政监督检查发现、上级部门交办、举报、媒体曝光、社会保险经办机构移送等渠道获取的违法违规线索,应当查处,进行调查并依法作出行政处理、处罚决定。

人力资源社会保障行政部门作出行政处理、处罚决定前,应当听取当事人陈述、申辩;作出行政处理、处罚决定,应当告知当事人依法享有申请行政复议或者提起行政诉讼的权利。

第二十六条 社会保险基金行政监督的检查和查处应当由两名

及以上工作人员共同进行，出示行政执法证件。

社会保险基金行政监督工作人员不得利用职务便利牟取不正当利益，不得从事影响客观履行基金监督职责的工作。

社会保险基金行政监督工作人员与被监督单位、个人或者事项存在利害关系的，应当回避。

第二十七条　人力资源社会保障行政部门可以聘请会计师事务所等第三方机构对社会保险基金的收支、管理情况进行审计，聘请专业人员协助开展检查。

被聘请机构和人员不得复制涉及参保个人的明细数据，不得未经授权复制统计数据和财务数据，不得将工作中获取、知悉的被监督单位资料或者相关信息用于社会保险基金监督管理以外的其他用途，不得泄露相关个人信息和商业秘密。

第二十八条　人力资源社会保障行政部门应当建立社会保险基金要情报告制度。

地方人力资源社会保障行政部门应当依规、按时、完整、准确向上级人力资源社会保障行政部门报告社会保险基金要情。

社会保险经办机构应当及时向本级人力资源社会保障行政部门报告社会保险基金要情。

本办法所称社会保险基金要情是指贪污挪用、欺诈骗取等侵害社会保险基金的情况。

## 第五章　法律责任

第二十九条　社会保险经办机构及其工作人员有下列行为之一的，由人力资源社会保障行政部门责令改正；对直接负责的主管人员和其他直接责任人员依法给予处分；法律法规另有规定的，从其规定：

（一）未履行社会保险法定职责的；

（二）未将社会保险基金存入财政专户的；

（三）克扣或者拒不按时支付社会保险待遇的；

（四）丢失或者篡改缴费记录、享受社会保险待遇记录等社会保险数据、个人权益记录的；

（五）违反社会保险经办内部控制制度的；

（六）其他违反社会保险法律、法规的行为。

**第三十条** 社会保险经办机构及其工作人员隐匿、转移、侵占、挪用社会保险基金的，按照《中华人民共和国社会保险法》第九十一条的规定处理。

**第三十一条** 社会保险服务机构有下列行为之一，以欺诈、伪造证明材料或者其他手段骗取社会保险基金支出的，按照《中华人民共和国社会保险法》第八十七条的规定处理：

（一）工伤保险协议医疗机构、工伤康复协议机构、工伤保险辅助器具配置协议机构、工伤预防项目实施单位等通过提供虚假证明材料及相关报销票据等手段，骗取工伤保险基金支出的；

（二）培训机构通过提供虚假培训材料等手段，骗取失业保险培训补贴的；

（三）其他以欺诈、伪造证明材料等手段骗取社会保险基金支出的行为。

**第三十二条** 用人单位、个人有下列行为之一，以欺诈、伪造证明材料或者其他手段骗取社会保险待遇的，按照《中华人民共和国社会保险法》第八十八条的规定处理：

（一）通过虚构个人信息、劳动关系，使用伪造、变造或者盗用他人可用于证明身份的证件，提供虚假证明材料等手段虚构社会保险参保条件、违规补缴，骗取社会保险待遇的；

（二）通过虚假待遇资格认证等方式，骗取社会保险待遇的；

（三）通过伪造或者变造个人档案、劳动能力鉴定结论等手段违规办理退休，违规增加视同缴费年限，骗取基本养老保险待遇的；

（四）通过谎报工伤事故、伪造或者变造证明材料等进行工伤认定或者劳动能力鉴定，或者提供虚假工伤认定结论、劳动能力鉴定结论，骗取工伤保险待遇的；

（五）通过伪造或者变造就医资料、票据等，或者冒用工伤人员身份就医、配置辅助器具，骗取工伤保险待遇的；

（六）其他以欺诈、伪造证明材料等手段骗取社会保险待遇的。

**第三十三条** 人力资源社会保障行政部门工作人员弄虚作假将不符合条件的人员认定为工伤职工或者批准提前退休，给社会保险基金造成损失的，依法给予处分。

从事劳动能力鉴定的组织或者个人提供虚假鉴定意见、诊断证明，给社会保险基金造成损失的，按照《工伤保险条例》第六十一条的规定处理。

**第三十四条** 被监督单位有下列行为之一的，由人力资源社会保障行政部门责令改正；拒不改正的，可以通报批评，给予警告；依法对直接负责的主管人员和其他责任人员给予处分：

（一）拒绝、阻挠社会保险基金行政监督工作人员进行监督的；

（二）拒绝、拖延提供与监督事项有关资料的；

（三）隐匿、伪造、变造或者故意销毁会计凭证、会计账簿、财务会计报告以及其他与社会保险基金收支、管理有关资料的。

**第三十五条** 报复陷害社会保险基金行政监督工作人员的，依法给予处分。

**第三十六条** 人力资源社会保障行政部门、社会保险经办机构违反本办法第二十八条的规定，对发现的社会保险基金要情隐瞒不报、谎报或者拖延不报的，按照有关规定追究相关人员责任。

**第三十七条** 人力资源社会保障行政部门负责人、社会保险基金行政监督工作人员违反本办法规定或者有其他滥用职权、徇私舞弊、玩忽职守行为的，依法给予处分。

**第三十八条** 人力资源社会保障行政部门、社会保险经办机构、会计师事务所等被聘请的第三方机构及其工作人员泄露、篡改、毁损、非法向他人提供个人信息、商业秘密的，对直接负责的主管人员和其他直接责任人员依法给予处分；违反其他法律、行政法规的，由有关主管部门依法处理。

**第三十九条** 违反本办法规定，构成违反治安管理行为的，依法给予治安管理处罚；构成犯罪的，依法追究刑事责任。

## 第六章 附　　则

**第四十条**　本办法所称的社会保险服务机构，包括工伤保险协议医疗机构、工伤康复协议机构、工伤保险辅助器具配置协议机构、工伤预防项目实施单位、享受失业保险培训补贴的培训机构、承办社会保险经办业务的商业保险机构等。

对乡镇（街道）事务所（中心、站）等承担社会保险经办服务工作的机构的监督，参照对社会保险经办机构监督相关规定执行。

**第四十一条**　基本养老保险基金委托投资运营监管另行规定。

**第四十二条**　本办法自2022年3月18日起施行。原劳动和社会保障部《社会保险基金行政监督办法》（劳动和社会保障部令第12号）同时废止。

# 社会保险基金监督举报奖励暂行办法

（2022年7月11日　人社部发〔2022〕45号）

**第一条**　为加强社会保险基金社会监督，鼓励社会公众举报社会保险领域违法违规问题，维护社会保险基金安全，根据《中华人民共和国社会保险法》等法律法规，制定本办法。

**第二条**　公民、法人和其他社会组织（以下简称举报人）对欺诈骗取、套取或挪用贪占基本养老保险、失业保险、工伤保险基金（以下简称社会保险基金）的违法违规问题进行举报并提供相关线索，经查证属实、符合本办法规定的给予奖励。

举报人对举报事项负有社会保险基金监督职责的，不适用本办法。

**第三条**　举报奖励由查处举报事项的县级以上人力资源社会保障行政部门负责实施。举报事项涉及两个或两个以上地区的，由负责查处的相关人力资源社会保障行政部门分别就涉及本区域社会保险基金违法违规问题的举报查实部分进行奖励。

人力资源社会保障行政部门负责社会保险基金监督工作的机构具体承办举报奖励工作。

**第四条** 举报奖励资金按照预算管理有关规定列入同级人力资源社会保障行政部门的部门预算。举报奖励资金的发放管理接受同级财政、审计部门的监督。

**第五条** 举报人力资源社会保障行政部门、社会保险经办机构、信息化综合管理机构、劳动能力鉴定委员会及其工作人员存在以下行为并经查证属实的，纳入奖励范围：

（一）隐匿、转移、侵占、挪用社会保险基金的；

（二）违规审核、审批社会保险申报材料，违规办理参保缴费、关系转移、待遇核定、待遇资格认证、提前退休，违规工伤认定、劳动能力鉴定，违规发放社会保险待遇的；

（三）伪造或篡改缴费记录、享受社会保险待遇记录、个人权益记录等社会保险数据的；

（四）其他欺诈骗取、套取或挪用贪占社会保险基金的行为。

**第六条** 举报参保单位、个人或中介机构存在以下行为并经查证属实的，纳入奖励范围：

（一）提供虚假证明材料等手段虚构社会保险参保条件、违规补缴的；

（二）伪造、变造有关证件、档案、材料，骗取社会保险基金的；

（三）组织或协助他人以伪造、变造档案、材料等手段骗取参保补缴、提前退休资格或违规申领社会保险待遇的；

（四）丧失基本养老、失业、工伤保险待遇享受资格后，本人或其亲属不按规定履行告知义务、隐瞒事实违规享受社会保险待遇的；

（五）其他欺诈骗取、套取或挪用贪占社会保险基金的行为。

**第七条** 举报工伤医疗、工伤康复、工伤保险辅助器具配置、失业人员职业培训等社会保险服务机构及其工作人员存在以下行为并经查证属实的，纳入奖励范围：

（一）伪造、变造或提供虚假病历、处方、诊断证明、医疗费票据、培训记录等资料骗取社会保险基金的；

（二）协助、配合他人以伪造材料、冒名顶替等手段骗取社会保险参保补缴资格，违规申领、享受社会保险待遇，骗取社会保险基金的；

（三）其他欺诈骗取、套取或挪用贪占社会保险基金的行为。

**第八条** 举报事项存在以下情形的，不纳入奖励范围：

（一）无明确举报对象或经查证无违法违规行为的；

（二）举报已受理或已办结，原处理程序及结论均符合相关法律、法规规定和客观事实的；

（三）依法通过诉讼、仲裁等法定途径判决裁定或已进入上述程序的；

（四）举报事项的主要事实、证据事先已由人力资源社会保障部门、纪检监察、审计、公安部门掌握的；

（五）不属于本办法规定举报奖励事项的；

（六）其他依法不予受理的举报行为。

**第九条** 奖励对象原则上应为实名举报者。匿名举报并希望获得奖励的，应主动提供能够辨认其身份的信息及有效联系方式，未提供的视为主动放弃奖励。

**第十条** 县级以上人力资源社会保障行政部门受理举报线索后，应当根据职责范围确定举报查处主体：

（一）属于本级人力资源社会保障行政部门职责范围的，由本级负责查处；

（二）属于下级人力资源社会保障行政部门职责范围的，原则上转交下级查处；涉及重大违法违规问题线索的，本级人力资源社会保障行政部门可直接查处；

（三）属于本级人力资源社会保障行政部门职责范围且涉及其他地区的，应会同相关地区人力资源社会保障行政部门共同查处。

**第十一条** 人力资源社会保障行政部门受理的举报线索涉及财政部门职责的，应会同财政部门共同查处。

**第十二条** 人力资源社会保障行政部门应当根据举报事项查证

情况，对违法违规事实与举报事项的一致性进行认定，作为奖励依据。

第十三条　举报人和举报事项同时符合下列条件的，给予奖励：

（一）举报人具有完全民事行为能力；

（二）举报事项符合本办法规定的奖励范围；

（三）举报情况经查证属实并结案。

第十四条　同一事项由两个或两个以上举报人分别举报的，奖励第一举报人（按人力资源社会保障行政部门受理举报的时间先后顺序确定）；由两个或两个以上举报人联名举报的，按一个举报人奖励额度进行奖励，奖金由举报人自行协商分配。

第十五条　举报奖励标准根据查证属实违法违规行为所造成的社会保险基金损失金额，按照一定比例进行计算，最高额度不超过10万元。对同一举报事项分别查处奖励的，奖金合计数额不得超过10万元。对举报事项查证为违法违规行为但尚未造成基金损失的，人力资源社会保障行政部门应当根据违法违规行为性质、可能造成的基金损失等因素，给予一定的奖励。具体奖励办法由各省（自治区、直辖市）人力资源社会保障行政部门、财政部门制定。

第十六条　查处举报事项的人力资源社会保障行政部门应当在举报事项办结后10个工作日内与举报人联系，并以适当方式向举报人送出《社会保险基金监督举报奖励通知书》。举报人应当自接到《社会保险基金监督举报奖励通知书》之日起30个工作日内，持本人有效身份证件及《社会保险基金监督举报奖励通知书》到人力资源社会保障行政部门领取奖金，不能现场领取的应当提供合法、可靠的奖金发放途径。举报奖励资金通过举报人的社会保障卡或者其选择的本人其他银行卡发放。举报人无正当理由逾期未办理领取奖金手续的，视为自动放弃奖金。

第十七条　各级人力资源社会保障行政部门应当建立健全举报奖励审核制度，明确发放流程，建立奖励台账，加强奖励资金发放管理。

第十八条　人力资源社会保障行政部门及其工作人员应当按规

定为举报人保密，不得泄露举报人相关信息。

**第十九条** 举报人故意捏造事实诬告他人，或者弄虚作假骗取奖励，依法承担相应责任；涉嫌犯罪的，依法追究刑事责任。

**第二十条** 人力资源社会保障部门工作人员在举报奖励工作中存在下列情形的，视情节轻重依法给予政务处分；涉嫌犯罪的，依法追究刑事责任：

（一）伪造或者教唆、伙同他人伪造举报材料，冒领举报奖励的；

（二）利用职务之便故意泄露线索套取奖励的；

（三）泄露举报人相关信息导致举报人利益受到损害，或帮助被举报对象转移、隐匿、毁灭证据的；

（四）贪污、挪用、截留奖励资金的；

（五）其他应当依法承担法律责任的行为。

**第二十一条** 各省（自治区、直辖市）人力资源社会保障行政部门、财政部门应当依据本办法制定实施细则，对奖励的范围、标准、审批、发放程序等作出规定。

**第二十二条** 本办法由人力资源社会保障部、财政部负责解释，自2023年1月1日起施行。

# 社会保险基金监督举报工作管理办法

（2023年1月17日人力资源和社会保障部令第49号公布　自2023年5月1日起施行）

## 第一章　总　　则

**第一条** 为了规范社会保险基金监督举报管理工作，切实保障社会保险基金安全，根据《中华人民共和国社会保险法》和有关法律、行政法规，制定本办法。

**第二条** 人力资源社会保障行政部门开展社会保险基金监督举

报的受理、办理等管理工作,适用本办法。

本办法所称社会保险基金是指基本养老保险基金、工伤保险基金、失业保险基金等人力资源社会保障部门管理的社会保险基金。

**第三条** 人力资源社会保障部主管全国社会保险基金监督举报管理工作。县级以上地方人力资源社会保障行政部门负责本行政区域内的社会保险基金监督举报管理工作。

人力资源社会保障行政部门负责社会保险基金监督的机构具体承担社会保险基金监督举报综合管理工作。人力资源社会保障部门负责社会保险政策、经办、信息化综合管理等的机构,依据职责协同做好社会保险基金监督举报管理工作。

**第四条** 人力资源社会保障行政部门要加强与公安、民政、司法行政、财政、卫生健康、人民银行、审计、税务等部门和人民法院、纪检监察等机关的协同配合,做好社会保险基金监督举报管理工作,共同保障社会保险基金安全。

**第五条** 社会保险基金监督举报管理工作应当坚持依法、公正、高效、便民的原则。

## 第二章 举报范围

**第六条** 本办法所称社会保险基金监督举报(以下简称举报),是指任何组织或者个人向人力资源社会保障行政部门反映机构、单位、个人涉嫌欺诈骗取、套取或者挪用贪占社会保险基金情形的行为。

依照本办法,举报涉嫌欺诈骗取、套取或者挪用贪占社会保险基金情形的任何组织或者个人是举报人;被举报的机构、单位、个人是被举报人。

**第七条** 参保单位、个人、中介机构涉嫌有下列情形之一的,任何组织或者个人可以依照本办法举报:

(一)以提供虚假证明材料等手段虚构社会保险参保条件、违规补缴的;

（二）伪造、变造有关证件、档案、材料，骗取社会保险基金的；

（三）组织或者协助他人以伪造、变造档案、材料等手段骗取参保补缴、提前退休资格或者违规申领社会保险待遇的；

（四）个人丧失社会保险待遇享受资格后，本人或者相关受益人不按规定履行告知义务、隐瞒事实违规享受社会保险待遇的；

（五）其他欺诈骗取、套取或者挪用贪占社会保险基金的情形。

**第八条** 社会保险服务机构及其工作人员涉嫌有下列情形之一的，任何组织或者个人可以依照本办法举报：

（一）工伤保险协议医疗机构、工伤康复协议机构、工伤保险辅助器具配置协议机构、工伤预防项目实施单位、职业伤害保障委托承办机构及其工作人员以伪造、变造或者提供虚假证明材料及相关报销票据、冒名顶替等手段骗取或者协助、配合他人骗取社会保险基金的；

（二）享受失业保险培训补贴的培训机构及其工作人员以伪造、变造、提供虚假培训记录等手段骗取或者协助、配合他人骗取社会保险基金的；

（三）其他欺诈骗取、套取或者挪用贪占社会保险基金的情形。

**第九条** 社会保险经办机构及其工作人员涉嫌有下列情形之一的，任何组织或者个人可以依照本办法举报：

（一）隐匿、转移、侵占、挪用、截留社会保险基金的；

（二）违规审核、审批社会保险申报材料，违规办理参保、补缴、关系转移、待遇核定、待遇资格认证等，违规发放社会保险待遇的；

（三）伪造或者篡改缴费记录、享受社会保险待遇记录等社会保险数据、个人权益记录的；

（四）其他欺诈骗取、套取或者挪用贪占社会保险基金的情形。

**第十条** 与社会保险基金收支、管理直接相关单位及其工作人员涉嫌有下列情形之一的，任何组织或者个人可以依照本办法举报：

（一）人力资源社会保障行政部门及其工作人员违规出具行政执

法文书、违规进行工伤认定、违规办理提前退休，侵害社会保险基金的；

（二）劳动能力鉴定委员会及其工作人员违规进行劳动能力鉴定，侵害社会保险基金的；

（三）劳动人事争议仲裁机构及其工作人员违规出具仲裁文书，侵害社会保险基金的；

（四）信息化综合管理机构及其工作人员伪造或者篡改缴费记录、享受社会保险待遇记录等社会保险数据、个人权益记录的；

（五）其他欺诈骗取、套取或者挪用贪占社会保险基金的情形。

**第十一条** 依法应当通过劳动人事争议处理、劳动保障监察投诉、行政争议处理、劳动能力再次鉴定、信访等途径解决或者以举报形式进行咨询、政府信息公开申请等活动的，不适用本办法。人力资源社会保障行政部门应当告知举报人依法依规通过相关途径解决。

人力资源社会保障行政部门收到属于财政部门、社会保险费征收机构等部门、机构职责的举报事项，应当依法书面通知并移交有权处理的部门、机构处理。

## 第三章 接收和受理

**第十二条** 人力资源社会保障行政部门通过12333或者其他服务电话、传真、信函、网络、现场等渠道接收举报事项。

人力资源社会保障行政部门应当向社会公布接收举报事项的电话号码、传真号码、通信地址、邮政编码、网络举报途径、接待场所和时间等渠道信息，并在其举报接待场所或者网站公布与举报有关的法律、法规、规章，举报范围和受理、办理程序等有关事项。

**第十三条** 举报人举报应当提供被举报人的名称（姓名）和涉嫌欺诈骗取、套取或者挪用贪占社会保险基金的有效线索；尽可能提供被举报人地址（住所）、统一社会信用代码（公民身份号码）、法定代表人信息和其他相关佐证材料。

提倡举报人提供书面举报材料。

**第十四条** 举报人进行举报,应当遵守法律、法规、规章等规定,不得捏造、歪曲事实,不得诬告陷害他人。

**第十五条** 举报人可以实名举报或者匿名举报。提倡实名举报。

现场实名举报的,举报人应当提供居民身份证或者营业执照等有效证件的原件和真实有效的联系方式。

以电话、传真、来信、网络等形式实名举报的,举报人应当提供居民身份证或者营业执照等有效证件的复印件和真实有效的联系方式。

举报人未采取本条第二款、第三款的形式举报的,视为匿名举报。

**第十六条** 现场举报应当到人力资源社会保障行政部门设立的接待场所;多人现场提出相同举报事项的,应当推选代表,代表人数不超过5人。

**第十七条** 接收现场口头举报,应当准确记录举报事项,交举报人确认。经征得举报人同意后可以录音、录像。实名举报的,由举报人签名或者盖章;匿名举报的,应当记录在案。

接收电话举报,应当细心接听、询问清楚、准确记录,经告知举报人后可以录音。

接收传真、来信、网络等形式举报,应当保持举报材料的完整。

对内容不详的实名举报,应当及时联系举报人补充相关材料。

**第十八条** 人力资源社会保障行政部门应当加强举报事项接收转交管理工作。

**第十九条** 举报涉及重大问题或者紧急事项的,具体承担社会保险基金监督举报综合管理工作的机构应当立即向本部门负责人报告,并依法采取必要措施。

**第二十条** 举报按照"属地管理、分级负责,谁主管、谁负责"的原则确定管辖。

必要时,上级人力资源社会保障行政部门可以受理下级人力资源社会保障行政部门管辖的举报事项,也可以向下级人力资源社会保障行政部门交办、督办举报事项。

两个及两个以上同级人力资源社会保障行政部门都有管辖权限的,由最先受理的人力资源社会保障行政部门管辖。对管辖发生争议的,应当自发生争议之日起5个工作日内协商解决;协商不成的,报请共同的上一级人力资源社会保障行政部门,共同的上一级人力资源社会保障行政部门应当自收到之日起5个工作日内指定管辖。

第二十一条 人力资源社会保障行政部门接收到举报事项后,应当在5个工作日内进行审查,有下列情形之一的,不予受理:

(一)不符合本办法第七条、第八条、第九条或者第十条规定的;

(二)无法确定被举报人,或者不能提供欺诈骗取、套取或者挪用贪占社会保险基金行为有效线索的;

(三)对已经办结的同一举报事项再次举报,没有提供新的有效线索的。

对符合本办法第七条、第八条、第九条或者第十条的规定但本部门不具备管辖权限的举报事项,应当移送到有管辖权限的人力资源社会保障行政部门,并告知实名举报人移送去向。

除前两款规定外,举报事项自人力资源社会保障行政部门接收之日起即为受理。

第二十二条 人力资源社会保障行政部门应当自接收举报事项之日起10个工作日内,将受理(不予受理)决定通过纸质通知或者电子邮件、短信等形式告知有告知要求的实名举报人。

## 第四章 办 理

第二十三条 受理举报事项后,人力资源社会保障行政部门办理举报事项以及作出行政处理、行政处罚决定的,应当按照《社会保险基金行政监督办法》等有关规定和本章的规定执行。

已经受理尚未办结的举报事项,再次举报的,可以合并办理;再次举报并提供新的有效线索的,办理期限自确定合并办理之日起重新计算。

第二十四条 人力资源社会保障行政部门在办理举报事项中涉

及异地调查的,可以向当地人力资源社会保障行政部门提出协助请求。协助事项属于被请求部门职责范围内的,应当依法予以协助。

第二十五条　办理举报事项涉及其他部门职责的,人力资源社会保障行政部门可以会同相关部门共同办理。

第二十六条　下级人力资源社会保障行政部门对上级人力资源社会保障行政部门交办、移送的举报事项,应当按照规定时限或者上级人力资源社会保障行政部门督办要求办理,并书面报告调查处理意见、办理结果。

第二十七条　符合下列情形之一的,经人力资源社会保障行政部门批准,举报事项予以办结:

(一)经办理发现问题,依法作出行政处理、行政处罚决定的;依法应当由其他部门、机构处理,向有关部门、机构提出处理建议,或者移交有关部门、机构处理的;

(二)经办理未发现欺诈骗取、套取或者挪用贪占社会保险基金情形的;

(三)其他依法应当予以办结的情形。

人力资源社会保障行政部门应当自受理举报事项之日起60个工作日内办结举报事项;情况复杂的,经人力资源社会保障行政部门负责人批准,可以适当延长,但延长期限不得超过30个工作日。

第二十八条　符合下列情形之一的,经人力资源社会保障行政部门批准,可以中止对举报事项的办理:

(一)举报涉及法律、法规、规章或者政策适用问题,需要有权机关作出解释或者确认的;

(二)因被举报人或者有关人员下落不明等,无法继续办理的;

(三)因被举报的机构、单位终止,尚未确定权利义务承受人,无法继续办理的;

(四)因自然灾害等不可抗力原因,无法继续办理的;

(五)因案情重大、疑难复杂或者危害后果特别严重,确需提请上级主管部门研究决定的;

(六)其他依法应当中止办理的情形。

中止情形消除后,应当恢复对举报事项的办理。办理期限自中止情形消除之日起继续计算。

**第二十九条** 上级人力资源社会保障行政部门发现下级人力资源社会保障行政部门对举报事项的办理确有错误的,应当责成下级人力资源社会保障行政部门重新办理,必要时可以直接办理。

**第三十条** 实名举报人可以要求答复举报事项的办理结果,人力资源社会保障行政部门可以视具体情况采取口头或者书面形式答复实名举报人,答复不得泄露国家秘密、商业秘密和个人隐私。口头答复应当做好书面记录。

## 第五章 归档和报告

**第三十一条** 人力资源社会保障行政部门应当严格管理举报材料,逐件登记接收举报事项的举报人、被举报人、主要内容、受理和办理等基本情况。

**第三十二条** 举报材料的保管和整理,应当按照档案管理的有关规定执行。

省级人力资源社会保障行政部门应当完善举报信息系统,实行信息化管理。

**第三十三条** 县级以上地方人力资源社会保障行政部门应当建立社会保险基金监督举报管理年度报告制度。

省级人力资源社会保障行政部门应当于每年1月31日前,向人力资源社会保障部报告上一年度社会保险基金监督举报管理情况。

## 第六章 保障措施

**第三十四条** 举报人的合法权益依法受到保护。任何单位和个人不得以任何借口阻拦、压制或者打击报复举报人。

**第三十五条** 人力资源社会保障行政部门工作人员与举报事项、举报人、被举报人有直接利害关系或者其他关系,可能影响公正办理的,应当回避。

举报人有正当理由并且有证据证明人力资源社会保障行政部门工作人员应当回避的,可以提出回避申请,由人力资源社会保障行政部门决定。申请人力资源社会保障行政部门负责人回避的,由上级人力资源社会保障行政部门决定。

**第三十六条** 人力资源社会保障行政部门应当建立健全工作责任制,严格遵守以下保密规定:

(一)举报事项的接收、受理、登记及办理,应当依照国家有关法律、行政法规等规定严格保密,不得私自摘抄、复制、扣压、销毁举报材料;

(二)严禁泄露举报人的姓名、身份、单位、地址、联系方式等信息,严禁将举报情况透漏给被举报人或者与举报工作无关的人员;

(三)办理举报时不得出示举报信原件或者复印件,不得暴露举报人的有关信息,对匿名的举报书信及材料,除特殊情况外,不得鉴定笔迹;

(四)开展宣传报道,未经举报人书面同意,不得公开举报人的姓名、身份、单位、地址、联系方式等信息。

**第三十七条** 举报事项经查证属实,为社会保险基金挽回或者减少重大损失的,应当按照规定对实名举报人予以奖励。

**第三十八条** 人力资源社会保障行政部门应当配备专门人员,提供必要的办公条件等,保障举报管理工作顺利进行。

## 第七章 法律责任

**第三十九条** 受理、办理举报事项的工作人员及其负责人有下列情形之一的,由人力资源社会保障行政部门责令改正;造成严重后果的,依法依规予以处理:

(一)对于应当受理、办理的举报事项未及时受理、办理或者未在规定期限内办结举报事项的;

(二)将举报人的举报材料或者有关情况透漏给被举报人或者与举报工作无关的人员的;

（三）对涉及重大问题或者紧急事项的举报隐瞒、谎报、缓报，或者未依法及时采取必要措施的；

（四）未妥善保管举报材料，造成举报材料损毁或者丢失的；

（五）其他违法违规的情形。

**第四十条** 举报人捏造、歪曲事实，诬告陷害他人的，依法承担法律责任。

## 第八章 附 则

**第四十一条** 本办法自 2023 年 5 月 1 日起施行。原劳动和社会保障部《社会保险基金监督举报工作管理办法》（劳动和社会保障部令第 11 号）同时废止。

# 养老保险

# 中华人民共和国老年人权益保障法（节录）

（1996年8月29日第八届全国人民代表大会常务委员会第二十一次会议通过　根据2009年8月27日第十一届全国人民代表大会常务委员会第十次会议《关于修改部分法律的决定》第一次修正　2012年12月28日第十一届全国人民代表大会常务委员会第三十次会议修订　根据2015年4月24日第十二届全国人民代表大会常务委员会第十四次会议《关于修改〈中华人民共和国电力法〉等六部法律的决定》第二次修正　根据2018年12月29日第十三届全国人民代表大会常务委员会第七次会议《关于修改〈中华人民共和国劳动法〉等七部法律的决定》第三次修正）

……

## 第三章　社会保障

**第二十八条　【基本养老保险】**国家通过基本养老保险制度，保障老年人的基本生活。

**第二十九条　【基本医疗保险】**国家通过基本医疗保险制度，保障老年人的基本医疗需要。享受最低生活保障的老年人和符合条件的低收入家庭中的老年人参加新型农村合作医疗和城镇居民基本医疗保险所需个人缴费部分，由政府给予补贴。

有关部门制定医疗保险办法，应当对老年人给予照顾。

第三十条 【长期护理保障】国家逐步开展长期护理保障工作，保障老年人的护理需求。

对生活长期不能自理、经济困难的老年人，地方各级人民政府应当根据其失能程度等情况给予护理补贴。

第三十一条 【社会救助】国家对经济困难的老年人给予基本生活、医疗、居住或者其他救助。

老年人无劳动能力、无生活来源、无赡养人和扶养人，或者其赡养人和扶养人确无赡养能力或者扶养能力的，由地方各级人民政府依照有关规定给予供养或者救助。

对流浪乞讨、遭受遗弃等生活无着的老年人，由地方各级人民政府依照有关规定给予救助。

第三十二条 【住房照顾】地方各级人民政府在实施廉租住房、公共租赁住房等住房保障制度或者进行危旧房屋改造时，应当优先照顾符合条件的老年人。

第三十三条 【老年人福利制度】国家建立和完善老年人福利制度，根据经济社会发展水平和老年人的实际需要，增加老年人的社会福利。

国家鼓励地方建立八十周岁以上低收入老年人高龄津贴制度。

国家建立和完善计划生育家庭老年人扶助制度。

农村可以将未承包的集体所有的部分土地、山林、水面、滩涂等作为养老基地，收益供老年人养老。

第三十四条 【足额支付养老待遇、提高保障水平】老年人依法享有的养老金、医疗待遇和其他待遇应当得到保障，有关机构必须按时足额支付，不得克扣、拖欠或者挪用。

国家根据经济发展以及职工平均工资增长、物价上涨等情况，适时提高养老保障水平。

第三十五条 【鼓励慈善】国家鼓励慈善组织以及其他组织和个人为老年人提供物质帮助。

第三十六条 【遗赠扶养协议】老年人可以与集体经济组织、基层群众性自治组织、养老机构等组织或者个人签订遗赠扶养协议或者其他扶助协议。

负有扶养义务的组织或者个人按照遗赠扶养协议，承担该老年人生养死葬的义务，享有受遗赠的权利。

……

# 企业职工基本养老保险病残津贴暂行办法

（2024年9月27日 人社部发〔2024〕72号）

**第一条** 为对因病或者非因工致残完全丧失劳动能力（以下简称完全丧失劳动能力）的企业职工基本养老保险（以下简称基本养老保险）参保人员（以下简称参保人员）给予适当帮助，根据《中华人民共和国社会保险法》，制定本办法。

**第二条** 参保人员达到法定退休年龄前因病或者非因工致残经鉴定为完全丧失劳动能力的，可以申请按月领取病残津贴。

**第三条** 参保人员申请病残津贴时，累计缴费年限（含视同缴费年限，下同）满领取基本养老金最低缴费年限且距离法定退休年龄5年（含）以内的，病残津贴月标准执行参保人员待遇领取地退休人员基本养老金计发办法，并在国家统一调整基本养老金水平时按待遇领取地退休人员政策同步调整。

领取病残津贴人员达到法定退休年龄时，应办理退休手续，基本养老金不再重新计算。符合弹性提前退休条件的，可申请弹性提前退休。

**第四条** 参保人员申请病残津贴时，累计缴费年限满领取基本养老金最低缴费年限且距离法定退休年龄5年以上的，病残津贴月标准执行参保人员待遇领取地退休人员基础养老金计发办法，并在国家统一调整基本养老金水平时按照基本养老金全国总体调整比例同步调整。

参保人员距离法定退休年龄5年时，病残津贴重新核算，按第三条规定执行。

**第五条** 参保人员申请病残津贴时，累计缴费年限不满领取基本养老金最低缴费年限的，病残津贴月标准执行参保人员待遇领取地退休人员基础养老金计发办法，并在国家统一调整基本养老金水平时按照基本养老金全国总体调整比例同步调整。参保人员累计缴费年限不足5年的，支付12个月的病残津贴；累计缴费年限满5年以上的，每多缴费1年（不满1年按1年计算），增加3个月的病残津贴。

**第六条** 病残津贴所需资金由基本养老保险基金支付。

**第七条** 参保人员申请领取病残津贴，按国家基本养老保险有关规定确定待遇领取地，并将基本养老保险关系归集至待遇领取地，应在待遇领取地申请领取病残津贴。

**第八条** 参保人员领取病残津贴期间，不再缴纳基本养老保险费。继续就业并按国家规定缴费的，自恢复缴费次月起，停发病残津贴。

**第九条** 参保人员领取病残津贴期间死亡的，其遗属待遇按在职人员标准执行。

**第十条** 申请领取病残津贴人员应持有待遇领取地或最后参保地地级（设区市）以上劳动能力鉴定机构作出的完全丧失劳动能力鉴定结论。完全丧失劳动能力鉴定结论一年内有效。劳动能力鉴定标准和流程按照国家现行鉴定标准和政策执行。因不符合完全丧失劳动能力而不能领取病残津贴的，再次申请劳动能力鉴定应自上次劳动能力鉴定结论作出之日起一年后。劳动能力鉴定所需经费列入同级人力资源社会保障行政部门预算。

**第十一条** 建立病残津贴领取人员劳动能力复查鉴定制度，由省级人力资源社会保障行政部门负责组织实施。劳动能力鉴定机构提供技术支持，所需经费列入同级人力资源社会保障行政部门预算。经复查鉴定不符合完全丧失劳动能力的，自做出复查鉴定结论的次月起停发病残津贴。对于无正当理由不按时参加复查鉴定的病残津贴领取人员,自告知应复查鉴定的60日后暂停发放病残津贴,经复查鉴定为完全丧失劳动能力的,恢复其病残津贴,自暂停发放之日起补发。具体办法另行制定。

**第十二条** 省级人力资源社会保障行政部门负责病残津贴领取资格审核确定,可委托地市级人力资源社会保障行政部门进行初审。审核通过后符合领取条件的人员,从本人申请的次月发放病残津贴,通过参保人员社会保障卡银行账户发放。在做出正式审核决定前,需经过参保人员本人工作或生活场所及人力资源社会保障部门政府网站进行不少于5个工作日的公示,并告知本人相关政策及权益。

**第十三条** 以欺诈、伪造证明材料或者其他手段骗取病残津贴的,由人力资源社会保障行政部门责令退回,并按照有关法律规定追究相关人员责任。

**第十四条** 本办法自2025年1月1日起实施。各地区企业职工因病或非因工完全丧失劳动能力退休和退职政策从本办法实施之日起停止执行。本办法实施前,参保人员已按规定领取病退、退职待遇,本办法实施后原则上继续领取相关待遇。

# 城乡养老保险制度衔接暂行办法

(2014年2月24日 人社部发〔2014〕17号)

**第一条** 为了解决城乡养老保险制度衔接问题,维护参保人员的养老保险权益,依据《中华人民共和国社会保险法》和《实施〈中华人民共和国社会保险法〉若干规定》(人力资源和社会保障部令第13号)的规定,制定本办法。

**第二条** 本办法适用于参加城镇职工基本养老保险(以下简称城镇职工养老保险)、城乡居民基本养老保险(以下简称城乡居民养老保险)两种制度需要办理衔接手续的人员。已经按照国家规定领取养老保险待遇的人员,不再办理城乡养老保险制度衔接手续。

第三条 参加城镇职工养老保险和城乡居民养老保险人员,达到城镇职工养老保险法定退休年龄后,城镇职工养老保险缴费年限满15年(含延长缴费至15年)的,可以申请从城乡居民养老保险转入城镇职工养老保险,按照城镇职工养老保险办法计发相应待遇;城镇职工养老保险缴费年限不足15年的,可以申请从城镇职工养老保险转入城乡居民养老保险,待达到城乡居民养老保险规定的领取条件时,按照城乡居民养老保险办法计发相应待遇。

第四条 参保人员需办理城镇职工养老保险和城乡居民养老保险制度衔接手续的,先按城镇职工养老保险有关规定确定待遇领取地,并将城镇职工养老保险的养老保险关系归集至待遇领取地,再办理制度衔接手续。

参保人员申请办理制度衔接手续时,从城乡居民养老保险转入城镇职工养老保险的,在城镇职工养老保险待遇领取地提出申请办理;从城镇职工养老保险转入城乡居民养老保险的,在转入城乡居民养老保险待遇领取地提出申请办理。

第五条 参保人员从城乡居民养老保险转入城镇职工养老保险的,城乡居民养老保险个人账户全部储存额并入城镇职工养老保险个人账户,城乡居民养老保险缴费年限不合并计算或折算为城镇职工养老保险缴费年限。

第六条 参保人员从城镇职工养老保险转入城乡居民养老保险的,城镇职工养老保险个人账户全部储存额并入城乡居民养老保险个人账户,参加城镇职工养老保险的缴费年限合并计算为城乡居民养老保险的缴费年限。

第七条 参保人员若在同一年度内同时参加城镇职工养老保险和城乡居民养老保险的,其重复缴费时段(按月计算,下同)只计算城镇职工养老保险缴费年限,并将城乡居民养老保险重复缴费时段相应个人缴费和集体补助退还本人。

第八条 参保人员不得同时领取城镇职工养老保险和城乡居民养老保险待遇。对于同时领取城镇职工养老保险和城乡居民养老保险待遇的，终止并解除城乡居民养老保险关系，除政府补贴外的个人账户余额退还本人，已领取的城乡居民养老保险基础养老金应予以退还；本人不予退还的，由社会保险经办机构负责从城乡居民养老保险个人账户余额或者城镇职工养老保险基本养老金中抵扣。

**第九条** 参保人员办理城乡养老保险制度衔接手续时，按下列程序办理：

（一）由参保人员本人向待遇领取地社会保险经办机构提出养老保险制度衔接的书面申请。

（二）待遇领取地社会保险经办机构受理并审核参保人员书面申请，对符合本办法规定条件的，在15个工作日内，向参保人员原城镇职工养老保险、城乡居民养老保险关系所在地社会保险经办机构发出联系函，并提供相关信息；对不符合本办法规定条件的，向申请人作出说明。

（三）参保人员原城镇职工养老保险、城乡居民养老保险关系所在地社会保险经办机构在接到联系函的15个工作日内，完成制度衔接的参保缴费信息传递和基金划转手续。

（四）待遇领取地社会保险经办机构收到参保人员原城镇职工养老保险、城乡居民养老保险关系所在地社会保险经办机构转移的资金后，应在15个工作日内办结有关手续，并将情况及时通知申请人。

**第十条** 健全完善全国县级以上社会保险经办机构联系方式信息库，并向社会公布，方便参保人员办理城乡养老保险制度衔接手续。建立全国统一的基本养老保险参保缴费信息查询服务系统，进一步完善全国社会保险关系转移系统，加快普及全国通用的社会保障卡，为参保人员查询参保缴费信息、办理城乡养老保险制度衔接提供便捷有效的技术服务。

**第十一条** 本办法从2014年7月1日起施行。各地已出台政策与本办法不符的，以本办法规定为准。

# 城乡养老保险制度衔接经办规程（试行）

(2014年2月24日　人社厅发〔2014〕25号)

**第一条**　为统一和规范城乡养老保险制度衔接业务经办程序，根据《城乡养老保险制度衔接暂行办法》，制定本规程。

**第二条**　本规程适用于参加城镇职工基本养老保险（以下简称城镇职工养老保险）、城乡居民基本养老保险（以下简称城乡居民养老保险）两种制度的人员办理跨制度衔接养老保险关系。

**第三条**　县级以上社会保险经办机构（以下简称社保机构）负责城乡养老保险制度衔接业务经办。

**第四条**　参保人员达到城镇职工养老保险法定退休年龄，如有分别参加城镇职工养老保险、城乡居民养老保险情形，在申请领取养老保险待遇前，向待遇领取地社保机构申请办理城乡养老保险制度衔接手续。

（一）城镇职工养老保险缴费年限满15年（含延长缴费至15年）的，应向城镇职工养老保险待遇领取地社保机构申请办理从城乡居民养老保险转入城镇职工养老保险。

（二）城镇职工养老保险缴费年限不足15年或按规定延长缴费仍不足15年的，应向城乡居民养老保险待遇领取地社保机构申请办理从城镇职工养老保险转入城乡居民养老保险。

**第五条**　办理参保人员城镇职工养老保险和城乡居民养老保险制度衔接手续的，社保机构应首先按照《国务院办公厅关于转发人力资源社会保障部财政部城镇企业职工基本养老保险关系跨省转移接续暂行办法的通知》（国办发〔2009〕66号）等有关规定，确定城镇职工养老保险待遇领取地，由城镇职工养老保险待遇领取地

（即城镇职工养老保险关系归集地）负责归集参保人员城镇职工养老保险关系，告知参保人员办理相关手续，并为其开具包含各参保地缴费年限的《城镇职工基本养老保险参保缴费凭证》（附件1，简称《参保缴费凭证》）。

**第六条** 参保人员办理城乡居民养老保险转入城镇职工养老保险，按以下程序办理相关手续：

（一）参保人员向城镇职工养老保险待遇领取地社保机构提出转入申请，填写《城乡养老保险制度衔接申请表》（附件2，以下简称《申请表》），出示社会保障卡或居民身份证并提交复印件。

参保人员户籍地与城镇职工养老保险待遇领取地为不同统筹地区的，可就近向户籍地负责城乡居民养老保险的社保机构提出申请，填写《申请表》，出示社会保障卡或居民身份证，并提交复印件。户籍地负责城乡居民养老保险的社保机构应及时将相关材料传送给其城镇职工养老保险待遇领取地社保机构。

（二）城镇职工养老保险待遇领取地社保机构受理并审核《申请表》及相关资料，对符合制度衔接办法规定条件的，应在15个工作日内，向参保人员城乡居民养老保险关系所在地社保机构发出《城乡养老保险制度衔接联系函》（附件3，以下简称《联系函》）。不符合制度衔接办法规定条件的，应向参保人员作出说明。

（三）城乡居民养老保险关系所在地社保机构在收到《联系函》之日起的15个工作日内办结以下手续：

1. 核对参保人员有关信息并生成《城乡居民基本养老保险信息表》（附件4），传送给城镇职工养老保险待遇领取地社保机构；

2. 办理基金划转手续；

3. 终止参保人员在本地的城乡居民养老保险关系。

（四）城镇职工养老保险待遇领取地社保机构在收到《城乡居民基本养老保险信息表》和转移基金后的15个工作日内办结以下手续：

1. 核对《城乡居民基本养老保险信息表》及转移基金额；

2. 录入参保人员城乡居民养老保险相关信息；

3. 确定重复缴费时段及金额，按规定将城乡居民养老保险重复缴费时段相应个人缴费和集体补助（含社会资助，下同）予以清退；

4. 合并记录参保人员个人账户；

5. 将办结情况告知参保人员。

**第七条** 参保人员办理城镇职工养老保险转入城乡居民养老保险，按以下程序办理相关手续：

（一）参保人员向城乡居民养老保险待遇领取地社保机构提出申请，填写《申请表》，出示社会保障卡或居民身份证并提交复印件，提供城镇职工养老保险关系归集地开具的《参保缴费凭证》。

（二）城乡居民养老保险待遇领取地社保机构受理并审核《申请表》及相关资料，对符合制度衔接办法规定条件的，应在15个工作日内，向城镇职工养老保险关系归集地社保机构发出《联系函》。对不符合制度衔接办法规定条件的，应向参保人员作出说明。

（三）城镇职工养老保险关系归集地社保机构收到《联系函》之日起的15个工作日内，办结以下手续：

1. 生成《城镇职工基本养老保险信息表》（附件5），传送给城乡居民养老保险待遇领取地社保机构；

2. 办理基金划转手续；

3. 终止参保人员在本地的城镇职工养老保险关系。

（四）城乡居民养老保险关系所在地社保机构在收到《城镇职工基本养老保险信息表》和转移基金后的15个工作日内办结以下手续：

1. 核对《城镇职工基本养老保险信息表》及转移基金额；

2. 录入参保人员城镇职工养老保险相关信息；

3. 确定重复缴费时段及金额，按规定予以清退；

4. 合并记录参保人员个人账户；

5. 将办结情况告知参保人员。

**第八条** 参保人员存在同一年度内同时参加城镇职工养老保险和城乡居民养老保险情况的，由转入地社保机构清退城乡居民养老保险重复缴费时段相应的个人缴费和集体补助，按以下程序办理：

（一）进行信息比对，确定重复缴费时段。重复时段为城乡居民养老保险各年度与城镇职工养老保险重复缴费的月数。

（二）确定重复缴费清退金额，生成并打印《城乡养老保险重复缴费清退表》（附件6）。重复缴费清退金额计算方法：

年度重复缴费清退金额=（年度个人缴费本金+年度集体补助本金）/12×重复缴费月数；

清退总额=各年度重复缴费清退金额之和。

（三）将重复缴费清退金额退还参保人员，并将有关情况通知本人。

**第九条** 参保人员同时领取城镇职工养老保险和城乡居民养老保险待遇的，由城乡居民养老保险待遇领取地社保机构负责终止其城乡居民养老保险关系，核定重复领取的城乡居民养老保险基础养老金金额，通知参保人员退还。参保人员退还后，将其城乡居民养老保险个人账户余额（扣除政府补贴，下同）退还本人。

参保人员不退还重复领取的城乡居民养老保险基础养老金的，城乡居民养老保险待遇领取地社保机构从其城乡居民养老保险个人账户余额中抵扣，抵扣后的个人账户余额退还本人。

参保人员个人账户余额不足抵扣的，城乡居民养老保险待遇领取地社保机构向其领取城镇职工养老保险待遇的社保机构发送《重复领取养老保险待遇协助抵扣通知单》（附件7），通知其协助抵扣。

参保人员城镇职工养老保险待遇领取地社保机构完成抵扣后，应将协助抵扣款项全额划转至城乡居民养老保险待遇地社保机构指定银行账户，同时传送《重复领取养老保险待遇协助抵扣回执》（见附件7）。

**第十条** 负责城镇职工养老保险、城乡居民养老保险的社保机构办理参保人员城乡养老保险制度衔接手续后，应将参保人员有关信息予以保留和备份。

**第十一条** 人力资源和社会保障部建立健全完善全国县级以上社保机构联系方式信息库，并向社会公布相关信息。同时，进一步完善全国社会保险关系转移信息系统，各地社保机构应积极应用该系统开展城乡养老保险制度衔接业务。建立全国统一的基本养老保险参保缴费查询服务系统，加快普及全国通用的社会保障卡，为参保人员查询参保缴费信息、办理制度衔接提供便捷、高效的服务。

第十二条 本规程从 2014 年 7 月 1 日起施行。

第十三条 本规程由人力资源社会保障部负责解释。

附件：

1. 城镇职工基本养老保险参保缴费凭证（略）
2. 城乡养老保险制度衔接申请表（略）
3. 城乡养老保险制度衔接联系函（略）
4. 城乡居民基本养老保险信息表（略）
5. 城镇职工基本养老保险信息表（略）
6. 城乡养老保险重复缴费清退表（略）
7. 重复领取养老保险待遇协助抵扣通知单（略）

# 国务院办公厅关于转发人力资源社会保障部、财政部城镇企业职工基本养老保险关系转移接续暂行办法的通知

（2009 年 12 月 28 日　国办发〔2009〕66 号）

人力资源社会保障部、财政部《城镇企业职工基本养老保险关系转移接续暂行办法》已经国务院同意，现转发给你们，请结合实际，认真贯彻执行。

## 城镇企业职工基本养老保险关系转移接续暂行办法

**第一条** 为切实保障参加城镇企业职工基本养老保险人员（以下简称参保人员）的合法权益，促进人力资源合理配置和有序流动，

保证参保人员跨省、自治区、直辖市（以下简称跨省）流动并在城镇就业时基本养老保险关系的顺畅转移接续，制定本办法。

**第二条** 本办法适用于参加城镇企业职工基本养老保险的所有人员，包括农民工。已经按国家规定领取基本养老保险待遇的人员，不再转移基本养老保险关系。

**第三条** 参保人员跨省流动就业的，由原参保所在地社会保险经办机构（以下简称社保经办机构）开具参保缴费凭证，其基本养老保险关系应随同转移到新参保地。参保人员达到基本养老保险待遇领取条件的，其在各地的参保缴费年限合并计算，个人账户储存额（含本息，下同）累计计算；未达到待遇领取年龄前，不得终止基本养老保险关系并办理退保手续；其中出国定居和到香港、澳门、台湾地区定居的，按国家有关规定执行。

**第四条** 参保人员跨省流动就业转移基本养老保险关系时，按下列方法计算转移资金：

（一）个人账户储存额：1998年1月1日之前按个人缴费累计本息计算转移，1998年1月1日后按计入个人账户的全部储存额计算转移。

（二）统筹基金（单位缴费）：以本人1998年1月1日后各年度实际缴费工资为基数，按12%的总和转移，参保缴费不足1年的，按实际缴费月数计算转移。

**第五条** 参保人员跨省流动就业，其基本养老保险关系转移接续按下列规定办理：

（一）参保人员返回户籍所在地（指省、自治区、直辖市，下同）就业参保的，户籍所在地的相关社保经办机构应为其及时办理转移接续手续。

（二）参保人员未返回户籍所在地就业参保的，由新参保地的社保经办机构为其及时办理转移接续手续。但对男性年满50周岁和女性年满40周岁的，应在原参保地继续保留基本养老保险关系，同时在新参保地建立临时基本养老保险缴费账户，记录单位和个人全部缴费。参保人员再次跨省流动就业或在新参保地达到待遇领取条件时，将临时基本养老保险缴费账户中的全部缴费本息，转移归集到原参保地或待遇领取地。

（三）参保人员经县级以上党委组织部门、人力资源社会保障行政部门批准调动，且与调入单位建立劳动关系并缴纳基本养老保险费的，不受以上年龄规定限制，应在调入地及时办理基本养老保险关系转移接续手续。

第六条 跨省流动就业的参保人员达到待遇领取条件时，按下列规定确定其待遇领取地：

（一）基本养老保险关系在户籍所在地的，由户籍所在地负责办理待遇领取手续，享受基本养老保险待遇。

（二）基本养老保险关系不在户籍所在地，而在其基本养老保险关系所在地累计缴费年限满10年的，在该地办理待遇领取手续，享受当地基本养老保险待遇。

（三）基本养老保险关系不在户籍所在地，且在其基本养老保险关系所在地累计缴费年限不满10年的，将其基本养老保险关系转回上一个缴费年限满10年的原参保地办理待遇领取手续，享受基本养老保险待遇。

（四）基本养老保险关系不在户籍所在地，且在每个参保地的累计缴费年限均不满10年的，将其基本养老保险关系及相应资金归集到户籍所在地，由户籍所在地按规定办理待遇领取手续，享受基本养老保险待遇。

第七条 参保人员转移接续基本养老保险关系后，符合待遇领取条件的，按照《国务院关于完善企业职工基本养老保险制度的决定》（国发〔2005〕38号）的规定，以本人各年度缴费工资、缴费年限和待遇领取地对应的各年度在岗职工平均工资计算其基本养老金。

第八条 参保人员跨省流动就业的，按下列程序办理基本养老保险关系转移接续手续：

（一）参保人员在新就业地按规定建立基本养老保险关系和缴费后，由用人单位或参保人员向新参保地社保经办机构提出基本养老保险关系转移接续的书面申请。

（二）新参保地社保经办机构在15个工作日内，审核转移接续申请，对符合本办法规定条件的，向参保人员原基本养老保险关系所在地的社保经办机构发出同意接收函，并提供相关信息；对不符合转移接续条件的，向申请单位或参保人员作出书面说明。

（三）原基本养老保险关系所在地社保经办机构在接到同意接收函的15个工作日内，办理好转移接续的各项手续。

（四）新参保地社保经办机构在收到参保人员原基本养老保险关系所在地社保经办机构转移的基本养老保险关系和资金后，应在15个工作日内办结有关手续，并将确认情况及时通知用人单位或参保人员。

**第九条** 农民工中断就业或返乡没有继续缴费的，由原参保地社保经办机构保留其基本养老保险关系，保存其全部参保缴费记录及个人账户，个人账户储存额继续按规定计息。农民工返回城镇就业并继续参保缴费的，无论其回到原参保地就业还是到其他城镇就业，均按前述规定累计计算其缴费年限，合并计算其个人账户储存额，符合待遇领取条件的，与城镇职工同样享受基本养老保险待遇；农民工不再返回城镇就业的，其在城镇参保缴费记录及个人账户全部有效，并根据农民工的实际情况，或在其达到规定领取条件时享受城镇职工基本养老保险待遇，或转入新型农村社会养老保险。

农民工在城镇参加企业职工基本养老保险与在农村参加新型农村社会养老保险的衔接政策，另行研究制定。

**第十条** 建立全国县级以上社保经办机构联系方式信息库，并向社会公布，方便参保人员查询参保缴费情况，办理基本养老保险关系转移接续手续。加快建立全国统一的基本养老保险参保缴费信息查询服务系统，发行全国通用的社会保障卡，为参保人员查询参保缴费信息提供便捷有效的技术服务。

**第十一条** 各地已制定的跨省基本养老保险关系转移接续相关政策与本办法规定不符的，以本办法规定为准。在省、自治区、直辖市内的基本养老保险关系转移接续办法，由各省级人民政府参照本办法制定，并报人力资源社会保障部备案。

**第十二条** 本办法所称缴费年限，除另有特殊规定外，均包括视同缴费年限。

**第十三条** 本办法从2010年1月1日起施行。

# 人力资源社会保障部关于城镇企业职工基本养老保险关系转移接续若干问题的通知

(2016年11月28日 人社部规〔2016〕5号)

各省、自治区、直辖市及新疆生产建设兵团人力资源社会保障厅（局）：

国务院办公厅转发的人力资源社会保障部、财政部《城镇企业职工基本养老保险关系转移接续暂行办法》（国办发〔2009〕66号，以下简称《暂行办法》）实施以来，跨省流动就业人员的养老保险关系转移接续工作总体运行平稳，较好地保障了参保人员的养老保险权益。但在实施过程中，也出现了一些新情况和新问题，导致部分参保人员养老保险关系转移接续存在困难。为进一步做好城镇企业职工养老保险关系转移接续工作，现就有关问题通知如下：

一、关于视同缴费年限计算地问题。参保人员待遇领取地按照《暂行办法》第六条和第十二条执行，即，基本养老保险关系在户籍所在地的，由户籍所在地负责办理待遇领取手续；基本养老保险关系不在户籍所在地，而在其基本养老保险关系所在地累计缴费年限满10年的，在该地办理待遇领取手续；基本养老保险关系不在户籍所在地，且在其基本养老保险关系所在地累计缴费年限不满10年的，将其基本养老保险关系转回上一个缴费年限满10年的原参保地办理待遇领取手续；基本养老保险关系不在户籍所在地，且在每个参保地的累计缴费年限均不满10年的，将其基本养老保险关系及相应资金归集到户籍所在地，由户籍所在地按规定办理待遇领取手续。缴费年限，除另有特殊规定外，均包括视同缴费年限。

一地（以省、自治区、直辖市为单位）的累计缴费年限包括在本地的实际缴费年限和计算在本地的视同缴费年限。其中，曾经在机关事业单位和企业工作的视同缴费年限，计算为当时工作地的视同缴费年限；在多地有视同缴费年限的，分别计算为各地的视同缴费年限。

二、关于缴费信息历史遗留问题的处理。由于各地政策或建立个人账户时间不一致等客观原因，参保人员在跨省转移接续养老保险关系时，转出地无法按月提供1998年1月1日之前缴费信息或者提供的1998年1月1日之前缴费信息无法在转入地计发待遇的，转入地应根据转出地提供的缴费时间记录，结合档案记载将相应年度计为视同缴费年限。

三、关于临时基本养老保险缴费账户的管理。参保人员在建立临时基本养老保险缴费账户地按照社会保险法规定，缴纳建立临时基本养老保险缴费账户前应缴未缴的养老保险费的，其临时基本养老保险缴费账户性质不予改变，转移接续养老保险关系时按照临时基本养老保险缴费账户的规定全额转移。

参保人员在建立临时基本养老保险缴费账户期间再次跨省流动就业的，封存原临时基本养老保险缴费账户，待达到待遇领取条件时，由待遇领取地社会保险经办机构统一归集原临时养老保险关系。

四、关于一次性缴纳养老保险费的转移。跨省流动就业人员转移接续养老保险关系时，对于符合国家规定一次性缴纳养老保险费超过3年（含）的，转出地应向转入地提供人民法院、审计部门、实施劳动保障监察的行政部门或劳动争议仲裁委员会出具的具有法律效力证明一次性缴费期间存在劳动关系的相应文书。

五、关于重复领取基本养老金的处理。《暂行办法》实施之后重复领取基本养老金的参保人员，由本人与社会保险经办机构协商确定保留其中一个养老保险关系并继续领取待遇，其他的养老保险关系应予以清理，个人账户剩余部分一次性退还本人。

六、关于退役军人养老保险关系转移接续。军人退役基本养老保险关系转移至安置地后，安置地应为其办理登记手续并接续养老保险关系，退役养老保险补助年限计算为安置地的实际参保缴费年限。

退役军人跨省流动就业的，其在1998年1月1日至2005年12

月31日间的退役养老保险补助,转出地应按11%计算转移资金,并相应调整个人账户记录,所需资金从统筹基金中列支。

七、关于城镇企业成建制跨省转移养老保险关系的处理。城镇企业成建制跨省转移,按照《暂行办法》的规定转移接续养老保险关系。在省级政府主导下的规模以上企业成建制转移,可根据两省协商,妥善转移接续养老保险关系。

八、关于户籍所在地社会保险经办机构归集责任。跨省流动就业人员未在户籍地参保,但按国家规定达到待遇领取条件时待遇领取地为户籍地的,户籍地社会保险经办机构应为参保人员办理登记手续并办理养老保险关系转移接续手续,将各地的养老保险关系归集至户籍地,并核发相应的养老保险待遇。

九、本通知从印发之日起执行。人力资源社会保障部《关于贯彻落实国务院办公厅转发城镇企业职工基本养老保险关系转移接续暂行办法的通知》(人社部发〔2009〕187号)、《关于印发城镇企业职工基本养老保险关系转移接续若干具体问题意见的通知》(人社部发〔2010〕70号)、《人力资源社会保障部办公厅关于职工基本养老保险关系转移接续有关问题的函》(人社厅函〔2013〕250号)与本通知不一致的,以本通知为准。参保人员已经按照原有规定办理退休手续的,不再予以调整。

# 人力资源社会保障部办公厅关于职工基本养老保险关系转移接续有关问题的补充通知

(2019年9月29日 人社厅发〔2019〕94号)

各省、自治区、直辖市及新疆生产建设兵团人力资源社会保障厅(局):

为加强人社系统行风建设,提升服务水平,更好保障流动就业人员养老保险权益及基金安全,现就进一步做好职工基本养老保险关系转移接续工作有关问题补充通知如下:

一、参保人员跨省转移接续基本养老保险关系时,对在《人力资源社会保障部关于城镇企业职工基本养老保险关系转移接续若干问题的通知》(人社部规〔2016〕5号,简称部规5号)实施之前发生的超过3年(含3年)的一次性缴纳养老保险费,转出地社会保险经办机构(简称转出地)应当向转入地社会保险经办机构(简称转入地)提供书面承诺书(格式附后)。

二、参保人员跨省转移接续基本养老保险关系时,对在部规5号实施之后发生的超过3年(含3年)的一次性缴纳养老保险费,由转出地按照部规5号有关规定向转入地提供相关法律文书。相关法律文书是由人民法院、审计部门、实施劳动监察的行政部门或劳动人事争议仲裁委员会等部门在履行各自法定职责过程中形成且产生于一次性缴纳养老保险费之前,不得通过事后补办的方式开具。转出地和转入地应当根据各自职责审核相关材料的规范性和完整性,核对参保人员缴费及转移信息。

三、因地方自行出台一次性缴纳养老保险费政策或因无法提供有关材料造成无法转移的缴费年限和资金,转出地应自收到转入地联系函10个工作日内书面告知参保人员,并配合一次性缴纳养老保险费发生地(简称补缴发生地)妥善解决后续问题。对其余符合国家转移接续规定的养老保险缴费年限和资金,应做到应转尽转。

四、参保人员与用人单位劳动关系存续期间,因用人单位经批准暂缓缴纳社会保险费,导致出现一次性缴纳养老保险费的,在参保人员跨省转移接续养老保险关系时,转出地应向转入地提供缓缴协议、补缴欠费凭证等相关材料。转入地核实确认后应予办理。

五、社会保险费征收机构依据社会保险法等有关规定,受理参保人员投诉、举报,依法查处用人单位未按时足额缴纳养老保险费并责令补缴导致一次性缴纳养老保险费超过3年(含3年)的,在参保人员跨省转移接续基本养老保险关系时,由转出地负责提供社会保险费征收机构责令补缴时出具的相关文书，转入地核实确认后应予办理。

六、退役士兵根据《中共中央办公厅国务院办公厅印发〈关于解决部分退役士兵社会保险问题的意见〉的通知》的规定补缴养老保险费的，在跨省转移接续基本养老保险关系时，由转出地负责提供办理补缴养老保险费时退役军人事务部门出具的补缴认定等材料，转入地核实确认后应予办理，同时做好退役士兵人员标识。

七、参保人员重复领取职工基本养老保险待遇（包括企业职工基本养老保险待遇和机关事业单位工作人员基本养老保险待遇，下同）的，由社会保险经办机构与本人协商确定保留其中一个基本养老保险关系并继续领取待遇，其他的养老保险关系应予以清理，个人账户剩余部分一次性退还给本人，重复领取的基本养老保险待遇应予退还。本人不予退还的，从其被清理的养老保险个人账户余额中抵扣。养老保险个人账户余额不足以抵扣重复领取的基本养老保险待遇的，从继续发放的基本养老金中按照一定比例逐月进行抵扣，直至重复领取的基本养老保险待遇全部退还。《国务院办公厅关于转发人力资源社会保障部财政部城镇企业职工基本养老保险关系转移接续暂行办法的通知》（国办发〔2009〕66号）实施之前已经重复领取待遇的，仍按照《人力资源社会保障部关于贯彻落实国务院办公厅转发城镇企业职工基本养老保险关系转移接续暂行办法的通知》（人社部发〔2009〕187号）有关规定执行。

参保人员重复领取职工基本养老保险待遇和城乡居民基本养老保险待遇的，社会保险经办机构应终止并解除其城乡居民基本养老保险关系，除政府补贴外的个人账户余额退还本人。重复领取的城乡居民基本养老保险基础养老金应予退还；本人不予退还的，由社会保险经办机构从其城乡居民基本养老保险个人账户余额或者其继续领取的职工基本养老保险待遇中抵扣。

八、各级社会保险经办机构要统一使用全国社会保险关系转移系统办理养老保险关系转移接续业务、传递相关表单和文书，减少无谓证明材料。要提高线上经办业务能力，充分利用互联网、12333

电话、手机 APP 等为参保人员提供快速便捷服务，努力实现"最多跑一次"。

各级人力资源社会保障部门养老保险跨层级、跨业务涉及的相关数据和材料要努力实现互联互通，对可实现信息共享的，不得要求参保单位或参保人员重复提供。跨省转移接续基本养老保险关系时一次性缴纳养老保险费需向转入地提供的书面承诺书、相关法律文书等，不得要求参保人员个人提供，原则上由转出地负责。其中，转出地与补缴发生地不一致的，由补缴发生地社会保险经办机构经由转出地提供。

九、各级社会保险经办机构要完善经办规定，规范经办流程，严格内部控制，确保依法依规转移接续参保人员养老保险关系。各省级社会保险经办机构应当认真核查转移接续业务中存在的一次性缴纳养老保险费情况，按季度利用大数据进行比对。发现疑似异常数据和业务的，应当进行核实和处理，并形成核实情况报告报部社保中心；未发现异常数据和业务的，作零报告。发现疑似转移接续造假案例的，应当在10个工作日内上报部社保中心进行核实。部社保中心按季度对养老保险关系转移接续业务进行抽查。

十、要加强对跨省转移接续基本养老保险关系业务的监管，严肃查处欺诈骗保、失职渎职等行为，防控基金风险。对地方违规出台一次性缴纳养老保险费政策的，按照国家有关规定严肃处理。对社会保险经办机构工作人员违规操作、提供不实书面承诺书、参与伪造相关法律文书等材料的，由人力资源社会保障行政部门责令改正，对直接负责的主管人员和其他责任人员依法依规给予处分。发现参保单位或参保人员通过伪造相关文书材料等方式办理养老保险参保缴费、转移接续基本养老保险关系的，由人力资源社会保障行政部门责令清退相应时间段养老保险关系，构成骗取养老保险待遇的，按照社会保险法等有关规定处理。

**附件：**一次性缴纳养老保险费书面承诺书（格式）

附件：

# 一次性缴纳养老保险费书面承诺书（格式）

账户类别：一般账户 [     ]      临时账户 [     ]

| 参保人员基本信息 | 姓名 | | 性别 | | 出生日期 | |
|---|---|---|---|---|---|---|
| | 身份证号码 | | 户籍地地址 | | | |
| 养老保险一次性缴费及转移接续情况 | 转入地 | | 转出地 | | 补缴发生地 | |
| | 缴费经办时参保人员身份 | | 缴费申报单位 | | | |
| | 一次性缴费时间段 | | | | | |
| | 补缴原因及政策依据 | | | | | |
| | 一次性缴费年限（合计） | | | 缴费经办时间 | | |
| | 缴费经办人姓名 | | | 缴费经办人联系方式 | | |

续表

| 书面承诺 | 本经办机构及工作人员承诺，参保人员＿＿＿＿的养老保险一次性缴费及转移接续均符合国家政策规定，经办操作合法合规。如有违反国家政策法规违规办理情况，一经查实，严格按照国家有关法律、法规和政策规定承担相应责任。<br><br>经办人：　　一次性缴费经办机构法定代表人：<br>（签名）　　　　（签名）<br><br>（加盖公章）<br>年 月 日　　年 月 日 |
|---|---|
| 备注 | |

# 个人养老金实施办法

（2022年10月26日　人社部发〔2022〕70号）

## 第一章　总　　则

**第一条**　为贯彻落实《国务院办公厅关于推动个人养老金发展的意见》（国办发〔2022〕7号），加强个人养老金业务管理，规范个人养老金运作流程，制定本实施办法。

**第二条**　个人养老金是指政府政策支持、个人自愿参加、市场化运营、实现养老保险补充功能的制度。个人养老金实行个人账户制，缴费完全由参加人个人承担，自主选择购买符合规定的储蓄存款、理财产品、商业养老保险、公募基金等金融产品（以下统称个人养老金产品），实行完全积累，按照国家有关规定享受税收优惠政策。

**第三条** 本实施办法适用于个人养老金的参加人、人力资源社会保障部组织建设的个人养老金信息管理服务平台（以下简称信息平台）、金融行业平台、参与金融机构和相关政府部门等。

个人养老金的参加人应当是在中国境内参加城镇职工基本养老保险或者城乡居民基本养老保险的劳动者。金融行业平台为金融监管部门组织建设的业务信息平台。参与金融机构包括经中国银行保险监督管理委员会确定开办个人养老金资金账户业务的商业银行（以下简称商业银行），以及经金融监管部门确定的个人养老金产品发行机构和销售机构。

**第四条** 信息平台对接商业银行和金融行业平台，以及相关政府部门，为个人养老金实施、参与部门职责内监管和政府宏观指导提供支持。

信息平台通过国家社会保险公共服务平台、全国人力资源和社会保障政务服务平台、电子社保卡、掌上12333APP等全国统一线上服务入口或者商业银行等渠道，为参加人提供个人养老金服务，支持参加人开立个人养老金账户，查询个人养老金资金账户缴费额度、个人资产信息和个人养老金产品等信息，根据参加人需要提供涉税凭证。

**第五条** 各参与部门根据职责，对个人养老金的实施情况、参与金融机构和个人养老金产品等进行监管。各地区要加强领导、周密部署、广泛宣传，稳妥有序推动个人养老金发展。

## 第二章 参加流程

**第六条** 参加人参加个人养老金，应当通过全国统一线上服务入口或者商业银行渠道，在信息平台开立个人养老金账户；其他个人养老金产品销售机构可以通过商业银行渠道，协助参加人在信息平台在线开立个人养老金账户。

个人养老金账户用于登记和管理个人身份信息，并与基本养老保险关系关联，记录个人养老金缴费、投资、领取、抵扣和缴纳个人所得税等信息，是参加人参加个人养老金、享受税收优惠政策的基础。

**第七条** 参加人可以选择一家商业银行开立或者指定本人唯一的个人养老金资金账户，也可以通过其他符合规定的个人养老金产品销售机构指定。

个人养老金资金账户作为特殊专用资金账户，参照个人人民币银行结算账户项下Ⅱ类户进行管理。个人养老金资金账户与个人养老金账户绑定，为参加人提供资金缴存、缴费额度登记、个人养老金产品投资、个人养老金支付、个人所得税税款支付、资金与相关权益信息查询等服务。

**第八条** 参加人每年缴纳个人养老金额度上限为12000元，参加人每年缴费不得超过该缴费额度上限。人力资源社会保障部、财政部根据经济社会发展水平、多层次养老保险体系发展情况等因素适时调整缴费额度上限。

**第九条** 参加人可以按月、分次或者按年度缴费，缴费额度按自然年度累计，次年重新计算。

**第十条** 参加人自主决定个人养老金资金账户的投资计划，包括个人养老金产品的投资品种、投资金额等。

**第十一条** 参加人可以在不同商业银行之间变更其个人养老金资金账户。参加人办理个人养老金资金账户变更时，应向原商业银行提出，经信息平台确认后，在新商业银行开立新的个人养老金资金账户。

参加人在个人养老金资金账户变更后，信息平台向原商业银行提供新的个人养老金资金账户及开户行信息，向新商业银行提供参加人当年剩余缴费额度信息。参与金融机构按照参加人的要求和相关业务规则，为参加人办理原账户内资金划转及所持有个人养老金产品转移等手续。

**第十二条** 个人养老金资金账户封闭运行，参加人达到以下任一条件的，可以按月、分次或者一次性领取个人养老金。

（一）达到领取基本养老金年龄；
（二）完全丧失劳动能力；

（三）出国（境）定居；

（四）国家规定的其他情形。

**第十三条** 参加人已领取基本养老金的，可以向商业银行提出领取个人养老金。商业银行受理后，应通过信息平台核验参加人的领取资格，获取参加人本人社会保障卡银行账户，按照参加人选定的领取方式，完成个人所得税代扣后，将资金划转至参加人本人社会保障卡银行账户。

参加人符合完全丧失劳动能力、出国（境）定居或者国家规定的其他情形等领取个人养老金条件的，可以凭劳动能力鉴定结论书、出国（境）定居证明等向商业银行提出。商业银行审核并报送信息平台核验备案后，为参加人办理领取手续。

**第十四条** 鼓励参加人长期领取个人养老金。

参加人按月领取时，可以按照基本养老保险确定的计发月数逐月领取，也可以按照自己选定的领取月数逐月领取，领完为止；或者按照自己确定的固定额度逐月领取，领完为止。

参加人选取分次领取的，应选定领取期限，明确领取次数或方式，领完为止。

**第十五条** 参加人身故的，其个人养老金资金账户内的资产可以继承。

参加人出国（境）定居、身故等原因社会保障卡被注销的，商业银行将参加人个人养老金资金账户内的资金转至其本人或者继承人指定的资金账户。

**第十六条** 参加人完成个人养老金资金账户内资金（资产）转移，或者账户内的资金（资产）领取完毕的，商业银行注销该资金账户。

## 第三章　信息报送和管理

**第十七条** 信息平台对个人养老金账户及业务数据实施统一集中管理，与基本养老保险信息、社会保障卡信息关联，支持制度实施监控、决策支持等。

**第十八条** 商业银行应及时将个人养老金资金账户相关信息报送至信息平台。具体包括：

（一）个人基本信息。包括个人身份信息、个人养老金资金账户信息等；

（二）相关产品投资信息。包括产品交易信息、资产信息；

（三）资金信息。包括缴费信息、资金划转信息、相关资产转移信息、领取信息、缴纳个人所得税信息、资金余额信息等。

**第十九条** 商业银行根据业务流程和信息的时效性需要，按照实时核验、定时批量两类时效与信息平台进行交互，其中：

（一）商业银行在办理个人养老金资金账户开立、变更、注销和资金领取等业务时，实时核验参加人基本养老保险参保状态、个人养老金账户和资金账户唯一性，并报送有关信息；

（二）商业银行在办理完个人养老金资金账户开立、缴费、资金领取，以及提供与个人养老金产品交易相关的资金划转等服务后，定时批量报送相关信息。

**第二十条** 金融行业平台应及时将以下数据报送至信息平台。

（一）个人养老金产品发行机构、销售机构的基本信息；

（二）个人养老金产品的基本信息；

（三）参加人投资相关个人养老金产品的交易信息、资产信息数据等。

**第二十一条** 信息平台应当及时向商业银行和金融行业平台提供技术规范，确保对接顺畅。

推进信息平台与相关部门共享信息，为规范制度实施、实施业务监管、优化服务体验提供支持。

## 第四章　个人养老金资金账户管理

**第二十二条** 商业银行应完成与信息平台、金融行业平台的系统对接，经验收合格后办理个人养老金业务。

**第二十三条** 商业银行可以通过本机构柜面或者电子渠道，为参加人开立个人养老金资金账户。

商业银行为参加人开立个人养老金资金账户,应当通过信息平台完成个人养老金账户核验。

商业银行也可以核对参加人提供的由社会保险经办机构出具的基本养老保险参保证明或者个人权益记录单等相关材料,报经信息平台开立个人养老金账户后,为参加人开立个人养老金资金账户,并与个人养老金账户绑定。

第二十四条 参加人开立个人养老金资金账户时,应当按照金融监管部门要求向商业银行提供有效身份证件等材料。

商业银行为参加人开立个人养老金资金账户,应当严格遵守相关规定。

第二十五条 个人养老金资金账户应支持参加人通过商业银行结算账户、非银行支付机构、现金等途径缴费。商业银行应为参加人、个人养老金产品销售机构等提供与个人养老金产品交易相关的资金划转服务。

第二十六条 商业银行应实时登记个人养老金资金账户的缴费额度,对于超出当年缴费额度上限的,应予以提示,并不予受理。

第二十七条 商业银行应根据相关个人养老金产品交易结果,记录参加人交易产品信息。

第二十八条 商业银行应为参加人个人养老金资金账户提供变更服务,并协助做好新旧账户衔接和旧账户注销。原商业银行、新商业银行应通过信息平台完成账户核验、账户变更、资产转移、信息报送等工作。

第二十九条 商业银行应当区别处理转移资金,转移资金中的本年度缴费额度累计计算。

第三十条 个人养老金资金账户当日发生缴存业务的,商业银行不应为其办理账户变更手续。办理资金账户变更业务期间,原个人养老金资金账户不允许办理缴存、投资以及支取等业务。

第三十一条 商业银行开展个人养老金资金账户业务,应当公平对待符合规定的个人养老金产品发行机构和销售机构。

第三十二条 商业银行应保存个人养老金资金账户全部信息自账户注销日起至少十五年。

## 第五章 个人养老金机构与产品管理

第三十三条 个人养老金产品及其发行、销售机构由相关金融监管部门确定。个人养老金产品及其发行机构信息应当在信息平台和金融行业平台同日发布。

第三十四条 个人养老金产品应当具备运作安全、成熟稳定、标的规范、侧重长期保值等基本特征。

第三十五条 商业银行、个人养老金产品发行机构和销售机构应根据有关规定，建立健全业务管理制度，包括但不限于个人养老金资金账户服务、产品管理、销售管理、合作机构管理、信息披露等。商业银行发现个人养老金实施中存在违规行为、相关风险或者其他问题的，应及时向监管部门报告并依规采取措施。

第三十六条 个人养老金产品交易所涉及的资金往来，除另有规定外必须从个人养老金资金账户发起，并返回个人养老金资金账户。

第三十七条 个人养老金产品发行、销售机构应为参加人提供便利的购买、赎回等服务，在符合监管规则及产品合同的前提下，支持参加人进行产品转换。

第三十八条 个人养老金资金账户内未进行投资的资金按照商业银行与个人约定的存款利率及计息方式计算利息。

第三十九条 个人养老金产品销售机构要以"销售适当性"为原则，依法了解参加人的风险偏好、风险认知能力和风险承受能力，做好风险提示，不得主动向参加人推介超出其风险承受能力的个人养老金产品。

## 第六章 信息披露

第四十条 人力资源社会保障部、财政部汇总并披露个人养老金实施情况，包括但不限于参加人数、资金积累和领取、个人养老金产品的投资运作数据等情况。

**第四十一条** 信息披露应当以保护参加人利益为根本出发点，保证所披露信息的真实性、准确性、完整性，不得有虚假记载、误导性陈述和重大遗漏。

## 第七章 监督管理

**第四十二条** 人力资源社会保障部、财政部根据职责对个人养老金的账户设置、缴费额度、领取条件、税收优惠等制定具体政策并进行运行监管。税务部门依法对个人养老金实施税收征管。

**第四十三条** 人力资源社会保障部对信息平台的日常运行履行监管职责，规范信息平台与商业银行、金融行业平台、有关政府部门之间的信息交互流程。

**第四十四条** 人力资源社会保障部、财政部、税务部门在履行日常监管职责时，可依法采取以下措施：

（一）查询、记录、复制与被调查事项有关的个人养老金业务的各类合同等业务资料；

（二）询问与调查事项有关的机构和个人，要求其对有关问题做出说明、提供有关证明材料；

（三）其他法律法规和国家规定的措施。

**第四十五条** 中国银行保险监督管理委员会、中国证券监督管理委员会根据职责，分别制定配套政策，明确参与金融机构的名单、业务流程、个人养老金产品条件、监管信息报送等要求，规范银行保险机构个人养老金业务和个人养老金投资公募基金业务，对参与金融机构发行、销售个人养老金产品等经营活动依法履行监管职责，督促参与金融机构优化产品和服务，做好产品风险提示，加强投资者教育。

参与金融机构违反本实施办法的，中国银行保险监督管理委员会、中国证券监督管理委员会依法依规采取措施。

**第四十六条** 中国银行保险监督管理委员会、中国证券监督管理委员会对金融行业平台有关个人养老金业务的日常运营履行监管职责。

**第四十七条** 各参与部门要加强沟通，通过线上线下等多种途径，及时了解社会各方面对个人养老金的意见建议，处理个人养老金实施过程中的咨询投诉。

**第四十八条** 各参与机构应当积极配合检查，如实提供有关资料，不得拒绝、阻挠或者逃避检查，不得谎报、隐匿或者销毁相关证据材料。

**第四十九条** 参与机构违反本实施办法规定或者相关法律法规的，人力资源社会保障部、财政部、税务部门按照职责依法依规采取措施。

## 第八章 附 则

**第五十条** 中国银行保险监督管理委员会、人力资源社会保障部会同相关部门做好个人税收递延型商业养老保险试点与个人养老金的衔接。

**第五十一条** 本实施办法自印发之日起施行。

**第五十二条** 人力资源社会保障部、财政部、国家税务总局、中国银行保险监督管理委员会、中国证券监督管理委员会根据职责负责本实施办法的解释。

# 企业年金办法

（2017年12月18日人力资源和社会保障部、财政部令第36号公布 自2018年2月1日起施行）

## 第一章 总 则

**第一条** 为建立多层次的养老保险制度，推动企业年金发展，更好地保障职工退休后的生活，根据《中华人民共和国劳动法》、

《中华人民共和国劳动合同法》、《中华人民共和国社会保险法》、《中华人民共和国信托法》和国务院有关规定，制定本办法。

**第二条** 本办法所称企业年金，是指企业及其职工在依法参加基本养老保险的基础上，自主建立的补充养老保险制度。国家鼓励企业建立企业年金。建立企业年金，应当按照本办法执行。

**第三条** 企业年金所需费用由企业和职工个人共同缴纳。企业年金基金实行完全积累，为每个参加企业年金的职工建立个人账户，按照国家有关规定投资运营。企业年金基金投资运营收益并入企业年金基金。

**第四条** 企业年金有关税收和财务管理，按照国家有关规定执行。

**第五条** 企业和职工建立企业年金，应当确定企业年金受托人，由企业代表委托人与受托人签订受托管理合同。受托人可以是符合国家规定的法人受托机构，也可以是企业按照国家有关规定成立的企业年金理事会。

## 第二章　企业年金方案的订立、变更和终止

**第六条** 企业和职工建立企业年金，应当依法参加基本养老保险并履行缴费义务，企业具有相应的经济负担能力。

**第七条** 建立企业年金，企业应当与职工一方通过集体协商确定，并制定企业年金方案。企业年金方案应当提交职工代表大会或者全体职工讨论通过。

**第八条** 企业年金方案应当包括以下内容：

（一）参加人员；

（二）资金筹集与分配的比例和办法；

（三）账户管理；

（四）权益归属；

（五）基金管理；

（六）待遇计发和支付方式；

（七）方案的变更和终止；

（八）组织管理和监督方式；

（九）双方约定的其他事项。

企业年金方案适用于企业试用期满的职工。

**第九条** 企业应当将企业年金方案报送所在地县级以上人民政府人力资源社会保障行政部门。

中央所属企业的企业年金方案报送人力资源社会保障部。

跨省企业的企业年金方案报送其总部所在地省级人民政府人力资源社会保障行政部门。

省内跨地区企业的企业年金方案报送其总部所在地设区的市级以上人民政府人力资源社会保障行政部门。

**第十条** 人力资源社会保障行政部门自收到企业年金方案文本之日起15日内未提出异议的，企业年金方案即行生效。

**第十一条** 企业与职工一方可以根据本企业情况，按照国家政策规定，经协商一致，变更企业年金方案。变更后的企业年金方案应当经职工代表大会或者全体职工讨论通过，并重新报送人力资源社会保障行政部门。

**第十二条** 有下列情形之一的，企业年金方案终止：

（一）企业因依法解散、被依法撤销或者被依法宣告破产等原因，致使企业年金方案无法履行的；

（二）因不可抗力等原因致使企业年金方案无法履行的；

（三）企业年金方案约定的其他终止条件出现的。

**第十三条** 企业应当在企业年金方案变更或者终止后10日内报告人力资源社会保障行政部门，并通知受托人。企业应当在企业年金方案终止后，按国家有关规定对企业年金基金进行清算，并按照本办法第四章相关规定处理。

## 第三章　企业年金基金筹集

**第十四条** 企业年金基金由下列各项组成：

（一）企业缴费；

（二）职工个人缴费；

（三）企业年金基金投资运营收益。

**第十五条** 企业缴费每年不超过本企业职工工资总额的8%。企业和职工个人缴费合计不超过本企业职工工资总额的12%。具体所需费用，由企业和职工一方协商确定。

职工个人缴费由企业从职工个人工资中代扣代缴。

**第十六条** 实行企业年金后，企业如遇到经营亏损、重组并购等当期不能继续缴费的情况，经与职工一方协商，可以中止缴费。不能继续缴费的情况消失后，企业和职工恢复缴费，并可以根据本企业实际情况，按照中止缴费时的企业年金方案予以补缴。补缴的年限和金额不得超过实际中止缴费的年限和金额。

## 第四章 账户管理

**第十七条** 企业缴费应当按照企业年金方案确定的比例和办法计入职工企业年金个人账户，职工个人缴费计入本人企业年金个人账户。

**第十八条** 企业应当合理确定本单位当期缴费计入职工企业年金个人账户的最高额与平均额的差距。企业当期缴费计入职工企业年金个人账户的最高额与平均额不得超过5倍。

**第十九条** 职工企业年金个人账户中个人缴费及其投资收益自始归属于职工个人。

职工企业年金个人账户中企业缴费及其投资收益，企业可以与职工一方约定其自始归属于职工个人，也可以约定随着职工在本企业工作年限的增加逐步归属于职工个人，完全归属于职工个人的期限最长不超过8年。

**第二十条** 有下列情形之一的，职工企业年金个人账户中企业缴费及其投资收益完全归属于职工个人：

（一）职工达到法定退休年龄、完全丧失劳动能力或者死亡的；

（二）有本办法第十二条规定的企业年金方案终止情形之一的；

（三）非因职工过错企业解除劳动合同的，或者因企业违反法律规定职工解除劳动合同的；

（四）劳动合同期满，由于企业原因不再续订劳动合同的；

（五）企业年金方案约定的其他情形。

**第二十一条** 企业年金暂时未分配至职工企业年金个人账户的企业缴费及其投资收益，以及职工企业年金个人账户中未归属于职工个人的企业缴费及其投资收益，计入企业年金企业账户。

企业年金企业账户中的企业缴费及其投资收益应当按照企业年金方案确定的比例和办法计入职工企业年金个人账户。

**第二十二条** 职工变动工作单位时，新就业单位已经建立企业年金或者职业年金的，原企业年金个人账户权益应当随同转入新就业单位企业年金或者职业年金。

职工新就业单位没有建立企业年金或者职业年金的，或者职工升学、参军、失业期间，原企业年金个人账户可以暂时由原管理机构继续管理，也可以由法人受托机构发起的集合计划设置的保留账户暂时管理；原受托人是企业年金理事会的，由企业与职工协商选择法人受托机构管理。

**第二十三条** 企业年金方案终止后，职工原企业年金个人账户由法人受托机构发起的集合计划设置的保留账户暂时管理；原受托人是企业年金理事会的，由企业与职工一方协商选择法人受托机构管理。

## 第五章 企业年金待遇

**第二十四条** 符合下列条件之一的，可以领取企业年金：

（一）职工在达到国家规定的退休年龄或者完全丧失劳动能力时，可以从本人企业年金个人账户中按月、分次或者一次性领取企业年金，也可以将本人企业年金个人账户资金全部或者部分购买商业养老保险产品，依据保险合同领取待遇并享受相应的继承权；

（二）出国（境）定居人员的企业年金个人账户资金，可以根据本人要求一次性支付给本人；

（三）职工或者退休人员死亡后，其企业年金个人账户余额可以继承。

**第二十五条** 未达到上述企业年金领取条件之一的，不得从企业年金个人账户中提前提取资金。

## 第六章 管理监督

**第二十六条** 企业成立企业年金理事会作为受托人的，企业年金理事会应当由企业和职工代表组成，也可以聘请企业以外的专业人员参加，其中职工代表应不少于三分之一。

企业年金理事会除管理本企业的企业年金事务之外，不得从事其他任何形式的营业性活动。

**第二十七条** 受托人应当委托具有企业年金管理资格的账户管理人、投资管理人和托管人，负责企业年金基金的账户管理、投资运营和托管。

**第二十八条** 企业年金基金应当与委托人、受托人、账户管理人、投资管理人、托管人和其他为企业年金基金管理提供服务的自然人、法人或者其他组织的自有资产或者其他资产分开管理，不得挪作其他用途。

企业年金基金管理应当执行国家有关规定。

**第二十九条** 县级以上人民政府人力资源社会保障行政部门负责对本办法的执行情况进行监督检查。对违反本办法的，由人力资源社会保障行政部门予以警告，责令改正。

**第三十条** 因订立或者履行企业年金方案发生争议的，按照国家有关集体合同的规定执行。

因履行企业年金基金管理合同发生争议的，当事人可以依法申请仲裁或者提起诉讼。

## 第七章 附 则

**第三十一条** 参加企业职工基本养老保险的其他用人单位及其职工建立补充养老保险的,参照本办法执行。

**第三十二条** 本办法自 2018 年 2 月 1 日起施行。原劳动和社会保障部 2004 年 1 月 6 日发布的《企业年金试行办法》同时废止。

本办法施行之日已经生效的企业年金方案,与本办法规定不一致的,应当在本办法施行之日起 1 年内变更。

# 机关事业单位职业年金办法

(2015 年 3 月 27 日　国办发〔2015〕18 号)

**第一条** 为建立多层次养老保险体系,保障机关事业单位工作人员退休后的生活水平,促进人力资源合理流动,根据《国务院关于机关事业单位工作人员养老保险制度改革的决定》(国发〔2015〕2 号)等相关规定,制定本办法。

**第二条** 本办法所称职业年金,是指机关事业单位及其工作人员在参加机关事业单位基本养老保险的基础上,建立的补充养老保险制度。

**第三条** 本办法适用的单位和工作人员范围与参加机关事业单位基本养老保险的范围一致。

**第四条** 职业年金所需费用由单位和工作人员个人共同承担。单位缴纳职业年金费用的比例为本单位工资总额的 8%,个人缴费比例为本人缴费工资的 4%,由单位代扣。单位和个人缴费基数与机关事业单位工作人员基本养老保险缴费基数一致。

根据经济社会发展状况,国家适时调整单位和个人职业年金缴费的比例。

**第五条** 职业年金基金由下列各项组成:

（一）单位缴费；

（二）个人缴费；

（三）职业年金基金投资运营收益；

（四）国家规定的其他收入。

**第六条** 职业年金基金采用个人账户方式管理。个人缴费实行实账积累。对财政全额供款的单位，单位缴费根据单位提供的信息采取记账方式，每年按照国家统一公布的记账利率计算利息，工作人员退休前，本人职业年金账户的累计储存额由同级财政拨付资金记实；对非财政全额供款的单位，单位缴费实行实账积累。实账积累形成的职业年金基金，实行市场化投资运营，按实际收益计息。

职业年金基金投资管理应当遵循谨慎、分散风险的原则，保证职业年金基金的安全性、收益性和流动性。职业年金基金的具体投资管理办法由人力资源社会保障部、财政部会同有关部门另行制定。

**第七条** 单位缴费按照个人缴费基数的8%计入本人职业年金个人账户；个人缴费直接计入本人职业年金个人账户。

职业年金基金投资运营收益，按规定计入职业年金个人账户。

**第八条** 工作人员变动工作单位时，职业年金个人账户资金可以随同转移。工作人员升学、参军、失业期间或新就业单位没有实行职业年金或企业年金制度的，其职业年金个人账户由原管理机构继续管理运营。新就业单位已建立职业年金或企业年金制度的，原职业年金个人账户资金随同转移。

**第九条** 符合下列条件之一的可以领取职业年金：

（一）工作人员在达到国家规定的退休条件并依法办理退休手续后，由本人选择按月领取职业年金待遇的方式。可一次性用于购买商业养老保险产品，依据保险契约领取待遇并享受相应的继承权；可选择按照本人退休时对应的计发月数计发职业年金月待遇标准，发完为止，同时职业年金个人账户余额享有继承权。本人选择任一领取方式后不再更改。

（二）出国（境）定居人员的职业年金个人账户资金，可根据本人要求一次性支付给本人。

(三) 工作人员在职期间死亡的,其职业年金个人账户余额可以继承。

未达到上述职业年金领取条件之一的,不得从个人账户中提前提取资金。

**第十条** 职业年金有关税收政策,按照国家有关法律法规和政策的相关规定执行。

**第十一条** 职业年金的经办管理工作,由各级社会保险经办机构负责。

**第十二条** 职业年金基金应当委托具有资格的投资运营机构作为投资管理人,负责职业年金基金的投资运营;应当选择具有资格的商业银行作为托管人,负责托管职业年金基金。委托关系确定后,应当签订书面合同。

**第十三条** 职业年金基金必须与投资管理人和托管人的自有资产或其他资产分开管理,保证职业年金财产独立性,不得挪作其他用途。

**第十四条** 县级以上各级人民政府人力资源社会保障行政部门、财政部门负责对本办法的执行情况进行监督检查。对违反本办法规定的,由人力资源社会保障行政部门和财政部门予以警告,责令改正。

**第十五条** 因执行本办法发生争议的,工作人员可按照国家有关法律、法规提请仲裁或者申诉。

**第十六条** 本办法自2014年10月1日起实施。已有规定与本办法不一致的,按照本办法执行。

**第十七条** 本办法由人力资源社会保障部、财政部负责解释。

# 机关事业单位基本养老保险关系和职业年金转移接续经办规程（暂行）

(2017年1月18日　人社厅发〔2017〕7号)

## 第一章　总　　则

**第一条**　为统一规范机关事业单位工作人员基本养老保险关系和职业年金转移接续业务经办程序，根据《国务院关于机关事业单位工作人员养老保险制度改革的决定》（国发〔2015〕2号）、《国务院办公厅关于印发机关事业单位职业年金办法的通知》（国办发〔2015〕18号）、《关于机关事业单位基本养老保险关系和职业年金转移接续有关问题的通知》（人社部规〔2017〕1号）和《关于印发职业年金基金管理暂行办法的通知》（人社部发〔2016〕92号），制定本规程。

**第二条**　本规程适用于参加基本养老保险在职人员（以下简称参保人员）在机关事业单位之间、机关事业单位与企业之间流动就业时，其基本养老保险关系和职业年金、企业年金转移接续的业务经办。

**第三条**　县级以上社会保险经办机构负责机关事业单位基本养老保险关系和职业年金的转移接续业务经办。

**第四条**　参保人员符合以下条件的，应办理基本养老保险关系和职业年金的转移接续：

（一）在机关事业单位之间流动的；

（二）在机关事业单位和企业（含个体工商户和灵活就业人员）之间流动的；

（三）因辞职辞退等原因离开机关事业单位的。

**第五条**　参保人员在同一统筹范围内机关事业单位之间流动的，只转移基本养老保险关系，不转移基本养老保险基金。省（自治区、直辖市）内机关事业单位基本养老保险关系转移接续经办规程由各省（自治区、直辖市）制定。

省内建立一个职业年金计划或建立多个职业年金计划且实行统一收益率的，参保人员在本省（自治区、直辖市）机关事业单位之间流动时，只转移职业年金关系，不转移职业年金基金；需要记实职业年金的，按规定记实后再办理转移接续。省内建立多个职业年金计划且各年金计划分别计算收益率的，参保人员在省内各年金计划之间的转移接续，由各省（自治区、直辖市）自行制定实施细则。

**第六条** 转出地和转入地社会保险经办机构通过全国基本养老保险关系跨省转移接续系统，进行基本养老保险关系和职业年金转移接续信息交换。

## 第二章 基本养老保险关系转移接续

**第七条** 参保人员在机关事业单位之间跨省流动的、从机关事业单位流动到企业的，按以下流程办理：

（一）出具参保缴费凭证。参保人员转移接续前，参保单位或参保人员到基本养老保险关系所在地（以下简称转出地）社会保险经办机构申请开具《养老保险参保缴费凭证》（附件1，以下简称《参保缴费凭证》）。转出地社会保险经办机构核对相关信息后，出具《参保缴费凭证》，并告知转移接续条件。

（二）转移接续申请。参保人员新就业单位或本人向新参保地（以下简称转入地）社会保险经办机构提出转移接续申请并出示《参保缴费凭证》，填写《养老保险关系转移接续申请表》（附件2，以下简称《申请表》）。如参保人员在离开转出地时未开具《参保缴费凭证》，由转入地社会保险经办机构与转出地社会保险经办机构联系补办。

（三）发联系函。转入地社会保险经办机构对符合转移接续条件的，应在受理之日起15个工作日内生成《基本养老保险关系转移接续联系函》（附件3，以下简称《基本养老保险联系函》），并向参保人员转出地社会保险经办机构发出。

（四）转出基本养老保险信息表和基金。转出地社会保险经办机构在收到《基本养老保险联系函》之日起15个工作日内完成以下手续：

1. 核对有关信息并生成《基本养老保险关系转移接续信息表》（附件4，以下简称《基本养老保险信息表》）；机关事业单位之间转移接续的，转出地社会保险经办机构应将缴费工资基数、相应年度在岗职工平均工资等记录在《基本养老保险信息表附表》（附件5）；

2. 办理基本养老保险基金划转手续。其中：个人缴费部分按记入本人个人账户的全部储存额计算转移。单位缴费部分以本人改革后各年度实际缴费工资为基数，按12%的总和转移；参保缴费不足1年的，按实际缴费月数计算转移。当发生两次及以上转移的，原从企业职工基本养老保险转入的单位缴费部分和个人账户储存额随同转移；

3. 将《基本养老保险信息表》和《基本养老保险信息表附表》传送给转入地社会保险经办机构；

4. 终止参保人员在本地的基本养老保险关系。

（五）基本养老保险关系转入。转入地社会保险经办机构收到《基本养老保险信息表》和转移基金，在信息、资金匹配一致后15个工作日内办结以下接续手续：

1. 核对《基本养老保险信息表》及转移基金额；

2. 将转移基金额按规定分别记入统筹基金和参保人员个人账户；

3. 根据《基本养老保险信息表》及参保单位或参保人员提供的材料，补充完善相关信息；机关事业单位之间转移接续的，根据《基本养老保险信息表附表》按照就高不就低的原则核实参保人员的实际缴费指数。

4. 将办结情况告知新参保单位或参保人员。

**第八条** 参保人员从企业流动到机关事业单位的，其流程按本规程第七条规定办理。转移基金按以下办法计算：

（一）个人账户储存额：1998年1月1日之前个人缴费累计本息和1998年1月1日之后个人账户的全部储存额。个人账户储存额与按规定计算的资金转移额不一致的，1998年1月1日之前的，转入地和转出地均保留原个人账户记录；1998年1月1日至2005年12月31日期间，个人账户记账比例高于11%的部分不计算为转移基金，个人账户记录不予调整，低于11%的，转出地按11%计算转移资金并相应调整个人账户记录；2006年1月1日之后的个人账户记账比例高于8%的部分不转移，个人账户不予调整，低于8%的，转出地按8%计算转移资金，并相应调整个人账户记录。

（二）统筹基金（单位缴费）：以本人1998年1月1日后各年度实际缴费工资为基数，按12%的总和转移；参保缴费不足1年的，按实际缴费月数计算转移。

**第九条** 参保人员因辞职、辞退、未按规定程序离职、开除、判刑等原因离开机关事业单位的，应将基本养老保险关系转移至户籍所在地企业职工社会保险经办机构，按以下流程办理转移接续手续：

（一）原参保单位提交《机关事业单位辞职辞退等人员基本养老保险关系转移申请表》（附件6），并提供相关资料。

（二）转出地社会保险经办机构在收到《机关事业单位辞职辞退等人员基本养老保险关系转移申请表》之日起15个工作日内完成以下手续：

1. 核对有关信息并生成《基本养老保险信息表》；

2. 办理基本养老保险基金划转手续，转移基金额按本规程第七条第四款第2项规定计算；

3. 将《基本养老保险信息表》传送给转入地社会保险经办机构；

4. 终止参保人员在本地的基本养老保险关系并将办结情况告知原参保单位。

（三）基本养老保险关系转入。转入地社会保险经办机构收到《基本养老保险信息表》和转移基金，在信息、资金匹配一致后15

个工作日内办结以下接续手续:

1. 核对《基本养老保险信息表》及转移基金额;
2. 将转移基金额按规定分别记入统筹基金和参保人员个人账户;
3. 根据《基本养老保险信息表》及相关资料,补充完善相关信息;
4. 将办结情况告知参保人员或原参保单位。

## 第三章 职业年金转移接续

**第十条** 参保人员出现以下情形之一的,参保单位或参保人员在申报基本养老保险关系转移接续时,应当一并申报职业年金(企业年金)转移接续:

(一)从机关事业单位流动到本省(自治区、直辖市)内的机关事业单位。

(二)从机关事业单位流动到本省(自治区、直辖市)外的机关事业单位。

(三)从机关事业单位流动到已建立企业年金的新参保单位。

(四)从已建立企业年金的参保单位流动到机关事业单位。

**第十一条** 社会保险经办机构在办理职业年金转移接续时,需转移以下基金项目:

(一)缴费形成的职业年金;

(二)参加本地机关事业单位养老保险试点的个人缴费本息划转的资金;

(三)补记的职业年金;

(四)原转入的企业年金。

以上项目应在职业年金个人账户管理中予以区分,分别管理并计算收益。

**第十二条** 参加机关事业单位养老保险人员在2014年10月1日后办理了正式调动或辞职、辞退手续离开机关事业单位的,应由原参保单位填报《职业年金补记申请表》(附件7),并提供其改革前本人在机关事业单位工作年限相关证明材料。转出地社会保险经办机构依据单位申请资料，协助计算所需补记的职业年金个人账户金额，生成《职业年金个人账户记实/补记通知》（附件8，以下简称《记实/补记通知》）；原参保单位根据《记实/补记通知》向原资金保障渠道申请资金，及时划转至社会保险经办机构职业年金归集账户。社会保险经办机构确认账实相符后，记入其职业年金个人账户。

**第十三条** 参保人员在相应的同级财政全额供款的单位之间流动的，职业年金个人账户中记账金额无需记实，继续由转入单位采取记账方式管理。

除此之外，职业年金个人账户中记账部分需在转移接续前记实。参保人员需要记实本人职业年金记账部分时，转出地社会保险经办机构应根据参保单位申请资料，向其出具《记实/补记通知》，记实资金到账并核对一致后，记入参保人员的职业年金个人账户。

**第十四条** 参保人员从机关事业单位流动到本省（自治区、直辖市）以外机关事业单位的，按以下流程办理职业年金转移接续：

（一）出具参保缴费凭证，按本规程第七条第一款规定办理。

（二）发年金联系函。新参保单位向转入地社会保险经办机构申请职业年金转入，转入地社会保险经办机构受理并审核相关资料，符合转移接续条件的，在受理之日起15个工作日内向转出地社会保险经办机构发出《职业年金（企业年金）关系转移接续联系函》（附件9，以下简称《年金联系函》）；对不符合转移接续条件的，应一次性告知需补充的相关材料。

（三）转出年金信息表、基金。转出地社会保险经办机构在收到《年金联系函》后，在确认补记年金、记实资金足额到账之日起45个工作日内完成以下手续：

1. 办理职业年金个人账户的记实、补记和个人账户资产的赎回等业务；

2. 核对有关信息并生成《职业年金（企业年金）关系转移接续信息表》（附件10，以下简称《年金信息表》）；

3. 向转入地社会保险经办机构发送《年金信息表》，同时将转移资金划转至转入地社会保险经办机构职业年金归集账户；

4. 终止参保人员在本地的职业年金关系。

（四）职业年金关系转入。转入地社会保险经办机构在收到《年金信息表》和确认转移基金账实相符后，15个工作日内办结以下接续手续：

1. 核对《年金信息表》及转移基金，进行资金到账处理；

2. 将转移金额按项目分别记入参保人员的职业年金个人账户；

3. 根据《年金信息表》及参保单位或参保人员提供的材料，补充完善相关信息；

4. 将办结情况通知新参保单位或参保人员。

**第十五条** 参保人员从机关事业单位流动到已建立企业年金制度的企业，原参保单位或参保人员申请办理职业年金转移接续。参保人员存在职业年金补记、职业年金个人账户记实等情形的，转出地社会保险经办机构完成上述业务后，45个工作日内办结以下转出手续：

（一）受理并审核企业年金管理机构出具的《年金联系函》；

（二）转出地社会保险经办机构核对相关信息后生成《年金信息表》，将赎回的职业年金个人账户资金划转至新参保单位的企业年金受托财产托管账户；

（三）将《年金信息表》通过新参保单位或参保人员反馈至企业年金管理机构；

（四）终止参保人员的职业年金关系。

**第十六条** 参保人员从已建立企业年金制度的企业流动到机关事业单位的，转入地社会保险经办机构按以下流程办理转入手续：

（一）受理参保单位或参保人员提出的转移接续申请，15个工作日内向其出具《年金联系函》；

（二）审核企业年金管理机构提供的参保人员参加企业年金的证明材料；

（三）接收转入资金，账实匹配后按规定记入职业年金个人账户。

**第十七条** 存在下列情形之一的，参保人员的职业年金基金不转移，原参保地社会保险经办机构在业务系统中标识保留账户，继续管理运营其职业年金个人账户：

（一）参保人员升学、参军、失业期间的；

（二）参保人员的新就业单位没有实行职业年金或企业年金制度的。

社会保险经办机构在参保单位办理上述人员相关业务时，应告知参保单位按规定申请资金补记职业年金或记实职业年金记账部分，在记实或补记资金账实相符后，将记实或补记金额记入参保人员的职业年金个人账户。

参保人员退休时，负责管理运营职业年金保留账户的社会保险经办机构依本人申请按照国办发〔2015〕18号文件规定计发职业年金待遇。同时，将原参加本地试点的个人缴费本息划转资金的累计储存额一次性支付给本人。

**第十八条** 参保人员从企业再次流动到机关事业单位的，转入地社会保险经办机构按以下方式办理：

（一）未参加企业年金制度的企业转出，转入的机关事业单位和原机关事业单位在同一省（自治区、直辖市）内的，转入地机关事业单位社会保险经办机构将参保人员保留账户恢复为正常缴费账户，按规定继续管理运营。

（二）未参加企业年金制度的企业转出，转入的机关事业单位和原机关事业单位不在同一省（自治区、直辖市）内的，参保人员的职业年金保留账户按照制度内跨省转移接续流程（本规程第十四条）办理。

（三）建立企业年金制度的企业转出，按照从企业流动到机关事业单位的企业年金转移接续流程（本规程第十六条）办理。

**第十九条** 参保人员再次从机关事业单位流动到企业的，不再重复补记职业年金。参保人员再次从企业流动到机关事业单位的，在机关事业单位养老保险制度内退休时，待遇领取地社会保险经办机构将补记职业年金本金及投资收益划转到机关事业单位基本养老保险统筹基金。

**第二十条** 参保人员达到待遇领取条件时,存在建立多个职业年金关系的,应由待遇领取地社会保险经办机构通知其他建立职业年金关系的社会保险经办机构,按照本规程第十四条规定将职业年金关系归集至待遇领取地社会保险经办机构。

**第二十一条** 参保人员从企业流动到机关事业单位的,原在企业建立的企业年金按规定转移接续并继续管理运营。参保人员在机关事业单位养老保险制度内退休时,过渡期内,企业年金累计储存额不计入新老办法标准对比范围,企业年金累计储存额除以计发月数,按月领取;过渡期之后,将职业年金、企业年金累计储存额合并计算,按照国办发〔2015〕18号文件计发职业年金待遇。

**第二十二条** 改革前参加地方原有试点、改革后纳入机关事业单位基本养老保险的人员,改革前的个人缴费本息划入本人职业年金个人账户管理。

## 第四章 其他情形处理

**第二十三条** 参保人员转移接续基本养老保险关系前本人欠缴基本养老保险费的,由本人向原基本养老保险关系所在地补缴个人欠费后再办理基本养老保险关系转移接续手续,同时原参保所在地社会保险经办机构负责转出包括参保人员原欠缴年份的单位缴费部分;本人不补缴个人欠费的,社会保险经办机构也应及时办理基本养老保险关系和基金转出的各项手续,其欠缴基本养老保险费的时间不计算缴费年限,个人欠费的时间不转移基金,之后不再办理补缴欠费。

**第二十四条** 参保人员同时存续基本养老保险关系或重复缴纳基本养老保险费的,转入地社会保险经办机构应按"先转后清"的原则,在参保人员确认保留相应时段缴费并提供退款账号后,办理基本养老保险关系清理和个人账户储存额退还手续。

**第二十五条** 转入地社会保险经办机构发现《养老保险信息表》转移金额等信息有误的,应通过全国基本养老保险关系转移接续系统或书面材料告知转出地社会保险经办机构。由转出地社会保险经办机构补充完善相关资料后，转入地社会保险经办机构办理相关转移接续手续。

第二十六条 社会保险经办机构在办理养老保险关系转移接续时，对资料不全或不符合规定的，应一次性告知需要补充和更正的资料或不予受理的理由。

第二十七条 转出地社会保险经办机构对参保人员转移接续的有关信息应保留备份。

## 第五章 附　则

第二十八条 本规程由人力资源社会保障部负责解释。

**附件：**
1. 养老保险参保缴费凭证（略）
2. 养老保险关系转移接续申请表（略）
3. 基本养老保险关系转移接续联系函（略）
4. 基本养老保险关系转移接续信息表（略）
5. 基本养老保险信息表附表（略）
6. 机关事业单位辞职辞退等人员基本养老保险关系转移申请表（略）
7. 职业年金补记申请表（略）
8. 职业年金个人账户记实补记通知（略）
9. 职业年金（企业年金）关系转移接续联系函（略）
10. 职业年金（企业年金）关系转移接续信息表（略）

# 医疗保险

## 医疗保障基金使用监督管理条例

(2020年12月9日国务院第117次常务会议通过 2021年1月15日中华人民共和国国务院令第735号公布 自2021年5月1日起施行)

### 第一章 总 则

**第一条** 为了加强医疗保障基金使用监督管理,保障基金安全,促进基金有效使用,维护公民医疗保障合法权益,根据《中华人民共和国社会保险法》和其他有关法律规定,制定本条例。

**第二条** 本条例适用于中华人民共和国境内基本医疗保险(含生育保险)基金、医疗救助基金等医疗保障基金使用及其监督管理。

**第三条** 医疗保障基金使用坚持以人民健康为中心,保障水平与经济社会发展水平相适应,遵循合法、安全、公开、便民的原则。

**第四条** 医疗保障基金使用监督管理实行政府监管、社会监督、行业自律和个人守信相结合。

**第五条** 县级以上人民政府应当加强对医疗保障基金使用监督管理工作的领导,建立健全医疗保障基金使用监督管理机制和基金监督管理执法体制,加强医疗保障基金使用监督管理能力建设,为医疗保障基金使用监督管理工作提供保障。

**第六条** 国务院医疗保障行政部门主管全国的医疗保障基金使用监督管理工作。国务院其他有关部门在各自职责范围内负责有关的医疗保障基金使用监督管理工作。

县级以上地方人民政府医疗保障行政部门负责本行政区域的医疗保障基金使用监督管理工作。县级以上地方人民政府其他有关部门在各自职责范围内负责有关的医疗保障基金使用监督管理工作。

**第七条** 国家鼓励和支持新闻媒体开展医疗保障法律、法规和医疗保障知识的公益宣传,并对医疗保障基金使用行为进行舆论监督。有关医疗保障的宣传报道应当真实、公正。

县级以上人民政府及其医疗保障等行政部门应当通过书面征求意见、召开座谈会等方式,听取人大代表、政协委员、参保人员代表等对医疗保障基金使用的意见,畅通社会监督渠道,鼓励和支持社会各方面参与对医疗保障基金使用的监督。

医疗机构、药品经营单位(以下统称医药机构)等单位和医药卫生行业协会应当加强行业自律,规范医药服务行为,促进行业规范和自我约束,引导依法、合理使用医疗保障基金。

## 第二章 基 金 使 用

**第八条** 医疗保障基金使用应当符合国家规定的支付范围。

医疗保障基金支付范围由国务院医疗保障行政部门依法组织制定。省、自治区、直辖市人民政府按照国家规定的权限和程序,补充制定本行政区域内医疗保障基金支付的具体项目和标准,并报国务院医疗保障行政部门备案。

**第九条** 国家建立健全全国统一的医疗保障经办管理体系,提供标准化、规范化的医疗保障经办服务,实现省、市、县、乡镇(街道)、村(社区)全覆盖。

**第十条** 医疗保障经办机构应当建立健全业务、财务、安全和风险管理制度,做好服务协议管理、费用监控、基金拨付、待遇审核及支付等工作,并定期向社会公开医疗保障基金的收入、支出、结余等情况,接受社会监督。

**第十一条** 医疗保障经办机构应当与定点医药机构建立集体谈判协商机制,合理确定定点医药机构的医疗保障基金预算金额和拨付时限,并根据保障公众健康需求和管理服务的需要,与定点医药机构协商签订服务协议,规范医药服务行为,明确违反服务协议的行为及其责任。

医疗保障经办机构应当及时向社会公布签订服务协议的定点医药机构名单。

医疗保障行政部门应当加强对服务协议订立、履行等情况的监督。

**第十二条** 医疗保障经办机构应当按照服务协议的约定，及时结算和拨付医疗保障基金。

定点医药机构应当按照规定提供医药服务，提高服务质量，合理使用医疗保障基金，维护公民健康权益。

**第十三条** 定点医药机构违反服务协议的，医疗保障经办机构可以督促其履行服务协议，按照服务协议约定暂停或者不予拨付费用、追回违规费用、中止相关责任人员或者所在部门涉及医疗保障基金使用的医药服务，直至解除服务协议；定点医药机构及其相关责任人员有权进行陈述、申辩。

医疗保障经办机构违反服务协议的，定点医药机构有权要求纠正或者提请医疗保障行政部门协调处理、督促整改，也可以依法申请行政复议或者提起行政诉讼。

**第十四条** 定点医药机构应当建立医疗保障基金使用内部管理制度，由专门机构或者人员负责医疗保障基金使用管理工作，建立健全考核评价体系。

定点医药机构应当组织开展医疗保障基金相关制度、政策的培训，定期检查本单位医疗保障基金使用情况，及时纠正医疗保障基金使用不规范的行为。

**第十五条** 定点医药机构及其工作人员应当执行实名就医和购药管理规定，核验参保人员医疗保障凭证，按照诊疗规范提供合理、必要的医药服务，向参保人员如实出具费用单据和相关资料，不得分解住院、挂床住院，不得违反诊疗规范过度诊疗、过度检查、分解处方、超量开药、重复开药，不得重复收费、超标准收费、分解项目收费，不得串换药品、医用耗材、诊疗项目和服务设施，不得诱导、协助他人冒名或者虚假就医、购药。

定点医药机构应当确保医疗保障基金支付的费用符合规定的支付范围；除急诊、抢救等特殊情形外，提供医疗保障基金支付范围以外的医药服务的，应当经参保人员或其近亲属、监护人同意。

第十六条　定点医药机构应当按照规定保管财务账目、会计凭证、处方、病历、治疗检查记录、费用明细、药品和医用耗材出入库记录等资料，及时通过医疗保障信息系统全面准确传送医疗保障基金使用有关数据，向医疗保障行政部门报告医疗保障基金使用监督管理所需信息，向社会公开医药费用、费用结构等信息，接受社会监督。

第十七条　参保人员应当持本人医疗保障凭证就医、购药，并主动出示接受查验。参保人员有权要求定点医药机构如实出具费用单据和相关资料。

参保人员应当妥善保管本人医疗保障凭证，防止他人冒名使用。因特殊原因需要委托他人代为购药的，应当提供委托人和受托人的身份证明。

参保人员应当按照规定享受医疗保障待遇，不得重复享受。

参保人员有权要求医疗保障经办机构提供医疗保障咨询服务，对医疗保障基金的使用提出改进建议。

第十八条　在医疗保障基金使用过程中，医疗保障等行政部门、医疗保障经办机构、定点医药机构及其工作人员不得收受贿赂或者取得其他非法收入。

第十九条　参保人员不得利用其享受医疗保障待遇的机会转卖药品，接受返还现金、实物或者获得其他非法利益。

定点医药机构不得为参保人员利用其享受医疗保障待遇的机会转卖药品，接受返还现金、实物或者获得其他非法利益提供便利。

第二十条　医疗保障经办机构、定点医药机构等单位及其工作人员和参保人员等人员不得通过伪造、变造、隐匿、涂改、销毁医学文书、医学证明、会计凭证、电子信息等有关资料，或者虚构医药服务项目等方式，骗取医疗保障基金。

第二十一条　医疗保障基金专款专用，任何组织和个人不得侵占或者挪用。

## 第三章 监督管理

**第二十二条** 医疗保障、卫生健康、中医药、市场监督管理、财政、审计、公安等部门应当分工协作、相互配合,建立沟通协调、案件移送等机制,共同做好医疗保障基金使用监督管理工作。

医疗保障行政部门应当加强对纳入医疗保障基金支付范围的医疗服务行为和医疗费用的监督,规范医疗保障经办业务,依法查处违法使用医疗保障基金的行为。

**第二十三条** 国务院医疗保障行政部门负责制定服务协议管理办法,规范、简化、优化医药机构定点申请、专业评估、协商谈判程序,制作并定期修订服务协议范本。

国务院医疗保障行政部门制定服务协议管理办法,应当听取有关部门、医药机构、行业协会、社会公众、专家等方面意见。

**第二十四条** 医疗保障行政部门应当加强与有关部门的信息交换和共享,创新监督管理方式,推广使用信息技术,建立全国统一、高效、兼容、便捷、安全的医疗保障信息系统,实施大数据实时动态智能监控,并加强共享数据使用全过程管理,确保共享数据安全。

**第二十五条** 医疗保障行政部门应当根据医疗保障基金风险评估、举报投诉线索、医疗保障数据监控等因素,确定检查重点,组织开展专项检查。

**第二十六条** 医疗保障行政部门可以会同卫生健康、中医药、市场监督管理、财政、公安等部门开展联合检查。

对跨区域的医疗保障基金使用行为,由共同的上一级医疗保障行政部门指定的医疗保障行政部门检查。

**第二十七条** 医疗保障行政部门实施监督检查,可以采取下列措施:

(一)进入现场检查;

(二)询问有关人员;

(三)要求被检查对象提供与检查事项相关的文件资料,并作出解释和说明；

（四）采取记录、录音、录像、照相或者复制等方式收集有关情况和资料；

（五）对可能被转移、隐匿或者灭失的资料等予以封存；

（六）聘请符合条件的会计师事务所等第三方机构和专业人员协助开展检查；

（七）法律、法规规定的其他措施。

第二十八条　医疗保障行政部门可以依法委托符合法定条件的组织开展医疗保障行政执法工作。

第二十九条　开展医疗保障基金使用监督检查，监督检查人员不得少于2人，并且应当出示执法证件。

医疗保障行政部门进行监督检查时，被检查对象应当予以配合，如实提供相关资料和信息，不得拒绝、阻碍检查或者谎报、瞒报。

第三十条　定点医药机构涉嫌骗取医疗保障基金支出的，在调查期间，医疗保障行政部门可以采取增加监督检查频次、加强费用监控等措施，防止损失扩大。定点医药机构拒不配合调查的，经医疗保障行政部门主要负责人批准，医疗保障行政部门可以要求医疗保障经办机构暂停医疗保障基金结算。经调查，属于骗取医疗保障基金支出的，依照本条例第四十条的规定处理；不属于骗取医疗保障基金支出的，按照规定结算。

参保人员涉嫌骗取医疗保障基金支出且拒不配合调查的，医疗保障行政部门可以要求医疗保障经办机构暂停医疗费用联网结算。暂停联网结算期间发生的医疗费用，由参保人员全额垫付。经调查，属于骗取医疗保障基金支出的，依照本条例第四十一条的规定处理；不属于骗取医疗保障基金支出的，按照规定结算。

第三十一条　医疗保障行政部门对违反本条例的行为作出行政处罚或者行政处理决定前，应当听取当事人的陈述、申辩；作出行政处罚或者行政处理决定，应当告知当事人依法享有申请行政复议或者提起行政诉讼的权利。

第三十二条　医疗保障等行政部门、医疗保障经办机构、会计师事务所等机构及其工作人员，不得将工作中获取、知悉的被调查对象资料或者相关信息用于医疗保障基金使用监督管理以外的其他目的，不得泄露、篡改、毁损、非法向他人提供当事人的个人信息和商业秘密。

**第三十三条** 国务院医疗保障行政部门应当建立定点医药机构、人员等信用管理制度，根据信用评价等级分级分类监督管理，将日常监督检查结果、行政处罚结果等情况纳入全国信用信息共享平台和其他相关信息公示系统，按照国家有关规定实施惩戒。

**第三十四条** 医疗保障行政部门应当定期向社会公布医疗保障基金使用监督检查结果，加大对医疗保障基金使用违法案件的曝光力度，接受社会监督。

**第三十五条** 任何组织和个人有权对侵害医疗保障基金的违法违规行为进行举报、投诉。

医疗保障行政部门应当畅通举报投诉渠道，依法及时处理有关举报投诉，并对举报人的信息保密。对查证属实的举报，按照国家有关规定给予举报人奖励。

## 第四章 法律责任

**第三十六条** 医疗保障经办机构有下列情形之一的，由医疗保障行政部门责令改正，对直接负责的主管人员和其他直接责任人员依法给予处分：

（一）未建立健全业务、财务、安全和风险管理制度；

（二）未履行服务协议管理、费用监控、基金拨付、待遇审核及支付等职责；

（三）未定期向社会公开医疗保障基金的收入、支出、结余等情况。

**第三十七条** 医疗保障经办机构通过伪造、变造、隐匿、涂改、销毁医学文书、医学证明、会计凭证、电子信息等有关资料或者虚构医药服务项目等方式，骗取医疗保障基金支出的，由医疗保障行政部门责令退回，处骗取金额 2 倍以上 5 倍以下的罚款，对直接负责的主管人员和其他直接责任人员依法给予处分。

第三十八条 定点医药机构有下列情形之一的，由医疗保障行政部门责令改正，并可以约谈有关负责人；造成医疗保障基金损失的，责令退回，处造成损失金额 1 倍以上 2 倍以下的罚款；拒不改正或者造成严重后果的，责令定点医药机构暂停相关责任部门 6 个月以上 1 年以下涉及医疗保障基金使用的医药服务；违反其他法律、行政法规的，由有关主管部门依法处理：

（一）分解住院、挂床住院；

（二）违反诊疗规范过度诊疗、过度检查、分解处方、超量开药、重复开药或者提供其他不必要的医药服务；

（三）重复收费、超标准收费、分解项目收费；

（四）串换药品、医用耗材、诊疗项目和服务设施；

（五）为参保人员利用其享受医疗保障待遇的机会转卖药品，接受返还现金、实物或者获得其他非法利益提供便利；

（六）将不属于医疗保障基金支付范围的医药费用纳入医疗保障基金结算；

（七）造成医疗保障基金损失的其他违法行为。

第三十九条 定点医药机构有下列情形之一的，由医疗保障行政部门责令改正，并可以约谈有关负责人；拒不改正的，处 1 万元以上 5 万元以下的罚款；违反其他法律、行政法规的，由有关主管部门依法处理：

（一）未建立医疗保障基金使用内部管理制度，或者没有专门机构或者人员负责医疗保障基金使用管理工作；

（二）未按照规定保管财务账目、会计凭证、处方、病历、治疗检查记录、费用明细、药品和医用耗材出入库记录等资料；

（三）未按照规定通过医疗保障信息系统传送医疗保障基金使用有关数据；

（四）未按照规定向医疗保障行政部门报告医疗保障基金使用监督管理所需信息；

（五）未按照规定向社会公开医药费用、费用结构等信息；

（六）除急诊、抢救等特殊情形外，未经参保人员或者其近亲属、监护人同意提供医疗保障基金支付范围以外的医药服务；

（七）拒绝医疗保障等行政部门监督检查或者提供虚假情况。

**第四十条** 定点医药机构通过下列方式骗取医疗保障基金支出的，由医疗保障行政部门责令退回，处骗取金额 2 倍以上 5 倍以下的罚款；责令定点医药机构暂停相关责任部门 6 个月以上 1 年以下涉及医疗保障基金使用的医药服务，直至由医疗保障经办机构解除服务协议；有执业资格的，由有关主管部门依法吊销执业资格：

（一）诱导、协助他人冒名或者虚假就医、购药，提供虚假证明材料，或者串通他人虚开费用单据；

（二）伪造、变造、隐匿、涂改、销毁医学文书、医学证明、会计凭证、电子信息等有关资料；

（三）虚构医药服务项目；

（四）其他骗取医疗保障基金支出的行为。

定点医药机构以骗取医疗保障基金为目的，实施了本条例第三十八条规定行为之一，造成医疗保障基金损失的，按照本条规定处理。

**第四十一条** 个人有下列情形之一的，由医疗保障行政部门责令改正；造成医疗保障基金损失的，责令退回；属于参保人员的，暂停其医疗费用联网结算 3 个月至 12 个月：

（一）将本人的医疗保障凭证交由他人冒名使用；

（二）重复享受医疗保障待遇；

（三）利用享受医疗保障待遇的机会转卖药品，接受返还现金、实物或者获得其他非法利益。

个人以骗取医疗保障基金为目的，实施了前款规定行为之一，造成医疗保障基金损失的；或者使用他人医疗保障凭证冒名就医、购药的；或者通过伪造、变造、隐匿、涂改、销毁医学文书、医学证明、会计凭证、电子信息等有关资料或者虚构医药服务项目等方式，骗取医疗保障基金支出的，除依照前款规定处理外，还应当由医疗保障行政部门处骗取金额2倍以上5倍以下的罚款。

**第四十二条** 医疗保障等行政部门、医疗保障经办机构、定点医药机构及其工作人员收受贿赂或者取得其他非法收入的,没收违法所得,对有关责任人员依法给予处分;违反其他法律、行政法规的,由有关主管部门依法处理。

**第四十三条** 定点医药机构违反本条例规定,造成医疗保障基金重大损失或者其他严重不良社会影响的,其法定代表人或者主要负责人5年内禁止从事定点医药机构管理活动,由有关部门依法给予处分。

**第四十四条** 违反本条例规定,侵占、挪用医疗保障基金的,由医疗保障等行政部门责令追回;有违法所得的,没收违法所得;对直接负责的主管人员和其他直接责任人员依法给予处分。

**第四十五条** 退回的基金退回原医疗保障基金财政专户;罚款、没收的违法所得依法上缴国库。

**第四十六条** 医疗保障等行政部门、医疗保障经办机构、会计师事务所等机构及其工作人员,泄露、篡改、毁损、非法向他人提供个人信息、商业秘密的,对直接负责的主管人员和其他直接责任人员依法给予处分;违反其他法律、行政法规的,由有关主管部门依法处理。

**第四十七条** 医疗保障等行政部门工作人员在医疗保障基金使用监督管理工作中滥用职权、玩忽职守、徇私舞弊的,依法给予处分。

**第四十八条** 违反本条例规定,构成违反治安管理行为的,依法给予治安管理处罚;构成犯罪的,依法追究刑事责任。

违反本条例规定,给有关单位或者个人造成损失的,依法承担赔偿责任。

## 第五章 附 则

**第四十九条** 职工大额医疗费用补助、公务员医疗补助等医疗保障资金使用的监督管理，参照本条例执行。

居民大病保险资金的使用按照国家有关规定执行，医疗保障行政部门应当加强监督。

**第五十条** 本条例自2021年5月1日起施行。

# 基本医疗保险关系转移接续暂行办法

(2021年11月1日 医保办发〔2021〕43号)

## 第一章 总 则

**第一条** 为规范基本医疗保险关系转移接续工作，统一经办流程，提升服务水平，根据《中华人民共和国社会保险法》《中共中央国务院关于深化医疗保障制度改革的意见》等有关规定，制定本办法。

**第二条** 本办法主要适用于职工基本医疗保险参保人员（不含退休人员，以下简称职工医保参保人员）和城乡居民基本医疗保险参保人员（以下简称居民医保参保人员）因跨统筹地区就业、户籍或常住地变动的，按规定办理基本医疗保险关系转移接续，包括个人医保信息记录的传递、职工医保个人账户（以下简称个人账户）资金的转移和医保待遇衔接的处理。

**第三条** 基本医疗保险关系转移接续实行统一规范、跨省通办。国家医疗保障经办机构负责指导协调跨省基本医疗保险关系转移接续经办工作。省级医疗保障经办机构负责组织实施跨省和省内跨统筹地区基本医疗保险关系转移接续经办工作。各统筹地区医疗保障经办机构按要求做好基本医疗保险关系转移接续经办工作。

**第四条** 本办法所称转出地是指参保人员转移接续前基本医疗保险关系所在地，转入地是指参保人员基本医疗保险关系拟转入地。

## 第二章 范围对象

**第五条** 参保人员跨统筹地区流动,不得重复参保和重复享受待遇,按规定办理基本医疗保险关系转移接续。有单位的职工医保参保人员可由单位为其申请办理,灵活就业人员及居民等参保人员由个人申请办理。

1. 职工医保制度内转移接续。职工医保参保人员跨统筹地区就业,转出地已中止参保,在转入地按规定参加职工医保的,应申请转移接续。

2. 居民医保制度内转移接续。居民医保参保人员因户籍或常住地变动跨统筹地区流动,原则上当年度在转入地不再办理转移接续手续,参保人员按转入地规定参加下一年度居民医保后,可申请转移接续。

3. 职工医保和居民医保跨制度转移接续。职工医保参保人员跨统筹地区流动,转出地已中止参保,在转入地按规定参加居民医保的,可申请转移接续。居民医保参保人员跨统筹地区流动,转出地已中止参保,在转入地按规定参加职工医保的,可申请转移接续。

## 第三章 转移接续申请

**第六条** 参保人员或用人单位提交基本医疗保险关系转移申请,可通过全国统一的医保信息平台(以下简称医保信息平台)直接提交申请,也可通过线下方式在转入地或转出地经办机构窗口申请。

**第七条** 转移接续申请实行统一的校验规则前置,在申请时转入地和转出地校验是否符合转移接续条件,若不符合条件则不予受理转移接续申请并及时告知申请人原因;符合条件则予以受理。

转出地的校验规则主要为是否已中止参保,转入地的校验规则主要为是否已按规定参加转入地基本医保。校验规则涉及事项应逐步实现网上办理、一站式联办。

## 第四章 转移接续手续办理

**第八条** 参保人员转移接续申请成功受理后，转出地经办机构10个工作日内完成基本医疗保险关系转出，生成《参保人员基本医疗保险信息表》（以下简称《信息表》），核对无误后，将带有电子签章的《信息表》同步上传到医保信息平台，经医保信息平台传送至转入地经办机构；若个人账户有余额的，办理个人账户余额划转手续。

**第九条** 转入地经办机构收到《信息表》后，核对相关信息并在5个工作日内将《信息表》同步至本地医保信息平台，完成基本医疗保险关系转入。

转入地经办机构收到转出地经办机构划转的个人账户余额后，与业务档案匹配并核对个人账户转移金额，核对无误后可将个人账户金额计入参保人员的个人账户。

**第十条** 转移接续手续办理过程中，参保人员或用人单位可通过医保信息平台查询业务办理进度。鼓励各地在本办法规定时限基础上，进一步压缩办理时限。

## 第五章 待遇衔接

**第十一条** 办理转移接续的职工医保参保人员，在转移接续前中断缴费3个月（含）以内的，可按转入地规定办理职工基本医疗保险费补缴手续，补缴后不设待遇享受等待期，缴费当月即可在转入地按规定享受待遇，中断期间的待遇可按规定追溯享受。中断缴费3个月以上的，基本医疗保险待遇按各统筹地区规定执行，原则上待遇享受等待期不超过6个月。

参保人员已连续2年（含2年）以上参加基本医疗保险的，因就业等个人状态变化在职工医保和居民医保间切换参保关系的，且中断缴费3个月（含）以内的，可按转入地规定办理基本医疗保险费补缴手续，补缴后不设待遇享受等待期，缴费当月即可在转入地按规定享受待遇，中断期间的待遇可按规定追溯享受。中断缴费3

个月以上的，基本医疗保险待遇按各统筹地区规定执行，原则上待遇享受等待期不超过6个月。

**第十二条** 参加职工基本医疗保险的个人，基本医疗保险关系转移接续时，基本医疗保险缴费年限累计计算。达到法定退休年龄时，享受退休人员基本医疗保险待遇的缴费年限按照各地规定执行。各地不得将办理职工医保退休人员待遇与在当地按月领取基本养老金绑定。

**第十三条** 加强基本医疗保险关系转移接续管理，在转入地完成接续前，转出地应保存参保人员信息、暂停基本医保关系，并为其依规参保缴费和享受待遇提供便利。转移接续完成后，转出地参保关系自动终止。

## 第六章 附 则

**第十四条** 在同一统筹地区跨制度转移接续的，参照本办法执行。

**第十五条** 全国实行统一的转移接续办法，现有规定与本办法不符的，按本办法执行。

**第十六条** 本办法所称个人医保信息记录，主要包括个人基本信息、参保信息、缴费明细、个人账户信息等。

**第十七条** 本办法由国家医疗保障局负责解释，自2021年12月1日起实施。

**附件：**

1. 参保人员或用人单位申请基本医疗保险关系转移接续流程图（略）

2. 转出地和转入地经办机构办理基本医疗保险关系转移接续手续流程图（略）

3. 参保人员基本医疗保险信息表（略）

# 零售药店医疗保障定点管理暂行办法

(2020年12月30日国家医疗保障局令第3号公布 自2021年2月1日起施行)

## 第一章 总 则

**第一条** 为加强和规范零售药店医疗保障定点管理,提高医疗保障基金使用效率,更好地保障广大参保人员权益,根据《中华人民共和国社会保险法》《中华人民共和国基本医疗卫生与健康促进法》及《中华人民共和国药品管理法》等法律法规,制定本办法。

**第二条** 零售药店医疗保障定点管理应坚持以人民健康为中心,遵循保障基本、公平公正、权责明晰、动态平衡的原则,加强医疗保障精细化管理,发挥零售药店市场活力,为参保人员提供适宜的药品服务。

**第三条** 医疗保障行政部门负责制定零售药店定点管理政策,在定点申请、专业评估、协商谈判、协议订立、协议履行、协议解除等环节对医疗保障经办机构(以下简称"经办机构")、定点零售药店进行监督。经办机构负责确定定点零售药店,并与定点零售药店签订医疗保障服务协议(以下简称"医保协议"),提供经办服务,开展医保协议管理、考核等。定点零售药店应当遵守医疗保障法律、法规、规章及有关政策,按照规定向参保人员提供药品服务。

## 第二章 定点零售药店的确定

**第四条** 统筹地区医疗保障行政部门根据公众健康需求、管理服务需要、医疗保障基金收支、参保人员用药需求等确定本统筹地区定点零售药店的资源配置。

**第五条** 取得药品经营许可证，并同时符合以下条件的零售药店均可申请医疗保障定点：

（一）在注册地址正式经营至少3个月；

（二）至少有1名取得执业药师资格证书或具有药学、临床药学、中药学专业技术资格证书的药师，且注册地在该零售药店所在地，药师须签订1年以上劳动合同且在合同期内；

（三）至少有2名熟悉医疗保障法律法规和相关制度规定的专（兼）职医保管理人员负责管理医保费用，并签订1年以上劳动合同且在合同期内；

（四）按药品经营质量管理规范要求，开展药品分类分区管理，并对所售药品设立明确的医保用药标识；

（五）具有符合医保协议管理要求的医保药品管理制度、财务管理制度、医保人员管理制度、统计信息管理制度和医保费用结算制度；

（六）具备符合医保协议管理要求的信息系统技术和接口标准，实现与医保信息系统有效对接，为参保人员提供直接联网结算，建立医保药品等基础数据库，按规定使用国家统一医保编码；

（七）符合法律法规和省级及以上医疗保障行政部门规定的其他条件。

**第六条** 零售药店向统筹地区经办机构提出医疗保障定点申请，至少提供以下材料：

（一）定点零售药店申请表；

（二）药品经营许可证、营业执照和法定代表人、主要负责人或实际控制人身份证复印件；

（三）执业药师资格证书或药学技术人员相关证书及其劳动合同复印件；

（四）医保专（兼）职管理人员的劳动合同复印件；

（五）与医疗保障政策对应的内部管理制度和财务制度文本；

（六）与医保有关的信息系统相关材料；

（七）纳入定点后使用医疗保障基金的预测性分析报告；

（八）省级医疗保障行政部门按相关规定要求提供的其他材料。

**第七条** 零售药店提出定点申请，统筹地区经办机构应即时受理。对申请材料内容不全的，经办机构自收到材料之日起 5 个工作日内一次性告知零售药店补充。

**第八条** 统筹地区经办机构应组织评估小组或委托符合规定的第三方机构，以书面、现场等形式开展评估。评估小组成员由医疗保障、医药卫生、财务管理、信息技术等专业人员构成。自受理申请材料之日起，评估时间不超过 3 个月，零售药店补充材料时间不计入评估期限。评估内容包括：

（一）核查药品经营许可证、营业执照和法定代表人、企业负责人或实际控制人身份证；

（二）核查执业药师资格证书或药学技术人员资格证书及劳动合同；

（三）核查医保专（兼）职管理人员的劳动合同；

（四）核查与医疗保障政策对应的内部管理制度和财务制度；

（五）核查与医保有关的信息系统是否具备开展直接联网结算的条件；

（六）核查医保药品标识。

评估结果包括合格和不合格。统筹地区经办机构应将评估结果报同级医疗保障行政部门备案。对于评估合格的，纳入拟签订医保协议的零售药店名单向社会公示。对于评估不合格的应告知其理由，提出整改建议。自结果告知送达之日起，整改 3 个月后可再次组织评估，评估仍不合格的，1 年内不得再次申请。

省级医疗保障行政部门可以在本办法基础上，根据实际情况，制定具体评估细则。

**第九条** 统筹地区经办机构与评估合格的零售药店协商谈判，达成一致的，双方自愿签订医保协议。原则上由地市级及以上的统筹地区经办机构与零售药店签订医保协议并向同级医疗保障行政部门备案。医保协议应明确双方的权利、义务和责任。签订医保协议的双方应当严格执行医保协议约定。医保协议期限一般为 1 年。

**第十条** 统筹地区经办机构向社会公布签订医保协议的定点零售药店信息，包括名称、地址等，供参保人员选择。

**第十一条** 零售药店有下列情形之一的，不予受理定点申请：

（一）未依法履行行政处罚责任的；

（二）以弄虚作假等不正当手段申请定点，自发现之日起未满3年的；

（三）因违法违规被解除医保协议未满3年或已满3年但未完全履行行政处罚法律责任的；

（四）因严重违反医保协议约定而被解除医保协议未满1年或已满1年但未完全履行违约责任的；

（五）法定代表人、企业负责人或实际控制人曾因严重违法违规导致原定点零售药店被解除医保协议，未满5年的；

（六）法定代表人、企业负责人或实际控制人被列入失信人名单的；

（七）法律法规规定的其他不予受理的情形。

## 第三章　定点零售药店运行管理

**第十二条** 定点零售药店具有为参保人员提供药品服务后获得医保结算费用，对经办机构履约情况进行监督，对完善医疗保障政策提出意见建议等权利。

**第十三条** 定点零售药店应当为参保人员提供药品咨询、用药安全、医保药品销售、医保费用结算等服务。符合规定条件的定点零售药店可以申请纳入门诊慢性病、特殊病购药定点机构，相关规定由统筹地区医疗保障部门另行制定。

经办机构不予支付的费用、定点零售药店按医保协议约定被扣除的质量保证金及其支付的违约金等，定点零售药店不得作为医保欠费处理。

**第十四条** 定点零售药店应当严格执行医保支付政策。鼓励在医疗保障行政部门规定的平台上采购药品，并真实记录"进、销、存"情况。

**第十五条** 定点零售药店要按照公平、合理、诚实信用和质价相符的原则制定价格，遵守医疗保障行政部门制定的药品价格政策。

**第十六条** 定点零售药店应当凭处方销售医保目录内处方药，药师应当对处方进行审核、签字后调剂配发药品。外配处方必须由定点医疗机构医师开具，有医师签章。定点零售药店可凭定点医疗机构开具的电子外配处方销售药品。

**第十七条** 定点零售药店应当组织医保管理人员参加由医疗保障行政部门或经办机构组织的宣传和培训。

定点零售药店应当组织开展医疗保障基金相关制度、政策的培训，定期检查本单位医疗保障基金使用情况，及时纠正医疗保障基金使用不规范的行为。

**第十八条** 定点零售药店在显著位置悬挂统一格式的定点零售药店标识。

**第十九条** 定点零售药店应按要求及时如实向统筹地区经办机构上传参保人员购买药品的品种、规格、价格及费用信息，定期向经办机构上报医保目录内药品的"进、销、存"数据，并对其真实性负责。

**第二十条** 定点零售药店应当配合经办机构开展医保费用审核、稽核检查、绩效考核等工作，接受医疗保障行政部门的监督检查，并按规定提供相关材料。

**第二十一条** 定点零售药店提供药品服务时应核对参保人员有效身份凭证，做到人证相符。特殊情况下为他人代购药品的应出示本人和被代购人身份证。为参保人员提供医保药品费用直接结算单据和相关资料，参保人员或购药人应在购药清单上签字确认。凭外配处方购药的，应核验处方使用人与参保人员身份是否一致。

**第二十二条** 定点零售药店应将参保人员医保目录内药品外配处方、购药清单等保存2年，以备医疗保障部门核查。

**第二十三条** 定点零售药店应做好与医保有关的信息系统安全

保障工作，遵守数据安全有关制度，保护参保人员隐私。定点零售药店重新安装信息系统时，应当保持信息系统技术接口标准与医保信息系统有效对接，并按规定及时全面准确向医保信息系统传送医保结算和审核所需的有关数据。

## 第四章 经办管理服务

**第二十四条** 经办机构有权掌握定点零售药店的运行管理情况，从定点零售药店获得医保费用稽查审核、绩效考核和财务记账等所需要的信息数据等资料。

**第二十五条** 经办机构应当完善定点申请、组织评估、协议签订、协议履行、协议变更和解除等流程管理，制定经办规程，为定点零售药店和参保人员提供优质高效的经办服务。

**第二十六条** 经办机构应做好对定点零售药店医疗保障政策、管理制度、支付政策、操作流程的宣传培训，提供医疗保障咨询、查询服务。

**第二十七条** 经办机构应当落实医保支付政策，加强医疗保障基金管理。

**第二十八条** 经办机构应当建立完善的内部控制制度，明确对定点零售药店医保费用的审核、结算、拨付、稽核等岗位责任及风险防控机制。完善重大医保药品费用支出集体决策制度。

**第二十九条** 经办机构应当加强医疗保障基金支出管理，通过智能审核、实时监控、现场检查等方式及时审核医保药品费用。对定点零售药店进行定期和不定期稽查审核，按医保协议约定及时足额向定点零售药店拨付医保费用。原则上，应当在定点零售药店申报后30个工作日内拨付符合规定的医保费用。

**第三十条** 定点零售药店经审查核实的违规医保费用，经办机构不予支付。

**第三十一条** 经办机构应当依法依规支付参保人员在定点零售药店发生的药品费用。

参保人员应凭本人参保有效身份凭证在定点零售药店购药。不得出租（借）本人有效身份凭证给他人，不得套取医疗保障基金。在非定点零售药店发生的药品费用，医疗保障基金不予支付。

第三十二条　经办机构向社会公开医保信息系统数据集和接口标准。定点零售药店自主选择与医保对接的有关信息系统的运行和维护供应商。经办机构不得以任何名义收取任何费用及指定供应商。

第三十三条　经办机构应遵守数据安全有关制度，保护参保人员隐私，确保医疗保障基金安全。

第三十四条　经办机构或其委托的第三方机构，对定点零售药店开展绩效考核，建立动态管理机制。考核结果与年终清算、质量保证金退还、医保协议续签等挂钩。绩效考核办法由国家医疗保障部门制定，省级医疗保障部门可制定具体考核细则，经办机构负责组织实施。

第三十五条　经办机构发现定点零售药店存在违反医保协议约定情形的，可按医保协议约定相应采取以下处理方式：

（一）约谈法定代表人、主要负责人或实际控制人；

（二）暂停结算、不予支付或追回已支付的医保费用；

（三）要求定点零售药店按照医保协议约定支付违约金；

（四）中止或解除医保协议。

第三十六条　经办机构违反医保协议的，定点零售药店有权要求纠正或者提请医疗保障行政部门协调处理、督促整改，也可以依法申请行政复议或者提起行政诉讼。

医疗保障行政部门发现经办机构存在违反医保协议约定的，可视情节相应采取以下处理方式：约谈主要负责人、限期整改、通报批评，对相关责任人员依法依规给予处分。

医疗保障行政部门发现经办机构违反相关法律法规和规章的，依法依规进行处理。

## 第五章 定点零售药店的动态管理

**第三十七条** 定点零售药店的名称、法定代表人、企业负责人、实际控制人、注册地址和药品经营范围等重要信息发生变更的,应自有关部门批准之日起 30 个工作日内向统筹地区经办机构提出变更申请,其他一般信息变更应及时书面告知。

**第三十八条** 续签应由定点零售药店于医保协议期满前 3 个月向经办机构提出申请或由经办机构统一组织。统筹地区经办机构和定点零售药店就医保协议续签事宜进行协商谈判,双方根据医保协议履行情况和绩效考核情况等决定是否续签。协商一致的,可续签医保协议;未达成一致的,医保协议解除。

**第三十九条** 医保协议中止是指经办机构与定点零售药店暂停履行医保协议约定,中止期间发生的医保费用不予结算。中止期结束,未超过医保协议有效期的,医保协议可继续履行;超过医保协议有效期的,医保协议终止。

定点零售药店可提出中止医保协议申请,经经办机构同意,可以中止医保协议但中止时间原则上不得超过 180 日,定点零售药店在医保协议中止超过 180 日仍未提出继续履行医保协议申请的,原则上医保协议自动终止。定点零售药店有下列情形之一的,经办机构应中止医保协议:

(一)根据日常检查和绩效考核,发现对医疗保障基金安全和参保人员权益可能造成重大风险的;

(二)未按规定向医疗保障行政部门及经办机构提供有关数据或提供数据不真实的;

(三)根据医保协议约定应当中止医保协议的;

(四)法律法规和规章规定的应当中止的其他情形。

**第四十条** 医保协议解除是指经办机构与定点零售药店之间的医保协议解除,协议关系不再存续,医保协议解除后产生的医药费用,医疗保障基金不再结算。定点零售药店有下列情形之一的,经办机构应解除医保协议，并向社会公布解除医保协议的零售药店名单：

（一）医保协议有效期内累计2次及以上被中止医保协议或中止医保协议期间未按要求整改或整改不到位的；

（二）发生重大药品质量安全事件的；

（三）以弄虚作假等不正当手段申请取得定点的；

（四）以伪造、变造医保药品"进、销、存"票据和账目、伪造处方或参保人员费用清单等方式，骗取医疗保障基金的；

（五）将非医保药品或其他商品串换成医保药品，倒卖医保药品或套取医疗保障基金的；

（六）为非定点零售药店、中止医保协议期间的定点零售药店或其他机构进行医保费用结算的；

（七）将医保结算设备转借或赠与他人，改变使用场地的；

（八）拒绝、阻挠或不配合经办机构开展智能审核、绩效考核等，情节恶劣的；

（九）被发现重大信息发生变更但未办理变更的；

（十）医疗保障行政部门或有关执法机构在行政执法中，发现定点零售药店存在重大违法违规行为且可能造成医疗保障基金重大损失的；

（十一）被吊销、注销药品经营许可证或营业执照的；

（十二）未依法履行医疗保障行政部门作出的行政处罚决定的；

（十三）法定代表人、企业负责人或实际控制人不能履行医保协议约定，或有违法失信行为的；

（十四）因定点零售药店连锁经营企业总部法定代表人、企业负责人或实际控制人违法违规导致连锁零售药店其中一家分支零售药店被解除医保协议的，相同法定代表人、企业负责人或实际控制人的其他分支零售药店同时解除医保协议；

（十五）定点零售药店主动提出解除医保协议且经经办机构同意的；

（十六）根据医保协议约定应当解除协议的；

（十七）法律法规和规章规定的其他应当解除的情形。

**第四十一条** 定点零售药店主动提出中止医保协议、解除医保协议或不再续签的，应提前3个月向经办机构提出申请。地市级及以上的统筹地区经办机构与定点零售药店中止或解除医保协议，该零售药店在其他统筹区的医保协议也同时中止或解除。

**第四十二条** 定点零售药店与统筹地区经办机构就医保协议签订、履行、变更和解除发生争议的，可以自行协商解决或者请求同级医疗保障行政部门协调处理，也可提起行政复议或行政诉讼。

## 第六章 定点零售药店的监督

**第四十三条** 医疗保障行政部门对定点申请、申请受理、专业评估、协议订立、协议履行和解除等进行监督，对经办机构的内部控制制度建设、医保费用的审核和拨付等进行指导和监督。

医疗保障行政部门依法依规通过实地检查、抽查、智能监控、大数据分析等方式对定点零售药店的医保协议履行情况、医疗保障基金使用情况、药品服务等进行监督。

**第四十四条** 医疗保障行政部门和经办机构应拓宽监督途径、创新监督方式，通过满意度调查、第三方评价、聘请社会监督员等方式对定点零售药店进行社会监督，畅通举报投诉渠道，及时发现问题并进行处理。

**第四十五条** 医疗保障行政部门发现定点零售药店存在违约情形的，应当及时责令经办机构按照医保协议处理。定点零售药店违反法律法规规定的，依法依规处理。

**第四十六条** 经办机构发现违约行为，应当及时按照医保协议处理。

经办机构作出中止或解除医保协议处理时，要及时报告同级医疗保障行政部门。

医疗保障行政部门发现定点零售药店存在违约情形的，应当及时责令经办机构按照医保协议处理，经办机构应当及时按照协议处理。

医疗保障行政部门依法查处违法违规行为时，认为经办机构移交相关违法线索事实不清的，可组织补充调查或要求经办机构补充材料。

## 第七章　附　　则

**第四十七条**　职工基本医疗保险、城乡居民基本医疗保险、生育保险、医疗救助、居民大病保险等医疗保障定点管理工作按照本办法执行。

**第四十八条**　本办法中的经办机构是具有法定授权，实施医疗保障管理服务的职能机构，是医疗保障经办的主体。

零售药店是符合《中华人民共和国药品管理法》规定，领取药品经营许可证的药品零售企业。

定点零售药店是指自愿与统筹地区经办机构签订医保协议，为参保人员提供药品服务的实体零售药店。

医保协议是指由经办机构与零售药店经协商谈判而签订的，用于规范双方权利、义务及责任等内容的协议。

**第四十九条**　国务院医疗保障行政部门制作并定期修订医保协议范本，国家医疗保障经办机构制定经办规程并指导各地加强和完善协议管理。地市级及以上的医疗保障行政部门及经办机构在此基础上，可根据实际情况分别细化制定本地区的协议范本及经办规程。协议内容应根据法律、法规、规章和医疗保障政策调整变化相一致，医疗保障行政部门予以调整医保协议内容时，应征求相关定点零售药店意见。

**第五十条**　本办法由国务院医疗保障行政部门负责解释，自2021年2月1日起施行。

# 医疗机构医疗保障定点管理暂行办法

(2020年12月30日国家医疗保障局令第2号公布 自2021年2月1日起施行)

## 第一章 总 则

**第一条** 为加强和规范医疗机构医疗保障定点管理,提高医疗保障基金使用效率,更好地保障广大参保人员权益,根据《中华人民共和国社会保险法》《中华人民共和国基本医疗卫生与健康促进法》及《医疗机构管理条例》等法律法规,制定本办法。

**第二条** 医疗机构医疗保障定点管理应坚持以人民健康为中心,遵循保障基本、公平公正、权责明晰、动态平衡的原则,加强医保精细化管理,促进医疗机构供给侧改革,为参保人员提供适宜的医疗服务。

**第三条** 医疗保障行政部门负责制定医疗机构定点管理政策,在定点申请、专业评估、协商谈判、协议订立、协议履行、协议解除等环节对医疗保障经办机构(以下简称"经办机构")、定点医疗机构进行监督。经办机构负责确定定点医疗机构,并与定点医疗机构签订医疗保障服务协议(以下简称"医保协议"),提供经办服务,开展医保协议管理、考核等。定点医疗机构应当遵守医疗保障法律、法规、规章及有关政策,按照规定向参保人员提供医疗服务。

## 第二章 定点医疗机构的确定

**第四条** 统筹地区医疗保障行政部门根据公众健康需求、管理服务需要、医保基金收支、区域卫生规划、医疗机构设置规划等确定本统筹地区定点医疗服务的资源配置。

**第五条** 以下取得医疗机构执业许可证或中医诊所备案证的医疗机构，以及经军队主管部门批准有为民服务资质的军队医疗机构可申请医保定点：

（一）综合医院、中医医院、中西医结合医院、民族医医院、专科医院、康复医院；

（二）专科疾病防治院（所、站）、妇幼保健院；

（三）社区卫生服务中心（站）、中心卫生院、乡镇卫生院、街道卫生院、门诊部、诊所、卫生所（站）、村卫生室（所）；

（四）独立设置的急救中心；

（五）安宁疗护中心、血液透析中心、护理院；

（六）养老机构内设的医疗机构。

互联网医院可依托其实体医疗机构申请签订补充协议，其提供的医疗服务所产生的符合医保支付范围的相关费用，由统筹地区经办机构与其所依托的实体医疗机构按规定进行结算。

**第六条** 申请医保定点的医疗机构应当同时具备以下基本条件：

（一）正式运营至少3个月；

（二）至少有1名取得医师执业证书、乡村医生执业证书或中医（专长）医师资格证书且第一注册地在该医疗机构的医师；

（三）主要负责人负责医保工作，配备专（兼）职医保管理人员；100张床位以上的医疗机构应设内部医保管理部门，安排专职工作人员；

（四）具有符合医保协议管理要求的医保管理制度、财务制度、统计信息管理制度、医疗质量安全核心制度等；

（五）具有符合医保协议管理要求的医院信息系统技术和接口标准，实现与医保信息系统有效对接，按要求向医保信息系统传送全部就诊人员相关信息，为参保人员提供直接联网结算。设立医保药品、诊疗项目、医疗服务设施、医用耗材、疾病病种等基础数据库，按规定使用国家统一的医保编码；

（六）符合法律法规和省级及以上医疗保障行政部门规定的其他条件。

**第七条** 医疗机构向统筹地区经办机构提出医保定点申请，至少提供以下材料：

（一）定点医疗机构申请表；

（二）医疗机构执业许可证或中医诊所备案证或军队医疗机构为民服务许可证照复印件；

（三）与医保政策对应的内部管理制度和财务制度文本；

（四）与医保有关的医疗机构信息系统相关材料；

（五）纳入定点后使用医疗保障基金的预测性分析报告；

（六）省级医疗保障行政部门按相关规定要求提供的其他材料。

**第八条** 医疗机构提出定点申请，统筹地区经办机构应即时受理。对申请材料内容不全的，经办机构自收到材料之日起5个工作日内一次性告知医疗机构补充。

**第九条** 统筹地区经办机构应组织评估小组或委托第三方机构，以书面、现场等形式开展评估。评估小组成员由医疗保障、医药卫生、财务管理、信息技术等专业人员构成。自受理申请材料之日起，评估时间不超过3个月，医疗机构补充材料时间不计入评估期限。评估内容包括：

（一）核查医疗机构执业许可证或中医诊所备案证或军队医疗机构为民服务许可证；

（二）核查医师、护士、药学及医技等专业技术人员执业信息和医师第一注册地信息；

（三）核查与服务功能相适应的诊断、治疗、手术、住院、药品贮存及发放、检查检验放射等基础设施和仪器设备；

（四）核查与医保政策对应的内部管理制度和财务制度，卫生健康部门医疗机构评审的结果；

（五）核查与医保有关的医疗机构信息系统是否具备开展直接联网结算的条件。

评估结果分为合格和不合格。统筹地区经办机构应将评估结果报同级医疗保障行政部门备案。对于评估合格的，应将其纳入拟签订协议医疗机构名单，并向社会公示。对于评估不合格的，应告知其理由，提出整改建议。自结果告知送达之日起，整改3个月后可再次组织评估，评估仍不合格的，1年内不得再次申请。

省级医疗保障行政部门可以在本办法基础上，根据实际情况，制定具体评估细则。

第十条　统筹地区经办机构与评估合格的医疗机构协商谈判，达成一致的，双方自愿签订医保协议。原则上，由地市级及以上的统筹地区经办机构与医疗机构签订医保协议并向同级医疗保障行政部门备案。医保协议应明确双方权利、义务和责任。签订医保协议的双方应当严格执行协议约定。协议期限一般为1年。

第十一条　统筹地区经办机构应向社会公布签订医保协议的定点医疗机构信息，包括名称、地址等，供参保人员选择。

第十二条　医疗机构有下列情形之一的，不予受理定点申请：

（一）以医疗美容、辅助生殖、生活照护、种植牙等非基本医疗服务为主要执业范围的；

（二）基本医疗服务未执行医疗保障行政部门制定的医药价格政策的；

（三）未依法履行行政处罚责任的；

（四）以弄虚作假等不正当手段申请定点，自发现之日起未满3年的；

（五）因违法违规被解除医保协议未满3年或已满3年但未完全履行行政处罚法律责任的；

（六）因严重违反医保协议约定而被解除协议未满1年或已满1年但未完全履行违约责任的；

（七）法定代表人、主要负责人或实际控制人曾因严重违法违规导致原定点医疗机构被解除医保协议，未满5年的；

（八）法定代表人、主要负责人或实际控制人被列入失信人名单的；

（九）法律法规规定的其他不予受理的情形。

## 第三章 定点医疗机构运行管理

**第十三条** 定点医疗机构具有依法依规为参保人员提供医疗服务后获得医保结算费用,对经办机构履约情况进行监督,对完善医保政策提出意见建议等权利。

**第十四条** 定点医疗机构应当严格执行医保协议,合理诊疗、合理收费,严格执行医保药品、医用耗材和医疗服务项目等目录,优先配备使用医保目录药品,控制患者自费比例,提高医疗保障基金使用效率。定点医疗机构不得为非定点医疗机构提供医保结算。

经办机构不予支付的费用、定点医疗机构按医保协议约定被扣除的质量保证金及其支付的违约金等,定点医疗机构不得作为医保欠费处理。

**第十五条** 定点医疗机构及其工作人员应当执行实名就医和购药管理规定,核验参保人员有效身份凭证,按照诊疗规范提供合理、必要的医药服务,向参保人员如实出具费用单据和相关资料,不得分解住院、挂床住院,不得违反诊疗规范过度诊疗、过度检查、分解处方、超量开药、重复开药,不得重复收费、超标准收费、分解项目收费,不得串换药品、医用耗材、诊疗项目和服务设施,不得诱导、协助他人冒名或者虚假就医、购药。

定点医疗机构应当确保医疗保障基金支付的费用符合规定的支付范围;除急诊、抢救等特殊情形外,提供医疗保障基金支付范围以外的医药服务的,应当经参保人员或者其近亲属、监护人同意。

**第十六条** 定点医疗机构应当制定相应的内部管理措施,严格掌握出入院指征。按照协议执行医保总额预算指标,执行按项目、按病种、按疾病诊断相关分组、按床日、按人头等支付方式。不得以医保支付政策为由拒收患者。

**第十七条** 定点医疗机构按有关规定执行集中采购政策,优先使用集中采购中选的药品和耗材。医保支付的药品、耗材应当按规定在医疗保障行政部门规定的平台上采购,并真实记录"进、销、存"等情况。

**第十八条** 定点医疗机构应当严格执行医疗保障行政部门制定的医药价格政策。

**第十九条** 定点医疗机构应当参加由医疗保障行政部门或经办机构组织的宣传和培训。

定点医疗机构应当组织开展医疗保障基金相关制度、政策的培训,定期检查本单位医疗保障基金使用情况,及时纠正医疗保障基金使用不规范的行为。

**第二十条** 定点医疗机构在显著位置悬挂统一样式的定点医疗机构标识。

**第二十一条** 定点医疗机构应按要求及时向统筹地区经办机构报送医疗保障基金结算清单等信息,包括疾病诊断及手术操作,药品、医用耗材、医疗服务项目费用结算明细,医师、护士等信息,并对其真实性负责。定点医疗机构应当按要求如实向统筹地区经办机构报送药品、耗材的采购价格和数量。

定点医疗机构应向医疗保障部门报告医疗保障基金使用监督管理及协议管理所需信息,向社会公开医药费用、费用结构等信息。

**第二十二条** 定点医疗机构应当配合经办机构开展医保费用审核、稽核检查、绩效考核等工作,接受医疗保障行政部门的监督检查,并按规定提供相关材料。

**第二十三条** 定点医疗机构应当优化医保结算流程,为参保人员提供便捷的医疗服务,按规定进行医保费用直接结算,提供费用结算单据和相关资料。为符合规定的参保人员提供转诊转院服务。参保人员根据有关规定可以在定点医疗机构购药或凭处方到定点零售药店购药。

**第二十四条** 定点医疗机构应当做好与医保有关的信息系统安全保障工作,遵守数据安全有关制度,保护参保人员隐私。定点医疗机构重新安装信息系统时,应当保持信息系统技术接口标准与医保信息系统有效对接,并按规定及时全面准确向医保信息系统传送医保结算和审核所需的有关数据。

## 第四章　经办管理服务

**第二十五条**　经办机构有权掌握定点医疗机构运行管理情况，从定点医疗机构获得医保费用稽查审核、绩效考核和财务记账等所需要的信息数据等资料。定点医疗机构实行属地管理，经办机构对属地定点医疗机构为本地和异地参保人员提供的医疗服务承担管理服务职责。

**第二十六条**　经办机构应当完善定点申请、组织评估和协议签订、协议履行、协议变更和解除等管理流程，制定经办规程，为定点医疗机构和参保人员提供优质高效的经办服务。

**第二十七条**　经办机构应做好对定点医疗机构医保政策、管理制度、支付政策、操作流程的宣传培训，提供医疗保障咨询、查询服务。

**第二十八条**　经办机构应当落实医保支付政策，加强医疗保障基金管理。

**第二十九条**　经办机构应当建立完善的内部控制制度，明确对定点医疗机构申报费用的审核、结算、拨付、稽核等岗位责任及风险防控机制。完善重大医保费用支出集体决策制度。

**第三十条**　经办机构应当加强医疗保障基金支出管理，通过智能审核、实时监控、现场检查等方式及时审核医疗费用。对定点医疗机构进行定期和不定期稽查审核。按协议约定及时足额向定点医疗机构拨付医保费用，原则上应当在定点医疗机构申报后30个工作日内拨付符合规定的医保费用。

**第三十一条**　有条件的统筹地区经办机构可以按国家规定向定点医疗机构预付一部分医保资金，缓解其资金运行压力。在突发疫情等紧急情况时，可以按国家规定预拨专项资金。

**第三十二条**　定点医疗机构违规申报费用，经审查核实的，经办机构不予支付。

**第三十三条**　经办机构应当依法依规支付参保人员在定点医疗机构发生的医疗费用，为参保人员提供医保政策咨询。除急诊和抢救外，参保人员在非定点医疗机构就医发生的费用医疗保障基金不予支付。

第三十四条 经办机构向社会公开医保信息系统数据集和接口标准。定点医疗机构自主选择与医保对接的有关信息系统的运行和维护供应商。经办机构不得以任何名义收取任何费用及指定供应商。

第三十五条 经办机构应遵守数据安全有关制度，保护参保人员隐私，确保医疗保障基金安全。

第三十六条 经办机构或其委托符合规定的第三方机构，对定点医疗机构开展绩效考核，建立动态管理机制。考核结果与年终清算、质量保证金退还、协议续签等挂钩。绩效考核办法由国家医疗保障部门制定，省级医疗保障部门可制定具体考核细则，经办机构负责组织实施。

第三十七条 对于定点医疗机构结算周期内未超过总额控制指标的医疗费用，经办机构应根据协议按时足额拨付。对定点医疗机构因参保人员就医数量大幅增加等形成的合理超支给予适当补偿。

第三十八条 经办机构发现定点医疗机构存在违反协议约定情形的，可按协议约定相应采取以下处理方式：

（一）约谈医疗机构法定代表人、主要负责人或实际控制人；

（二）暂停或不予拨付费用；

（三）不予支付或追回已支付的医保费用；

（四）要求定点医疗机构按照协议约定支付违约金；

（五）中止相关责任人员或者所在部门涉及医疗保障基金使用的医疗服务；

（六）中止或解除医保协议。

第三十九条 经办机构违反医保协议的，定点医疗机构有权要求纠正或者提请医疗保障行政部门协调处理、督促整改，也可以依法申请行政复议或者提起行政诉讼。

医疗保障行政部门发现经办机构存在违反医保协议的，可视情节相应采取以下处理方式：约谈主要负责人、限期整改、通报批评，对相关责任人员依法依规给予处分。

医疗保障行政部门发现经办机构违反相关法律法规和规章的，依法依规进行处理。

## 第五章 定点医疗机构的动态管理

**第四十条** 定点医疗机构的名称、法定代表人、主要负责人或实际控制人、注册地址、银行账户、诊疗科目、机构规模、机构性质、等级和类别等重大信息变更时，应自有关部门批准之日起30个工作日内向统筹地区经办机构提出变更申请。其他一般信息变更应及时书面告知。

**第四十一条** 续签应由定点医疗机构于医保协议期满前3个月向经办机构提出申请或由经办机构统一组织。统筹地区经办机构与定点医疗机构就医保协议续签事宜进行协商谈判，双方根据医保协议履行情况和绩效考核情况等决定是否续签。协商一致的，可续签医保协议；未达成一致的，医保协议到期后自动终止。

对于绩效考核结果好的定点医疗机构可以采取固定医保协议和年度医保协议相结合的方式，固定医保协议相对不变，年度医保协议每年根据具体情况调整，简化签约手续。

**第四十二条** 医保协议中止是指经办机构与定点医疗机构暂停履行医保协议约定，中止期间发生的医保费用不予结算。中止期结束，未超过医保协议有效期的，医保协议可继续履行；超过医保协议有效期的，医保协议终止。

定点医疗机构可提出中止医保协议申请，经经办机构同意，可以中止医保协议但中止时间原则上不得超过180日，定点医疗机构在医保协议中止超过180日仍未提出继续履行医保协议申请的，原则上医保协议自动终止。定点医疗机构有下列情形之一的，经办机构应中止医保协议：

（一）根据日常检查和绩效考核，发现对医疗保障基金安全和参

保人员权益可能造成重大风险的;

（二）未按规定向经办机构及医疗保障行政部门提供有关数据或提供数据不真实的;

（三）根据医保协议约定应当中止医保协议的;

（四）法律法规和规章规定的应当中止的其他情形。

**第四十三条** 医保协议解除是指经办机构与定点医疗机构之间的医保协议解除，协议关系不再存续，协议解除后产生的医药费用，医疗保障基金不再结算。定点医疗机构有以下情形之一的，经办机构应解除医保协议，并向社会公布解除医保协议的医疗机构名单：

（一）医保协议有效期内累计2次及以上被中止医保协议或中止医保协议期间未按要求整改或整改不到位的;

（二）以弄虚作假等不正当手段申请取得定点的;

（三）经医疗保障部门和其他有关部门查实有欺诈骗保行为的;

（四）为非定点医疗机构或处于中止医保协议期间的医疗机构提供医保费用结算的;

（五）拒绝、阻挠或不配合医疗保障部门开展智能审核、绩效考核、监督检查等，情节恶劣的;

（六）被发现重大信息发生变更但未办理重大信息变更的;

（七）定点医疗机构停业或歇业后未按规定向经办机构报告的;

（八）医疗保障行政部门或其他有关部门在行政执法中，发现定点医疗机构存在重大违法违规行为且可能造成医疗保障基金重大损失的;

（九）被吊销、注销医疗机构执业许可证或中医诊所备案证的;

（十）法定代表人、主要负责人或实际控制人不能履行医保协议约定，或有违法失信行为的;

（十一）未依法履行医疗保障行政部门作出的行政处罚决定的;

（十二）定点医疗机构主动提出解除医保协议且经办机构同意的;

（十三）根据医保协议约定应当解除医保协议的;

（十四）法律法规和规章规定的应当解除的其他情形。

**第四十四条** 定点医疗机构请求中止、解除医保协议或不再续签医保协议的，应提前3个月向经办机构提出申请。公立医疗机构不得主动提出中止或解除医保协议。

医疗机构所在地的地市级及以上统筹地区经办机构与定点医疗机构中止或解除医保协议，该医疗机构在其他统筹区的医保协议也同时中止或解除。

**第四十五条** 定点医疗机构的部分人员或科室有违反协议管理要求的，可对该人员或科室中止或终止医保结算。

**第四十六条** 医疗机构与统筹地区经办机构就医保协议签订、履行、变更和解除发生争议的，可以自行协商解决或者请求同级医疗保障行政部门协调处理，也可以依法提起行政复议或行政诉讼。

## 第六章 定点医疗机构的监督

**第四十七条** 医疗保障行政部门对定点申请、申请受理、专业评估、协议订立、协议履行和解除等进行监督，对经办机构的内部控制制度建设、医保费用的审核和拨付等进行指导和监督。

医疗保障行政部门依法依规通过实地检查、抽查、智能监控、大数据分析等方式对定点医疗机构的协议履行情况、医疗保障基金使用情况、医疗服务行为、购买涉及医疗保障基金使用的第三方服务等进行监督。

**第四十八条** 医疗保障行政部门和经办机构应拓宽监督途径、创新监督方式，通过满意度调查、第三方评价、聘请社会监督员等方式对定点医疗机构进行社会监督，畅通举报投诉渠道，及时发现问题并进行处理。

**第四十九条** 经办机构发现违约行为，应当及时按照协议处理。

经办机构作出中止相关责任人员或者所在部门涉及医疗保障基金使用的医药服务、中止和解除医保协议等处理时，要及时报告同级医疗保障行政部门。

医疗保障行政部门发现定点医疗机构存在违约情形的，应当及时责令经办机构按照医保协议处理，经办机构应当及时按照医保协议处理。

医疗保障行政部门依法查处违法违规行为时，认为经办机构移交相关违法线索事实不清的，可组织补充调查或要求经办机构补充材料。

## 第七章　附　　则

**第五十条**　职工基本医疗保险、城乡居民基本医疗保险、生育保险、医疗救助、居民大病保险等医疗保障定点管理工作按照本办法执行。

**第五十一条**　本办法中的经办机构是具有法定授权，实施医疗保障管理服务的职能机构，是医疗保障经办的主体。

定点医疗机构是指自愿与统筹地区经办机构签订医保协议，为参保人员提供医疗服务的医疗机构。

医保协议是指由经办机构与医疗机构经协商谈判而签订的，用于规范医疗服务行为以及明确双方权利、义务及责任等内容的协议。

**第五十二条**　国务院医疗保障行政部门制作并定期修订医保协议范本，国家医疗保障经办机构制定经办规程并指导各地加强和完善医保协议管理。地市级及以上的医疗保障行政部门及经办机构在此基础上，可根据实际情况分别细化制定本地区的医保协议范本及经办规程。医保协议内容应与法律、法规、规章和医疗保障政策调整变化相一致，医疗保障行政部门调整医保协议内容时，应征求相关定点医疗机构意见。

**第五十三条**　本办法由国务院医疗保障行政部门负责解释，自2021年2月1日起施行。

# 基本医疗保险用药管理暂行办法

(2020年7月30日国家医疗保障局令第1号公布 自2020年9月1日起施行)

## 第一章 总 则

**第一条** 为推进健康中国建设，保障参保人员基本用药需求，提升基本医疗保险用药科学化、精细化管理水平，提高基本医疗保险基金使用效益，推进治理体系和治理能力现代化，依据《中华人民共和国社会保险法》等法律法规和《中共中央 国务院关于深化医疗保障制度改革的意见》，制定本暂行办法。

**第二条** 各级医疗保障部门对基本医疗保险用药范围的确定、调整，以及基本医疗保险用药的支付、管理和监督等，适用本办法。

**第三条** 基本医疗保险用药范围通过制定《基本医疗保险药品目录》(以下简称《药品目录》)进行管理，符合《药品目录》的药品费用，按照国家规定由基本医疗保险基金支付。《药品目录》实行通用名管理，《药品目录》内药品的同通用名药品自动属于基本医疗保险基金支付范围。

**第四条** 基本医疗保险用药管理坚持以人民为中心的发展思想，切实保障参保人员合理的用药需求；坚持"保基本"的功能定位，既尽力而为，又量力而行，用药保障水平与基本医疗保险基金和参保人承受能力相适应；坚持分级管理，明确各层级职责和权限；坚持专家评审，适应临床技术进步，实现科学、规范、精细、动态管理；坚持中西药并重，充分发挥中药和西药各自优势。

**第五条** 《药品目录》由凡例、西药、中成药、协议期内谈判药品和中药饮片五部分组成。省级医疗保障行政部门按国家规定增补的药品单列。为维护临床用药安全和提高基本医疗保险基金使用效益，《药品目录》对部分药品的医保支付条件进行限定。

**第六条** 国务院医疗保障行政部门负责建立基本医疗保险用药管理体系，制定和调整全国范围内基本医疗保险用药范围，使用和支付的原则、条件、标准及程序等，组织制定、调整和发布国家《药品目录》并编制统一的医保代码，对全国基本医疗保险用药工作进行管理和监督。国家医疗保障经办机构受国务院医疗保障行政部门委托承担国家《药品目录》调整的具体组织实施工作。

省级医疗保障行政部门负责本行政区域内的基本医疗保险用药管理，制定本地区基本医疗保险用药管理政策措施，负责《药品目录》的监督实施等工作。各省（自治区、直辖市）以国家《药品目录》为基础，按照国家规定的调整权限和程序将符合条件的民族药、医疗机构制剂、中药饮片纳入省级医保支付范围，按规定向国务院医疗保障行政部门备案后实施。

统筹地区医疗保障部门负责《药品目录》及相关政策的实施，按照医保协议对定点医药机构医保用药行为进行审核、监督和管理，按规定及时结算和支付医保费用，并承担相关的统计监测、信息报送等工作。

## 第二章 《药品目录》的制定和调整

**第七条** 纳入国家《药品目录》的药品应当是经国家药品监管部门批准，取得药品注册证书的化学药、生物制品、中成药（民族药），以及按国家标准炮制的中药饮片，并符合临床必需、安全有效、价格合理等基本条件。支持符合条件的基本药物按规定纳入《药品目录》。

**第八条** 以下药品不纳入《药品目录》：

（一）主要起滋补作用的药品；

（二）含国家珍贵、濒危野生动植物药材的药品；

（三）保健药品；

（四）预防性疫苗和避孕药品；

（五）主要起增强性功能、治疗脱发、减肥、美容、戒烟、戒酒

等作用的药品;

（六）因被纳入诊疗项目等原因,无法单独收费的药品;

（七）酒制剂、茶制剂,各类果味制剂（特别情况下的儿童用药除外）,口腔含服剂和口服泡腾剂（特别规定情形的除外）等;

（八）其他不符合基本医疗保险用药规定的药品。

**第九条**　《药品目录》内的药品,有下列情况之一的,经专家评审后,直接调出《药品目录》:

（一）被药品监管部门撤销、吊销或者注销药品批准证明文件的药品;

（二）被有关部门列入负面清单的药品;

（三）综合考虑临床价值、不良反应、药物经济性等因素,经评估认为风险大于收益的药品;

（四）通过弄虚作假等违规手段进入《药品目录》的药品;

（五）国家规定的应当直接调出的其他情形。

**第十条**　《药品目录》内的药品,符合以下情况之一的,经专家评审等规定程序后,可以调出《药品目录》:

（一）在同治疗领域中,价格或费用明显偏高且没有合理理由的药品;

（二）临床价值不确切,可以被更好替代的药品;

（三）其他不符合安全性、有效性、经济性等条件的药品。

**第十一条**　国务院医疗保障行政部门建立完善动态调整机制,原则上每年调整一次。

国务院医疗保障行政部门根据医保药品保障需求、基本医疗保险基金的收支情况、承受能力、目录管理重点等因素,确定当年《药品目录》调整的范围和具体条件,研究制定调整工作方案,依法征求相关部门和有关方面的意见并向社会公布。对企业申报且符合当年《药品目录》调整条件的药品纳入该年度调整范围。

**第十二条**　建立《药品目录》准入与医保药品支付标准（以下简称支付标准）衔接机制。除中药饮片外,原则上新纳入《药品目录》的药品同步确定支付标准。

独家药品通过准入谈判的方式确定支付标准。

非独家药品中，国家组织药品集中采购（以下简称集中采购）中选药品，按照集中采购有关规定确定支付标准；其他非独家药品根据准入竞价等方式确定支付标准。

执行政府定价的麻醉药品和第一类精神药品，支付标准按照政府定价确定。

**第十三条** 中药饮片采用专家评审方式进行调整，其他药品的调整程序主要包括企业申报、专家评审、谈判或准入竞价、公布结果。

**第十四条** 建立企业（药品上市许可持有人，以下统称企业）申报制度。根据当年调整的范围，符合条件的企业按规定向国家医疗保障经办机构提交必要的资料。提交资料的具体要求和办法另行制定。

**第十五条** 国家医疗保障经办机构按规定组织医学、药学、药物经济学、医保管理等方面专家，对符合当年《药品目录》调整条件的全部药品进行评审，并提出如下药品名单：

（一）建议新增纳入《药品目录》的药品。经专家评审后，符合条件的国家组织集中采购中选药品或政府定价药品，可直接纳入《药品目录》；其他药品按规定提交药物经济学等资料。

（二）原《药品目录》内建议直接调出的药品。该类药品直接从《药品目录》中调出。

（三）原《药品目录》内建议可以调出的药品。该类药品按规定提交药物经济学等资料。

（四）原《药品目录》内药品建议调整限定支付范围的。其中缩小限定支付范围或者扩大限定支付范围但对基本医疗保险基金影响较小的，可以直接调整；扩大限定支付范围且对基本医疗保险基金影响较大的，按规定提交药物经济学等资料。

**第十六条** 国家医疗保障经办机构按规定组织药物经济学、医保管理等方面专家开展谈判或准入竞价。其中独家药品进入谈判环节，非独家药品进入企业准入竞价环节。谈判或者准入竞价成功的，纳入《药品目录》或调整限定支付范围；谈判或者准入竞价不成功的，不纳入或调出《药品目录》，或者不予调整限定支付范围。

**第十七条** 国务院医疗保障行政部门负责确定并印发《药品目录》，公布调整结果。

**第十八条** 原则上谈判药品协议有效期为两年。协议期内，如有谈判药品的同通用名药物（仿制药）上市，医保部门可根据仿制药价格水平调整该药品的支付标准，也可以将该通用名纳入集中采购范围。协议期满后，如谈判药品仍为独家，周边国家及地区的价格等市场环境未发生重大变化且未调整限定支付范围或虽然调整了限定支付范围但对基本医疗保险基金影响较小的，根据协议期内基本医疗保险基金实际支出（以医保部门统计为准）与谈判前企业提交的预算影响分析进行对比，按相关规则调整支付标准，并续签协议。具体规则另行制定。

**第十九条** 对于因更名、异名等原因需要对药品的目录归属进行认定的，由国务院医疗保障行政部门按程序进行认定后发布。

**第二十条** 国务院医疗保障行政部门负责编制国家医保药品代码，按照医保药品分类和代码规则建立药品编码数据库。原则上每季度更新一次。

## 第三章 《药品目录》的使用

**第二十一条** 协议期内谈判药品原则上按照支付标准直接挂网采购。协议期内，谈判药品的同通用名药品在价格不高于谈判支付标准的情况下，按规定挂网采购。其他药品按照药品招采有关政策执行。

**第二十二条** 在满足临床需要的前提下，医保定点医疗机构须优先配备和使用《药品目录》内药品。逐步建立《药品目录》与定点医疗机构药品配备联动机制，定点医疗机构根据《药品目录》调整结果及时对本医疗机构用药目录进行调整和优化。

## 第四章 医保用药的支付

**第二十三条** 参保人使用《药品目录》内药品发生的费用，符合以下条件的，可由基本医疗保险基金支付：

（一）以疾病诊断或治疗为目的；

（二）诊断、治疗与病情相符，符合药品法定适应症及医保限定支付范围；

（三）由符合规定的定点医药机构提供，急救、抢救的除外；

（四）由统筹基金支付的药品费用，应当凭医生处方或住院医嘱；

（五）按规定程序经过药师或执业药师的审查。

**第二十四条** 国家《药品目录》中的西药和中成药分为"甲类药品"和"乙类药品"。"甲类药品"是临床治疗必需、使用广泛、疗效确切、同类药品中价格或治疗费用较低的药品。"乙类药品"是可供临床治疗选择使用，疗效确切、同类药品中比"甲类药品"价格或治疗费用略高的药品。协议期内谈判药品纳入"乙类药品"管理。

各省级医疗保障部门按国家规定纳入《药品目录》的民族药、医疗机构制剂纳入"乙类药品"管理。

中药饮片的"甲乙分类"由省级医疗保障行政部门确定。

**第二十五条** 参保人使用"甲类药品"按基本医疗保险规定的支付标准及分担办法支付；使用"乙类药品"按基本医疗保险规定的支付标准，先由参保人自付一定比例后，再按基本医疗保险规定的分担办法支付。

"乙类药品"个人先行自付的比例由省级或统筹地区医疗保障行政部门确定。

**第二十六条** 支付标准是基本医疗保险参保人员使用《药品目录》内药品时，基本医疗保险基金支付药品费用的基准。基本医疗保险基金依据药品的支付标准以及医保支付规定向定点医疗机构和定点零售药店支付药品费用。支付标准的制定和调整规则另行制定。

## 第五章　医保用药的管理与监督

**第二十七条**　综合运用协议、行政、司法等手段，加强《药品目录》及用药政策落实情况的监管，提升医保用药安全性、有效性、经济性。

**第二十八条**　定点医药机构应健全组织机构，完善内部制度规范，建立健全药品"进、销、存"全流程记录和管理制度，提高医保用药管理能力，确保医保用药安全合理。

**第二十九条**　将《药品目录》和相关政策落实责任纳入定点医药机构协议内容，强化用药合理性和费用审核，定期开展监督检查。将医保药品备药率、非医保药品使用率等与定点医疗机构的基金支付挂钩。加强定点医药机构落实医保用药管理政策，履行药品配备、使用、支付、管理等方面职责的监督检查。

**第三十条**　建立目录内药品企业监督机制，引导企业遵守相关规定。将企业在药品推广使用、协议遵守、信息报送等方面的行为与《药品目录》管理挂钩。

**第三十一条**　基本医疗保险用药管理工作主动接受纪检监察部门和社会各界监督。加强专家管理，完善专家产生、利益回避、责任追究等机制。加强内控制度建设，完善投诉举报处理、利益回避、保密等内部管理制度，落实合法性和公平竞争审查制度。

**第三十二条**　对于调入或调出《药品目录》的药品，专家应当提交评审结论和报告。逐步建立评审报告公开机制，接受社会监督。

## 第六章　附　　则

**第三十三条**　凡例是对《药品目录》的编排格式、名称剂型规范、备注等内容的解释和说明。

西药部分，收载化学药品和生物制品。

中成药部分，收载中成药和民族药。

协议期内谈判药品部分，收载谈判协议有效期内的药品。

中药饮片部分，收载基本医疗保险基金予以支付的饮片，并规定不得纳入基本医疗保险基金支付的饮片。

第三十四条　各省（自治区、直辖市）医疗保障部门要参照本暂行办法，在国家规定的权限内，制定本省（自治区、直辖市）调整《药品目录》的具体办法。

第三十五条　发生严重危害群众健康的公共卫生事件或紧急情况时，国务院医疗保障行政部门可临时调整或授权省级医疗保障行政部门临时调整医保药品支付范围。

第三十六条　原则上《药品目录》不再新增 OTC 药品。

第三十七条　本办法由国务院医疗保障行政部门负责解释，自 2020 年 9 月 1 日起施行。

# 国家医保局、财政部关于进一步做好基本医疗保险跨省异地就医直接结算工作的通知

（2022 年 6 月 30 日　医保发〔2022〕22 号）

各省、自治区、直辖市及新疆生产建设兵团医保局、财政厅（局）：

为贯彻落实《中共中央 国务院关于深化医疗保障制度改革的意见》精神和 2022 年《政府工作报告》部署要求，完善跨省异地就医直接结算办法，进一步做好基本医疗保险跨省异地就医直接结算工作，现就有关事项通知如下：

一、总体要求

（一）指导思想。以习近平新时代中国特色社会主义思想为指导，全面贯彻落实党的十九大和十九届历次全会精神，按照党中央、国务院决策部署，立足新发展阶段，完整、准确、全面贯彻新发展理念，构建新发展格局，坚持政策优化集成、管理规范统一、业务

协同联动、服务高效便捷，深化基本医疗保险跨省异地就医直接结算改革，持续提升人民群众异地就医结算的获得感、幸福感和安全感。

（二）目标任务。2025年底前，跨省异地就医直接结算制度体系和经办管理服务体系更加健全，全国统一的医保信息平台支撑作用持续强化，国家异地就医结算能力显著提升；住院费用跨省直接结算率提高到70%以上，普通门诊跨省联网定点医药机构数量实现翻一番，群众需求大、各地普遍开展的门诊慢特病相关治疗费用逐步纳入跨省直接结算范围，异地就医备案规范便捷，基本实现医保报销线上线下都能跨省通办。

**二、完善跨省异地就医直接结算政策**

（一）统一住院、普通门诊和门诊慢特病费用跨省直接结算基金支付政策。跨省异地就医直接结算的住院、普通门诊和门诊慢特病医疗费用，原则上执行就医地规定的支付范围及有关规定（基本医疗保险药品、医疗服务项目和医用耗材等支付范围），执行参保地规定的基本医疗保险基金起付标准、支付比例、最高支付限额、门诊慢特病病种范围等有关政策。

（二）明确异地就医备案人员范围。跨省异地长期居住或跨省临时外出就医的参保人员办理异地就医备案后可以享受跨省异地就医直接结算服务。其中跨省异地长期居住人员包括异地安置退休人员、异地长期居住人员、常驻异地工作人员等长期在参保省、自治区、直辖市（以下统称省）以外工作、居住、生活的人员；跨省临时外出就医人员包括异地转诊就医人员，因工作、旅游等原因异地急诊抢救人员以及其他跨省临时外出就医人员。

（三）规范异地就医备案有效期限。跨省异地长期居住人员办理登记备案后，备案长期有效；参保地可设置变更或取消备案的时限，原则上不超过6个月。跨省临时外出就医人员备案有效期原则上不少于6个月，有效期内可在就医地多次就诊并享受跨省异地就医直接结算服务。

（四）允许补办异地就医备案和无第三方责任外伤参保人员享受

跨省异地就医直接结算服务。参保人员跨省出院结算前补办异地就医备案的，就医地联网定点医疗机构应为参保人员办理医疗费用跨省直接结算。跨省异地就医参保人员出院自费结算后按规定补办备案手续的，可以按参保地规定申请医保手工报销。同时，符合就医地管理规定的无第三方责任外伤费用可纳入跨省异地就医直接结算范围，就医地经办机构应将相关费用一并纳入核查范围。

（五）支持跨省异地长期居住人员可以在备案地和参保地双向享受医保待遇。跨省异地长期居住人员在备案地就医结算时，基本医疗保险基金的起付标准、支付比例、最高支付限额原则上执行参保地规定的本地就医时的标准；备案有效期内确需回参保地就医的，可以在参保地享受医保结算服务，原则上不低于参保地跨省转诊转院待遇水平。其中参保人员以个人承诺方式办理跨省异地长期居住人员备案手续的，应履行承诺事项，可在补齐相关备案材料后在备案地和参保地双向享受医保待遇。跨省异地长期居住人员符合转外就医规定的，执行参保地跨省转诊转院待遇政策。

（六）合理确定跨省临时外出就医人员报销政策。各统筹地区要根据经济社会发展水平、人民健康需求、医保基金支撑能力和分级诊疗要求，合理设定跨省临时外出就医人员直接结算报销政策。跨省临时外出就医人员可低于参保地相同级别医疗机构报销水平，原则上，异地转诊人员和异地急诊抢救人员支付比例的降幅不超过 10 个百分点，非急诊且未转诊的其他跨省临时外出就医人员支付比例的降幅不超过 20 个百分点。强化异地就医结算政策与分级诊疗制度的协同，合理确定异地就医人员在不同级别医疗机构的报销水平差异，引导参保人员有序就医。

**三、规范跨省异地就医直接结算管理服务**

（一）规范异地就医备案流程。参保人员跨省异地就医前，可通过国家医保服务平台 APP、国家异地就医备案小程序、国务院客户端小程序或参保地经办机构窗口等线上线下途径办理异地就医备案手续。参保地经办机构要切实做好跨省异地就医结算政策宣传解读，简化办理流程，缩短办理时限，支持符合条件的参保人员补办异地就医备案手续。参保人员申请异地就医备案时，可直接备案到就医地市或直辖市等，并在备案地开通的所有跨省联网定点医疗机构享受住院费用跨省直接结算服务，门诊就医时按照参保地异地就医管理规定选择跨省联网定点医药机构就医购药。

（二）方便符合条件的参保人员跨省转诊就医。参保人员应按分级诊疗的相关规定有序就医，确因病情需要跨省异地就医的，可通过参保地规定的定点医疗机构向省外医疗机构转诊。定点医疗机构应以患者病情为出发点制定合理的诊疗方案，需要转诊时可通过不同形式安排转诊，不得将在本地住院作为开具转诊的先决条件。参保人员因同种疾病确需在就医地继续治疗或再次转外就医的，参保地经办机构应简化异地就医备案手续，方便参保人员享受跨省异地就医直接结算服务。

（三）规范参保人员持医保电子凭证、社会保障卡就医。参保人员跨省异地就医时，应在就医地的跨省联网定点医药机构主动表明参保身份，出示医保电子凭证或社会保障卡等有效凭证。跨省联网定点医药机构应做好参保人员的参保身份验证工作，指引未办理备案人员及时办理备案手续，为符合就医地规定门（急）诊、住院患者，提供合理规范的诊疗服务及方便快捷的跨省异地就医直接结算服务。

（四）规范跨省直接结算流程。跨省异地就医直接结算时，就医地应将住院费用明细信息转换为全国统一的大类费用信息，将门诊费用（含普通门诊和门诊慢特病）按照就医地支付范围及有关规定对每条费用明细进行费用分割，经国家、省级异地就医结算系统实时传输至参保地，参保地按照当地政策规定计算出应由参保人员个人负担以及各项医保基金支付的金额，并将结果回传至就医地定点医药机构，用于定点医药机构与参保人员直接结算。参保人员因故无法直接结算的，跨省联网定点医药机构应根据医保电子凭证或社会保障卡等有效凭证采集参保人员有关信息，并将医疗费用明细、诊断等就诊信息及时上传至国家医疗保障信息平台，支持全国开展跨省异地就医手工报销线上办理试点。

（五）实行就医地统一管理。就医地经办机构应将异地就医人员纳入本地统一管理，在医疗信息记录、绩效考核、医疗行为监控、费用审核、总额预算等方面提供与本地参保人员相同的服务和管理，并在定点医药机构医疗保障服务协议中予以明确。鼓励地方探索DRG/DIP等医保支付方式改革在异地就医结算中的应用，引导定点医疗机构合理诊疗。

（六）强化异地就医业务协同管理。各级医保部门应逐步健全工作机制，形成分工明确、职责明晰、流程统一的跨省异地就医业务协同管理体系，在问题协同、线上报销、费用协查、信息共享等方面全面提升各级医保经办机构业务协同管理能力。国家级经办机构负责统一组织、指导监督、综合协调省际异地就医直接结算管理服务工作，省级经办机构负责在省域范围内统一组织、协调并实施跨省异地就医直接结算管理服务工作，各统筹地区经办机构按国家和省级要求做好跨省异地就医直接结算管理服务工作。

**四、强化跨省异地就医资金管理**

（一）跨省异地就医费用医保基金支付部分在地区间实行先预付后清算。每年1月底前，国家级经办机构原则上根据上年第四季度医保结算资金月平均值的两倍核定年度预付金额度，并确认当年预付金调整额度。各省可通过预收省内各统筹地区异地就医资金等方式实现资金的预付。预付金原则上来源于各统筹地区医疗保险基金。

（二）跨省异地就医费用清算按照国家统一清分，省、市两级清算的方式，按月全额清算。跨省异地就医清算资金由参保地省级财政专户与就医地省级财政专户进行划拨。各省级经办机构和财政部门应按照《基本医疗保险跨省异地就医直接结算经办规程》（见附件）要求，协同做好清算资金划拨和收款工作。国家级经办机构负责协调和督促各省按规定及时拨付资金。

（三）跨省异地就医资金相关管理事项。划拨跨省异地就医资金过程中发生的银行手续费、银行票据工本费不得在基金中列支。预付金在就医地财政专户中产生的利息归就医地所有。跨省异地就医医疗费用结算和清算过程中形成的预付款项和暂收款项按相关会计制度规定进行核算。

**五、提升医保信息化标准化支撑力度**

（一）持续深化全国统一的医保信息平台全业务全流程应用。扎实推进编码动态维护和深化应用，完善医保信息化运维管理体系，不断提升医保数据治理水平，为跨省异地就医直接结算提供强有力的系统支撑。按规定与有关部门共享数据，深化医保电子凭证、医保移动支付、医保电子处方流转、医保服务平台网厅、APP和小程序等推广应用，推进更多的跨省异地就医结算服务跨省通办。

（二）推进系统优化完善。各省级医保部门要按照统一的接口标准规范，不断完善省级跨省异地就医管理子系统，并持续推进定点医药机构接口改造适配工作，加快推动医保电子凭证、居民身份证作为就医介质，优化系统性能，减少响应时间，切实改善参保人员跨省异地就医直接结算体验。各地医保系统停机切换时，应做好事前报备、事中验证、事后监测，确保数据迁移及时、完整、精准，解决个人编号等信息变更对在途业务的影响，确保业务平稳衔接和系统稳定运行。

（三）加强系统运维管理和安全保障。各省级医保部门应打造专业可靠的运维管理团队，构建基础设施、网络安全、云平台、业务子系统等领域的运维管理流程，形成科学有效的运维管理制度体系。落实安全管理责任，提升系统安全运维能力，强化信息系统边界防护，严禁定点医药机构连接医保系统的信息系统接入互联网，规范跨省异地就医身份校验，保障数据安全。统一规范异常交易报错信息质控标准，做好问题分类，简明扼要、通俗易懂地描述错误原因，方便异常交易的问题定位，并及时响应处理。

**六、加强跨省异地就医直接结算基金监管**

健全跨省异地就医直接结算基金监管机制，完善区域协作、联合检查等工作制度，强化对跨省异地就医直接结算重点地区、重点区域的指导，加强监督考核。落实就医地和参保地监管责任，就医地医保部门要把跨省异地就医直接结算作为日常监管、专项检查、飞行检查等重点内容，结合本地实际和跨省异地就医直接结算工作特点，严厉打击各类欺诈骗保行为，同时要配合参保地做好相关核查。参保地医保部门要定期开展跨省异地就医医保基金使用情况分析，精准锁定可疑问题线索，积极开展问题核查，确保医保基金安全合理使用。跨省异地就医监管追回的医保基金、扣款等按原渠道返回参保地账户，行政处罚、协议违约金等由就医地医保部门按规定处理。

**七、工作要求**

（一）加强组织领导。各级医保部门要将跨省异地就医直接结算工作作为深化医疗保障制度改革的重要任务，加强领导、统筹谋划、协调推进，纳入目标任务考核管理。财政部门要按规定及时划拨跨省异地就医资金，合理安排经办机构工作经费，加强与经办机构对账管理，确保账账相符、账款相符。

（二）做好衔接过渡。各地医保部门要及时调整与本通知不相符的政策措施，确保2022年12月底前同国家政策相衔接；结合本地实际，进一步明确和细化政策管理规定，精简办理材料，简化办理流程，优化管理服务；同步调整信息系统与本通知相适应，保障跨省异地就医直接结算工作平稳过渡。

（三）加强队伍建设。各省级医疗保障部门要加强省级跨省异地就医经办管理队伍建设，应有专人专职负责异地就医直接结算工作。各统筹地区应根据管理服务的需要，积极协调相关部门，加强机构、人员和办公条件保障，合理配置专业工作人员，保证服务质量，提高工作效率。

（四）做好宣传引导。各地要加大政策宣传力度，采用社会公众喜闻乐见的形式做好政策解读工作，充分利用现有12345或12393咨询服务电话、医疗保障门户网站和APP，拓展多种信息化服务渠道，及时回应群众关切，合理引导社会预期。

**附件**：基本医疗保险跨省异地就医直接结算经办规程

附件

# 基本医疗保险跨省异地就医直接结算经办规程

## 第一章 总 则

**第一条** 为加强跨省异地就医直接结算经办业务管理，规范经办业务流程，推动业务协同联动，提高服务水平，根据《中共中央 国务院关于深化医疗保障制度改革的意见》等文件要求，制定本规程。

**第二条** 本规程所称跨省异地就医是指基本医疗保险参保人员在参保关系所在省、自治区、直辖市（以下统称省）以外的定点医药机构发生的就医、购药行为。跨省异地就医直接结算是指参保人员跨省异地就医时只需支付按规定由个人负担的医疗费用，其他费用由就医地经办机构与跨省联网定点医药机构按医疗保障服务协议（以下简称医保服务协议）约定审核后支付。

**第三条** 本规程适用于基本医疗保险参保人员跨省异地就医直接结算经办管理服务工作。其中基本医疗保险包括职工基本医疗保险（以下简称职工医保）和城乡居民基本医疗保险（以下简称居民医保）。

**第四条** 跨省异地就医直接结算工作实行统一管理、分级负责。国家级经办机构承担制定并实施全国异地就医结算业务流程、标准规范，全国异地就医数据管理与应用，跨省异地就医资金预付和结算管理、对账费用清分、智能监控、运行监测，跨省业务协同和争议处理等职能。省级经办机构承担全国异地就医结算业务流程、标准规范在本辖区内的组织实施，建设和完善省级异地就医结算系统，辖区内跨省异地就医直接结算业务协同、资金管理和争议处理等职能。各统筹地区应按照国家和省级跨省异地就医结算政策规定，及时出台本地配套政策，做好跨省异地就医备案管理、问题协同处理和资金结算清算等工作。

地方各级财政部门会同医疗保障部门按规定及时划拨跨省异地就医预付金和清算资金，合理安排医疗保障经办机构的工作经费，加强与医疗保障经办机构对账管理，确保账账相符、账款相符。

**第五条** 跨省异地就医直接结算费用医保基金支付部分实行先预付后清算，预付资金原则上来源于参保人员所属统筹地区的医疗保险基金。

**第六条** 优化经办流程，支持医保电子凭证、社会保障卡等作为有效凭证，按照"就医地目录、参保地政策、就医地管理"的要求，提供便捷高效的跨省异地就医直接结算服务。具备条件的，可按规定将符合补充医疗保险、医疗救助等支付政策的医疗费用纳入跨省异地就医直接结算范围。

## 第二章 范围对象

**第七条** 参加基本医疗保险的下列人员，可以申请办理跨省异地就医直接结算。

（一）跨省异地长期居住人员，包括异地安置退休人员、异地长期居住人员、常驻异地工作人员等长期在参保省外工作、居住、生活的人员。

（二）跨省临时外出就医人员，包括异地转诊就医人员，因工作、旅游等原因异地急诊抢救人员以及其他跨省临时外出就医人员。

## 第三章 登记备案

**第八条** 参保地经办机构按规定为参保人员办理登记备案手续。

（一）异地安置退休人员需提供以下材料：

1. 医保电子凭证、有效身份证件或社会保障卡；

2. 《＿＿＿＿＿省（区、市）跨省异地就医登记备案表》（以下简称备案表，见附件1）；

3. 异地安置认定材料（"户口簿首页"和本人"常住人口登记卡"，或个人承诺书，见附件2）。

（二）异地长期居住人员需提供以下材料：

1. 医保电子凭证、有效身份证件或社会保障卡；
2. 备案表；
3. 长期居住认定材料（居住证明或个人承诺书）。

（三）常驻异地工作人员需提供以下材料：

1. 医保电子凭证、有效身份证件或社会保障卡；
2. 备案表；
3. 异地工作证明材料（参保地工作单位派出证明、异地工作单位证明、工作合同任选其一或个人承诺书）。

（四）异地转诊人员需提供以下材料：

1. 医保电子凭证、有效身份证件或社会保障卡；
2. 备案表；
3. 参保地规定的定点医疗机构开具的转诊转院证明材料。

（五）异地急诊抢救人员视同已备案。

（六）其他跨省临时外出就医人员备案，需提供医保电子凭证、有效身份证件或社会保障卡，以及备案表。

**第九条** 参保人员可在参保地经办机构窗口、指定的线上办理渠道或国家医保服务平台 APP、国家异地就医备案小程序、国务院客户端小程序等多种渠道申请办理登记备案手续。通过全国统一的线上备案渠道申请办理登记备案的，原则上参保地经办机构应在两个工作日内办结。鼓励有条件的地区，可为参保人员提供即时办理、即时生效的自助备案服务。

**第十条** 跨省异地长期居住人员登记备案后，未申请变更备案信息或参保状态未发生变更的，备案长期有效；参保地设置变更或取消备案时限的，按参保地规定执行。跨省临时外出就医人员备案后，有效期原则上不少于6个月。

**第十一条** 参保地经办机构在为参保人员办理备案时原则上直接备案到就医地市或直辖市等，参保人员到海南、西藏等省级统筹地区和新疆生产建设兵团就医的，可备案到就医省和新疆生产建设兵团。参保人员可在备案地开通的所有跨省联网定点医疗机构享受住院费用跨省直接结算服务，门诊就医时按照参保地异地就医管理规定选择跨省联网定点医药机构就医购药。

**第十二条** 参保人员办理异地就医备案后，备案有效期内可在就医地多次就诊并享受跨省异地就医直接结算服务。备案有效期内已办理入院手续的，不受备案有效期限制，可正常直接结算相应医疗费用。

**第十三条** 参保地经办机构要及时为参保人员办理异地就医备案登记、变更和取消业务，并将异地就医备案、门诊慢特病认定资格等信息实时上传至国家跨省异地就医管理子系统，方便就医地经办机构和定点医疗机构查询。

**第十四条** 参保人员未按规定申请办理登记备案手续或在就医地非跨省定点医药机构发生的医疗费用，按参保地规定执行。

## 第四章 就医管理

**第十五条** 省级经办机构负责指导各统筹地区将本地符合条件的定点医药机构纳入跨省联网结算范围，就医地经办机构按要求在国家跨省异地就医管理子系统中做好跨省联网定点医药机构基础信息、医保服务协议状态等信息动态维护工作。不同投资主体、经营性质的医保定点医药机构均可申请开通跨省联网结算服务，享受同样医保政策、管理和服务。

**第十六条** 跨省联网定点医药机构应对异地就医患者进行身份识别，为符合就医地规定的门（急）诊、住院异地患者提供合理规范的诊疗服务及方便快捷的跨省异地就医直接结算服务，实时上传就医和结算信息。提供门诊慢特病跨省直接结算服务时，应专病专治，合理用药。参保人员未办理异地就医备案的，可在定点医药机构指引下申请办理登记备案手续，出院结算前完成登记备案的，跨省联网定点医疗机构应提供跨省异地就医直接结算服务。

**第十七条** 参保人员在就医地跨省联网定点医药机构就医购药时，应主动表明参保身份，出示医保电子凭证或社会保障卡等有效凭证，遵守就医地就医、购药有关流程和规范。

## 第五章 预付金管理

**第十八条** 预付金是参保地省级经办机构预付给就医地省级经办机构用于支付参保地异地就医人员医疗费用的资金，资金专款专用，任何组织和个人不得侵占或者挪用。原则上根据上年第四季度医保结算资金月平均值的两倍核定年度预付金额度，按年清算。就医地可调剂使用各参保地的预付金。

**第十九条** 预付金初始额度由各省级经办机构上报，国家级经办机构核定生成《＿＿＿＿省（区、市）跨省异地就医预付金付款通知书》（见附件3）、《＿＿＿＿省（区、市）跨省异地就医预付金收款通知书》（见附件4），各省级经办机构在国家跨省异地就医管理子系统下载后按规定通知同级财政部门付款和收款。

**第二十条** 每年1月底前，国家级经办机构根据上一年度各省跨省异地就医直接结算资金支出情况，核定各省级经办机构本年度应付、应收预付金，核定生成《全国跨省异地就医预付金额度调整明细表》（见附件5），出具《＿＿＿＿省（区、市）跨省异地就医预付金额度调整付款通知书》（见附件6）、《＿＿＿＿省（区、市）跨省异地就医预付金额度调整收款通知书》（见附件7），通过国家跨省异地就医管理子系统进行发布。

**第二十一条** 省级经办机构通过国家跨省异地就医管理子系统下载预付金额度调整付款通知书，应于5个工作日内提交同级财政部门。参保地省级财政部门在确认跨省异地就医资金全部缴入省级财政专户，对省级经办机构提交的预付单和用款申请计划审核无误后，在10个工作日内进行划款。省级财政部门划拨预付金时，注明业务类型（预付金或清算资金），完成划拨后5个工作日内将划拨信息反馈到省级经办机构。

**第二十二条** 省级经办机构完成付款确认时，应在国家跨省异地就医管理子系统内输入付款银行名称、交易流水号和交易日期等信息，确保信息真实、准确，原则上各省应于每年2月底前完成年度预付金调整额度的收付款工作。

**第二十三条** 建立预付金预警和调增机制。预付金使用率为预警指标,是指异地就医月度清算资金占预付金的比例。预付金使用率达到70%,为黄色预警。预付金使用率达到90%及以上时,为红色预警,就医省可启动预付金紧急调增流程。

**第二十四条** 当预付金使用率出现红色预警时,就医地省级经办机构可在当期清算签章之日起3个工作日内登录国家跨省异地就医管理子系统向国家级经办机构报送预付金额度调增申请。国家级经办机构收到申请后,对就医地省级经办机构提出调增的额度进行审核确认并向参保地和就医地省级经办机构分别下发《＿＿＿＿省(区、市)跨省异地就医预付金额度紧急调增付款通知书》(见附件8)、《＿＿＿＿省(区、市)跨省异地就医预付金额度紧急调增收款通知书》(见附件9)。

**第二十五条** 参保地省级经办机构接到国家级经办机构下发的预付金额度紧急调增通知书后,应于5个工作日内提交同级财政部门。省级财政部门在确认跨省异地就医资金全部缴入省级财政专户,对省级经办机构提交的预付单和用款申请计划审核无误后,在10个工作日内完成预付金紧急调增资金的拨付。原则上预付金紧急调增额度应于下期清算前完成拨付。

**第二十六条** 省级财政部门在完成预付金额度及调增资金的付款和收款后,5个工作日内将划拨及收款信息反馈到省级经办机构,省级经办机构同时向国家级经办机构反馈到账信息。

**第二十七条** 就医省返还参保省的资金列入当期就医省跨省异地就医预付金额度调整付款通知书,并在对应参保省名称前加注"*"。参保省应收就医省返还的资金列入当期参保省跨省异地就医预付金额度调整收款通知书,并在对应就医省名称前加注"*"。

**第二十八条** 各省级经办机构在省级财政收款专户信息发生变更时,要及时在国家跨省异地就医管理子系统变更相关信息;省级经办机构向省级财政部门提交预付单和清算单时,需同步提交《跨省异地就医省级财政收款专户银行账号明细表》(见附件10),并将专户信息变更情况告知财政部门。

**第二十九条** 国家级经办机构负责协调和督促各省按规定及时拨付资金。各省级经办机构负责协调和督促统筹地区及时上缴跨省异地就医预付及清算资金。

## 第六章 医疗费用结算

**第三十条** 医疗费用结算是指就医地经办机构与本地定点医药机构对异地就医医疗费用对账确认后，按协议或有关规定向定点医药机构支付费用的行为。医疗费用对账是指就医地经办机构与定点医药机构就门诊就医、购药以及住院医疗费用确认医保基金支付金额的行为。

**第三十一条** 参保人员跨省异地就医直接结算住院、普通门诊和门诊慢特病医疗费用时，原则上执行就医地规定的支付范围及有关规定（基本医疗保险药品、医疗服务项目和医用耗材等支付范围），执行参保地规定的基本医疗保险基金起付标准、支付比例、最高支付限额、门诊慢特病病种范围等有关政策。

参保人员因门诊慢特病异地就医时，就医地有相应门诊慢特病病种及限定支付范围的，执行就医地规定；没有相应门诊慢特病病种的，定点医药机构及接诊医师要遵循相关病种诊疗规范及用药规定合理诊疗。参保人员同时享受多个门诊慢特病待遇的，由参保地根据本地规定确定报销规则。

**第三十二条** 参保人员跨省异地就医出院结算时，就医地经办机构将其住院费用明细信息转换为全国统一的大类费用信息，经国家、省级异地就医结算系统传输至参保地，参保地按照当地政策规定计算出应由参保人员个人负担以及各项医保基金支付的金额，并将结果回传至就医地定点医疗机构，用于定点医疗机构与参保人员直接结算。

**第三十三条** 参保人员门诊费用跨省异地就医直接结算时，就医地经办机构按照就医地支付范围和规定对每条费用明细进行费用分割，经国家、省级异地就医结算系统实时传输至参保地，参保地按照当地政策规定计算出应由参保人员个人负担以及各项医保基金支付的金额，并将结果回传至就医地定点医药机构，用于定点医药机构与参保人员直接结算。

**第三十四条** 参保人员因急诊抢救就医的，医疗机构在为参保人员办理"门诊结算"或"入院登记"时，应按接口标准规范要求如实上传"门诊急诊转诊标志"或"住院类型"。对于"门诊急诊转诊标志"或"住院类型"为"急诊"的，参保人员未办理异地就医备案的，参保地应视同已备案，允许参保人员按参保地异地急诊抢救相关待遇标准直接结算相关门诊、住院医疗费用。

**第三十五条** 定点医疗机构应加强外伤人员身份认证，对于符合就医地基本医疗保险支付范围，参保人员主诉无第三方责任的医疗费用，定点医疗机构可结合接诊及参保人员病情等实际情况，由参保人员填写《外伤无第三方责任承诺书》（见附件11），为参保人员办理异地就医直接结算。定点医疗机构在为参保人员办理入院登记时，应按接口标准规范要求，通过"外伤标志"和"涉及第三方标志"两个接口，如实上传参保人员外伤就医情况。

**第三十六条** 跨省联网定点医疗机构对于异地就医患者住院期间确因病情需要到其他定点医疗机构检查治疗或到定点药店购药的，需提供《住院期间外院检查治疗或定点药店购药单》（见附件12），加盖定点医疗机构医疗保险办公室章，相关费用纳入本次住院费用跨省直接结算。

**第三十七条** 参保人员在就医地跨省联网定点医药机构凭医保电子凭证或者社会保障卡等有效凭证就医购药，根据《_____省（区、市）跨省异地就医住院结算单》（见附件13）、医疗收费票据等，结清应由个人负担的费用，就医地经办机构与定点医药机构按医保服务协议结算医保基金支付的费用。

**第三十八条** 国家跨省异地就医管理子系统每日自动生成日对账信息，实现参保地、就医地省级异地就医结算系统和国家跨省异地就医管理子系统的三方对账，做到数据相符。原则上，参保省应每日完成当日结算信息对账,每月3日前完成上月所有结算费用的对账。如出现对账信息不符的情况,省级经办机构应及时查明原因,必要时提请国家级经办机构协调处理。

**第三十九条** 就医地经办机构在参保人员发生住院费用跨省直接结算后3日内将医疗费用明细上传国家跨省异地就医管理子系统,参保地经办机构可查询和下载医药费用及其明细项目。

**第四十条** 就医地经办机构在次月20日前完成与定点医药机构对账确认工作,并按医保服务协议约定,按时将确认的费用拨付给定点医药机构。

**第四十一条** 就医地对于参保人员住院治疗过程跨自然年度的,应以出院结算日期为结算时点,按一笔费用整体结算,并将医疗费用信息传回参保地。参保地根据本地跨年度费用结算办法,可以按一笔费用整体结算;也可以计算日均费用后,根据跨年度前后的住院天数,将住院医疗费用分割到两个年度,确定基金和个人费用分担额度。

**第四十二条** 各地要支持参保人员普通门诊费用跨省直接结算后合理的退费需求,提供隔笔退费、跨年退费和清算后退费服务。

**第四十三条** 跨省异地就医发生的医疗费用由就医地经办机构按照就医地的基本医疗保险药品、医疗服务项目和医用耗材等支付范围进行费用审核,对发生的不符合规定的医疗费用按就医地医保服务协议约定予以扣除。

**第四十四条** 参保人员异地就医备案后,因结算网络系统、就诊凭证等故障导致无法直接结算的,相关医疗费用可回参保地手工报销,参保地经办机构按参保地规定为参保人员报销相关医疗费用。

## 第七章 费用清算

**第四十五条** 跨省异地就医费用清算是指省级经办机构之间、省级经办机构与辖区内经办机构之间确认有关跨省异地就医医疗费用的应收或应付金额,据实划拨的过程。

**第四十六条** 国家级经办机构根据就医地经办机构与定点医药

机构对账确认后的医疗费用，于每月21日生成《全国跨省异地就医费用清算表》（见附件14）、《＿＿＿＿省（区、市）跨省异地就医应付医疗费用清算表》（见附件14-1）、《＿＿＿＿省（区、市）跨省异地就医职工医保基金应付明细表》（见附件14-2）、《＿＿＿＿省（区、市）跨省异地就医居民医保基金应付明细表》（见附件14-3）、《＿＿＿＿省（区、市）跨省异地就医医保基金审核扣款明细表》（见附件14-4）、《＿＿＿＿省（区、市）跨省异地就医职工医保基金审核扣款明细表》（见附件14-5）、《＿＿＿＿省（区、市）跨省异地就医居民医保基金审核扣款明细表》（见附件14-6）、《＿＿＿＿省（区、市）跨省异地就医应收医疗费用清算表》（见附件14-7），各省级经办机构可通过国家跨省异地就医管理子系统精确查询本省内各统筹地区的上述清算信息，于每月25日前确认上述内容。

第四十七条 国家级经办机构于每月底前根据确认后的《全国跨省异地就医费用清算表》，生成《＿＿＿＿省（区、市）跨省异地就医费用付款通知书》（见附件15）、《＿＿＿＿省（区、市）跨省异地就医费用收款通知书》（见附件16），在国家跨省异地就医管理子系统发布。

第四十八条 各省级经办机构通过国家跨省异地就医管理子系统下载《＿＿＿＿省（区、市）跨省异地就医费用付款通知书》《＿＿＿＿省（区、市）跨省异地就医费用收款通知书》后，于5个工作日内提交同级财政部门，财政部门在确认跨省异地就医资金全部缴入省级财政专户，对经办机构提交的清算单和用款申请计划审核无误后10个工作日内向就医地省级财政部门划拨资金。省级财政部门在完成清算资金拨付、收款后，在5个工作日内将划拨及收款信息反馈到省级经办机构，省级经办机构向国家级经办机构反馈到账信息。原则上，当期清算资金应于下期清算前完成拨付。

第四十九条 国家级经办机构发布跨省异地就医费用收付款通知书后的5个工作日内，省级经办机构做好辖区内各统筹地区跨省异地就医资金的上解或下拨工作。

第五十条 原则上，当月跨省异地就医直接结算费用应于次月

20 日前完成申报并纳入清算，清算延期最长不超过 2 个月。当年跨省异地就医直接结算费用，最晚应于次年第一季度清算完毕。

第五十一条 就医省需返还参保省资金列入当期就医省跨省异地就医费用付款通知书中，并在对应参保省名称旁加注"*"。参保省应收就医省返还资金列入当期参保省跨省异地就医费用收款通知书中，并在对应就医省名称旁加注"*"。

## 第八章 审核检查

第五十二条 跨省异地就医医疗服务实行就医地管理。就医地经办机构要将跨省异地就医直接结算工作纳入定点医药机构协议管理范围，细化和完善协议条款，保障参保人员权益。

第五十三条 就医地经办机构应当对查实的违法违规行为按医保服务协议相关约定执行，涉及欺诈骗保等重大违法违规行为应按程序报请医保行政部门处理，并逐级上报国家级经办机构。

第五十四条 就医地经办机构对定点医药机构违规行为涉及的医药费用不予支付，已支付的违规费用予以扣除，用于冲减参保地跨省异地就医直接结算费用。对定点医药机构违反医保服务协议约定并处以违约金的，由就医地经办机构按规定处理。

第五十五条 国家级经办机构适时组织各省级经办机构通过巡查抽查、交叉互查、第三方评审等方式，开展跨省异地就医联审互查工作，将就医地落实跨省异地就医费用审核管理责任情况纳入经办机构规范建设考评指标，结合国家医保局飞行检查、第三方行风评价等工作进行考核评价。国家级经办机构负责协调处理因费用审核、资金拨付发生的争议及纠纷。

第五十六条 各级经办机构应加强跨省异地就医费用审核，建立跨省异地就医直接结算运行监控制度，健全医保基金运行风险评估预警机制，对跨省异地就医次均费用水平、医疗费用涨幅、报销比例等重点指标进行跟踪监测，定期编报跨省异地就医直接结算运行分析报告。

# 第九章 业务协同

**第五十七条** 跨省异地就医业务协同管理工作实行统一管理，分级负责。国家级经办机构负责统一组织、协调省际业务协同管理工作，省级医保部门负责统一组织、协调并实施跨省异地就医结算业务协同管理工作，各统筹地区医保部门按国家和省级要求做好业务协同工作。各级经办机构可依托国家跨省异地就医管理子系统业务协同管理模块等多种渠道发起问题协同，并按要求做好问题响应和处理。

**第五十八条** 参保地医保部门对一次性跨省住院医疗总费用超过3万元（含3万元）的疑似违规费用，可以通过国家跨省异地就医管理子系统提出费用协查申请。申请费用协查时，需提交待协查参保人员身份证号码、姓名、性别、医疗服务机构名称、住院号、发票号码、入院日期、出院日期、费用总额等必要信息，以确保待协查信息准确。

国家跨省异地就医管理子系统每月26日零时生成上月26日至当月25日全国跨省异地就医结算费用协查申请汇总表，就医省组织各统筹地区医保部门通过国家跨省异地就医管理子系统下载当期汇总表，并通过本地医保信息系统进行核查，已生成申请汇总表的费用协查申请原则上不予修改或删除。

就医地医保部门接到本期汇总表后，原则上需于次月26日前完成本期费用协查工作，并及时上传费用协查结果至国家跨省异地就医管理子系统。遇有特殊情况确需延期办理的，自动记录至下一期，并记入本期完成情况统计监测。协查结果分为"核查无误"和"核查有误"两类，如协查信息与实际信息不符，需填写"核查有误"的具体原因方能上传结果。

参保地医保部门收到就医地医保部门返回的协查结果后，5个工作日内在国家跨省异地就医管理子系统上进行确认。对协查结果存在异议的，应及时与就医地医保部门进行沟通处理。

第五十九条  各级医保部门可根据跨省异地就医结算业务协同问题的紧急程度,通过国家跨省异地就医管理子系统提出问题协同申请,明确待协同机构、主要协同事项、问题类型等,针对特定参保人员的问题协同需标明参保人员身份信息,其中备案类问题需在2个工作日内回复,系统故障类问题需在1个工作日内回复,其他类问题回复时间最长不超过10个工作日。

问题协同遵循第一响应人责任制,各级医保部门在接收协同申请后即作为第一响应人,需在规定时限内完成问题处理,根据实际情况标注问题类型,并在国家跨省异地就医管理子系统上进行问题处理登记,确需其他机构协助的,可在问题处理登记时详细列出其他协同机构。如不能按期完成需及时与申请地沟通延长处理时限。

各级医保部门需在收到协同地区处理结果后进行"处理结果确认",明确问题处理结果。超过10个工作日未确认的,国家跨省异地就医管理子系统默认结果确认。对问题处理结果有异议的或尚未解决的,可重新发起问题协同,申请上一级医保部门进行协调处理。

第六十条  各级医保部门可通过国家跨省异地就医管理子系统发布停机公告、医保政策等信息,实现医保经办信息共享。

第六十一条  探索跨省异地就医手工报销线上办理,参保人员因故无法直接结算回参保地手工报销的,参保地经办机构可依托跨省联网定点医药机构上传至国家医疗保障信息平台的医疗费用明细、诊断等就诊信息实现线上报销。

## 第十章  附  则

第六十二条  跨省异地就医医疗费用结算和清算过程中形成的预付款项和暂收款项按相关会计制度规定进行核算。

第六十三条  异地就医业务档案由参保地经办机构和就医地经办机构按其办理的业务分别保管。

第六十四条 各省级医保部门可根据本规程，制定本地区异地就医直接结算实施细则。

第六十五条 本规程由国家医疗保障局负责解释。

第六十六条 本规程自 2023 年 1 月 1 日起实施。

附件：（略）

# 关于做好进城落户农民参加基本医疗保险和关系转移接续工作的办法

（2015 年 8 月 27 日 人社部发〔2015〕80 号）

健全进城落户农民参加基本医疗保险和关系转移接续政策，是落实中央全面深化改革任务的重要举措，有利于推动和统筹城乡发展，促进社会正义和谐；有利于全面提升城镇化质量，促进城镇化健康发展；有利于深入健全全民医保，促进基本医疗保障公平可及。为进一步做好进城落户农民参加基本医疗保险和流动就业人员等基本医疗保险关系转移接续工作，切实维护各类参保人员合法权益，依据《中华人民共和国社会保险法》和基本医疗保险制度有关规定，制定本办法。

**一、做好进城落户农民参保工作**

进城落户农民是指按照户籍管理制度规定，已将户口由农村迁入城镇的农业转移人口。各级人力资源社会保障部门要积极配合和支持相关部门，做好农业转移人口落户工作，把进城落户农民纳入城镇基本医疗保险制度体系，在农村参加的基本医疗保险规范接入城镇基本医疗保险，确保基本医保待遇连续享受。

进城落户农民根据自身实际参加相应的城镇基本医疗保险。在城镇单位就业并有稳定劳动关系的，按规定随所在单位参加职工基本医疗保险（以下简称职工医保）；以非全日制、临时性工作等灵活形式就业的，可以灵活就业人员身份按规定参加就业地职工医保，也可以选择参加户籍所在地城镇（城乡）居民基本医疗保险（以下简称居民医保）。其他进城落户农民可按规定在落户地参加居民医保，执行当地统一政策。对参加居民医保的进城落户农民按规定给予参保补助，个人按规定缴费。

已参加新型农村合作医疗（以下简称新农合）或居民医保的进城落户农民，实现就业并参加职工医保的，不再享受原参保地新农合或居民医保待遇。要进一步完善相关政策衔接措施，引导进城落户农民及时参保，同时避免重复参保。

**二、规范医保关系转移接续手续**

进城落户农民和流动就业人员等参加转入地基本医疗保险后，转入地社会（医疗）保险经办机构应依据参保人申请，通知转出地经办机构办理医保关系转移手续，确保管理服务顺畅衔接，避免待遇重复享受。

转出地社会（医疗）保险或新农合经办机构应在参保人办理中止参保（合）手续时为其开具参保（合）凭证。参保（合）凭证是参保人员的重要权益记录，由参保人妥善保管，用于转入地受理医保关系转移申请时，核实参保人身份和转出地社会（医疗）保险经办机构记录的相关信息。

**三、妥善处理医保关系转移接续中的有关权益**

进城落户农民和流动就业人员等办理基本医疗保险关系转移接续前后，基本医疗保险参保缴费中断不超过3个月且补缴中断期间医疗保险费的，不受待遇享受等待期限制，按参保地规定继续参保缴费并享受相应的待遇。

进城落户农民在农村参加新农合等基本医疗保险的参保缴费和权益享受信息等连续记入新参保地业务档案，保证参保记录的完整性和连续性。流动就业人员参加职工医保的缴费年限各地互认，参保人在转出地职工医保记录的缴费年限累计计入转入地职工医保缴费年限记录。

参保人转移基本医疗保险关系时，建立个人账户的，个人账户随本人基本医疗保险关系一同转移。个人账户资金原则上通过经办机构进行划转。

**四、做好医保关系转移接续管理服务工作**

进一步规范医保关系转移接续业务经办程序。逐步统一各类人员参加基本医疗保险的标识。积极探索推行网上经办、自助服务、手机查询等经办服务模式，引导和帮助用人单位和个人依规主动更新参保信息。加强经办服务管理平台建设，完善和推广社会保险（医疗保险）关系转移接续信息系统，推进标准化建设和数据信息跨地区、跨部门共享，确保跨地区、跨制度参保信息互认和顺畅传递。

社会（医疗）保险经办机构和新农合经办机构要加强沟通协作，进一步做好基本医疗保险关系转移接续管理服务工作。

**五、落实组织实施工作**

各地人力资源社会保障部门要结合本地区实际，以进城落户农民为重点，做好参保和关系转移接续工作，细化完善政策措施，优化管理服务流程。卫生计生部门要做好进城落户农民医保关系转移接续经办服务工作。财政部门要继续做好居民医保和新农合财政补助工作，确保资金及时足额到位。发展改革部门要积极支持配合相关部门，将进城落户农民在农村参加的社会保险规范接入城镇社保体系，支持社保经办平台建设。各相关部门加强统筹协调，做好政策衔接，确保基本医疗保险参保人跨制度、跨地区流动时能够连续参保。

本办法从2016年1月1日起执行。《流动就业人员基本医疗保障关系转移接续暂行办法》（人社部发〔2009〕191号）与本办法不符的，按本办法执行。

**附件：**基本医疗保障参保（合）凭证样式（略）

# 流动就业人员基本医疗保险关系转移接续业务经办规程

(2016年6月22日 人社厅发〔2016〕94号)

**第一条** 为统一规范流动就业人员基本医疗保险关系转移接续业务办理流程，根据《流动就业人员基本医疗保障关系转移接续暂行办法》(人社部发〔2009〕191号)和《关于做好进城落户农民参加基本医疗保险和关系转移接续工作的办法》(人社部发〔2015〕80号)，制定本规程。

**第二条** 本规程适用于职工基本医疗保险和城镇(城乡)居民基本医疗保险参保人员(以下简称参保人员)流动就业时跨制度、跨统筹地区转移接续基本医疗保险关系的业务经办。

**第三条** 本规程所称经办机构是指社会(医疗)保险经办机构。本规程所称参保(合)凭证是各统筹地区经办机构按照人力资源社会保障部、国家卫生计生委监制要求填写和打印的凭证(附件1)。

**第四条** 参保人员跨统筹地区流动前，参保人员或其所在用人单位到基本医疗保险关系所在地(以下简称"转出地")经办机构办理中止参保手续，并按规定提供居民身份证等相关证明材料，申请开具参保(合)凭证。

转出地经办机构应核实参保人在本地的缴费年限和缴费情况，核算个人账户资金，生成并出具参保(合)凭证；对有欠费的参保人员，告知欠费情况并提醒其及时补缴。

转出地经办机构应保留其参保信息，以备核查。参保人遗失参保(合)凭证，转出地经办机构应予补办。

**第五条** 参保人员跨统筹地区流动就业后，按规定参加转入地基本医疗保险。参保人员或其新就业的用人单位向转入地经办机构提出转移申请并提供参保（合）凭证，填写《基本医疗保险关系转移接续申请表》（附件2，以下简称《申请表》），并按规定提供居民身份证等相关证明材料。

转入地经办机构受理申请后，对符合当地转移接续条件的，应在受理之日起15个工作日内与转出地经办机构联系，生成并发出《基本医疗保险关系转移接续联系函》（附件3，以下简称《联系函》）。

**第六条** 转出地经办机构在收到《联系函》之日起的15个工作日内完成以下转移手续：

1. 终止参保人员在本地的基本医疗保险关系。

2. 按规定处理个人账户，需办理个人账户余额划转手续的，划转时需标明转移人员姓名和社会保障号。

3. 生成并核对《参保人员基本医疗保险类型变更信息表》（附件4，以下简称《信息表》），并提供给转入地经办机构。

4. 转出地经办机构将参保人员有关信息转出后，仍需将该信息保留备份。

《联系函》信息不全或有误的，应及时联系转入地经办机构，转入地经办机构应予以配合更正或说明情况。不符合转移条件的，转出地经办机构应通知转入地经办机构。

**第七条** 转入地经办机构在收到《信息表》和个人账户余额后的15个工作日内办结以下接续手续：

1. 核对《信息表》列具的信息及转移的个人账户金额。

2. 将转移的个人账户金额计入参保人员的个人账户。

3. 根据《信息表》及用人单位或参保人员提供的材料，补充完善相关信息。

4. 将办结情况通知用人单位或参保人员。

5. 《信息表》按照社保档案管理规定存档备案。

参保（合）凭证、《信息表》或个人账户金额有误的，转入地经办机构应及时联系转出地经办机构，转出地经办机构应予以配合更正或说明情况。

**第八条** 人力资源社会保障部制定《基本医疗保障参保（合）

凭证样张、标准格式和填写要求》（附件1），并将凭证样张公布在部网站上，各地经办机构按照标准打印。

**第九条** 各统筹地区经办人员可以登录人力资源社会保障部网址（http://www.mohrss.gov.cn）查询全国县级以上经办机构的邮寄地址、联系电话和传真号码，下载各地行政区划代码。经办机构联系方式发生变化，要及时通过系统变更或直报人力资源社会保障部社会保险事业管理中心，确保部网站上公布的县级以上经办机构信息的准确性。

**第十条** 关系转移接续函、表等材料应以纸质方式通过信函邮寄。为便于及时办理手续，经办机构间尚未实现信息系统互联的，可先通过传真方式传送相关材料；已经实现信息系统互联的，可先通过信息系统交换参保人员基本医疗保险关系转移接续的有关信息。

**第十一条** 进城落户农民和流动就业人员参加新农合或城镇（城乡）居民等基本医疗保险的信息应连续计入新参保地业务档案，保证参保记录的完整性和连续性。

**第十二条** 本规程从2016年9月1日起实施。原《流动就业人员基本医疗保险关系转移接续业务经办规程（试行）》（人社险中心函〔2010〕58号）同时废止。

附件：1. 基本医疗保障参保（合）凭证样张、标准格式和填写要求（略）

2. 基本医疗保险关系转移接续申请表（略）

3. 基本医疗保险关系转移接续联系函（略）

4. 参保人员基本医疗保险类型变更信息表（略）

# 工伤保险

## 工伤保险条例

(2003年4月27日中华人民共和国国务院令第375号公布 根据2010年12月20日《国务院关于修改〈工伤保险条例〉的决定》修订)

## 第一章 总 则

**第一条** 【立法目的】为了保障因工作遭受事故伤害或者患职业病的职工获得医疗救治和经济补偿,促进工伤预防和职业康复,分散用人单位的工伤风险,制定本条例。

> **注释** 注意区别工伤保险与人身意外伤害保险。总体而言,工伤保险属于社会保险中的一种,而人身意外伤害保险属于商业保险的范畴。因此,工伤保险与人身意外伤害保险的关系,实质上是社会保险与商业保险的关系,二者在适用范围、基本原则、筹资办法、待遇水平等多方面均有不同。对于大多数用人单位而言,参加社会保险是法定义务,而是否参加商业保险,则由各单位自行决定。
>
> 我国《建筑法》中还特别规定:建筑施工企业应当依法为职工参加工伤保险缴纳工伤保险费。鼓励企业为从事危险作业的职工办理意外伤害保险,支付保险费。一个用人单位,如果既参加了工伤保险又购买了人身意外伤害保险,那么,其职工发生工伤后,除了按照本条例规定享受相应的工伤保险待遇外,还可以根据与商业保险公司的保险合同约定,享受相应的商业保险待遇。
>
> **案例** 安民重、兰自姣诉深圳市水湾远洋渔业有限公司工伤保险待遇纠纷案(《最高人民法院公报》2017年第12期)
>
> **案件适用要点**:用人单位为职工购买商业性人身意外伤害保险

的，不因此免除其为职工购买工伤保险的法定义务。职工获得用人单位为其购买的人身意外伤害保险赔付后，仍然有权向用人单位主张工伤保险待遇。

**第二条　【适用范围】**中华人民共和国境内的企业、事业单位、社会团体、民办非企业单位、基金会、律师事务所、会计师事务所等组织和有雇工的个体工商户（以下称用人单位）应当依照本条例规定参加工伤保险，为本单位全部职工或者雇工（以下称职工）缴纳工伤保险费。

中华人民共和国境内的企业、事业单位、社会团体、民办非企业单位、基金会、律师事务所、会计师事务所等组织的职工和个体工商户的雇工，均有依照本条例的规定享受工伤保险待遇的权利。

**第三条　【保费征缴】**工伤保险费的征缴按照《社会保险费征缴暂行条例》关于基本养老保险费、基本医疗保险费、失业保险费的征缴规定执行。

> **注释**　［工伤保险费由谁缴纳？］
> 用人单位应当按时缴纳工伤保险费。职工个人不缴纳工伤保险费。参加工伤保险虽然一部分是为了职工能够及时得到医疗救助和经济补偿，但主要还是为了化解用人单位工伤风险而设计的一种制度。
>
> ［工伤保险费率］
> 关于行业差别费率，根据2015年《关于调整工伤保险费率政策的通知》，按照《国民经济行业分类》对行业的划分，不同工伤风险类别的行业执行不同的工伤保险行业基准费率。各行业工伤风险类别对应的全国工伤保险行业基准费率为，一类至八类分别控制在该行业用人单位职工工资总额的0.2%、0.4%、0.7%、0.9%、1.1%、1.3%、1.6%、1.9%左右。
>
> **参见**　《社会保险法》第33条；《社会保险费征缴暂行条例》

**第四条　【用人单位责任】**用人单位应当将参加工伤保险的有关情况在本单位内公示。

用人单位和职工应当遵守有关安全生产和职业病防治的法律法规,执行安全卫生规程和标准,预防工伤事故发生,避免和减少职业病危害。

职工发生工伤时,用人单位应当采取措施使工伤职工得到及时救治。

**注释** 生产经营单位与从业人员订立的劳动合同,应当载明有关保障从业人员劳动安全、防止职业危害的事项,以及依法为从业人员办理工伤社会保险的事项。

生产经营单位不得以任何形式与从业人员订立协议,免除或者减轻其对从业人员因生产安全事故伤亡依法应承担的责任。

**参见** 《安全生产法》第二章、第三章;《职业病防治法》第三章

**第五条 【主管部门与经办机构】** 国务院社会保险行政部门负责全国的工伤保险工作。

县级以上地方各级人民政府社会保险行政部门负责本行政区域内的工伤保险工作。

社会保险行政部门按照国务院有关规定设立的社会保险经办机构(以下称经办机构)具体承办工伤保险事务。

**注释** 《最高人民法院行政审判庭关于劳动行政部门在工伤认定程序中是否具有劳动关系确认权请示的答复》(2009年7月20日〔2009〕行他字第12号)中明确,根据《劳动法》第9条和《工伤保险条例》第5条、第18条的规定,劳动行政部门在工伤认定程序中,具有认定受到伤害的职工与企业之间是否存在劳动关系的职权。

**参见** 《工伤保险经办规程》

**第六条 【工伤保险政策、标准的制定】** 社会保险行政部门等部门制定工伤保险的政策、标准,应当征求工会组织、用人单位代表的意见。

## 第二章　工伤保险基金

**第七条**　【工伤保险基金构成】工伤保险基金由用人单位缴纳的工伤保险费、工伤保险基金的利息和依法纳入工伤保险基金的其他资金构成。

**注释**　工伤保险基金主要有以下特点：一是强制性。即工伤保险费是国家以法律规定的形式，向规定范围内的用人单位征收的一种社会保险费。具有缴费义务的单位必须按照法律的规定履行缴费义务，否则就是一种违法行为，用人单位要按照法律的规定承担相应的法律责任。二是共济性。即用人单位按规定缴纳工伤保险费后，不管该单位是否发生工伤，发生多大程度和范围的工伤，都应按照法律的规定由基金支付相应的工伤保险待遇。缴费单位不能因为没有发生工伤，未使用工伤保险基金，而要求返还缴纳的工伤保险费。社会保险经办机构也不应因单位发生的工伤多、支付的基金数额大，而要求该单位追加缴纳工伤保险费，只能在确定用人单位下一轮费率时适当考虑其工伤保险基金支付情况。三是专用性。国家根据社会保险事业的需要，事先规定工伤保险费的缴费对象、缴费基数和费率的基本原则。在征收时，不因缴费义务人的具体情况而随意调整。在工伤保险基金的使用上，实行专款专用，任何人不得挪用。

**参见**　《最高人民法院关于在审理和执行民事、经济纠纷案件时不得查封、冻结和扣划社会保险基金的通知》

**第八条**　【工伤保险费】工伤保险费根据以支定收、收支平衡的原则，确定费率。

国家根据不同行业的工伤风险程度确定行业的差别费率，并根据工伤保险费使用、工伤发生率等情况在每个行业内确定若干费率档次。行业差别费率及行业内费率档次由国务院社会保险行政部门制定，报国务院批准后公布施行。

统筹地区经办机构根据用人单位工伤保险费使用、工伤发生率等情况，适用所属行业内相应的费率档次确定单位缴费费率。

**注释** 工伤保险费费率的确定应把握以下几点：

（1）以支定收，收支平衡，即是以一个周期内的工伤保险基金的支付额度为标准，确定征缴保险费的额度，使工伤保险基金在一个周期内的收与支保持平衡。

（2）关于用人单位具体缴费率的确定。单位的缴费费率由统筹地区的经办机构根据该单位的工伤保险费使用、工伤发生率等情况，套用所在行业中的相应档次确定。这种具有竞争性的费率，使工伤发生多的单位缴纳的工伤保险费多，工伤发生少的单位则缴费少，以达到促进安全生产的目的。

**参见** 《社会保险法》第34条

**第九条 【行业差别费率及档次调整】** 国务院社会保险行政部门应当定期了解全国各统筹地区工伤保险基金收支情况，及时提出调整行业差别费率及行业内费率档次的方案，报国务院批准后公布施行。

**第十条 【缴费主体、缴费基数与费率】** 用人单位应当按时缴纳工伤保险费。职工个人不缴纳工伤保险费。

用人单位缴纳工伤保险费的数额为本单位职工工资总额乘以单位缴费费率之积。

对难以按照工资总额缴纳工伤保险费的行业，其缴纳工伤保险费的具体方式，由国务院社会保险行政部门规定。

**注释** ［工资总额］

"本单位职工工资总额"，是指单位在一定时期内直接支付给本单位全部职工的劳动报酬总额，包括计时工资、计件工资、奖金、津贴和补贴、加班加点工资以及特殊情况下支付的工资。

［职工在多个单位就业的工伤保险］

职工在两个或两个以上用人单位同时就业的，各用人单位应当分别为职工缴纳工伤保险费。职工发生工伤，由职工受到伤害时其工作的单位依法承担工伤保险责任。（《关于实施〈工伤保险条例〉若干问题的意见》一）

《最高人民法院关于审理工伤保险行政案件若干问题的规定》

第3条第1款第1项也规定社会保险行政部门认定下列单位为承担工伤保险责任单位的,人民法院应予支持:职工与两个或两个以上单位建立劳动关系,工伤事故发生时,职工为之工作的单位为承担工伤保险责任的单位。

**案例** 1. 北京国玉大酒店有限公司诉北京市朝阳区劳动和社会保障局工伤认定行政纠纷案(《最高人民法院公报》2008年第9期)

**案件适用要点**:根据《关于实施〈工伤保险条例〉若干问题的意见》第1条规定,下岗、待岗职工又以其他单位工作的,该单位也应当为职工缴纳工伤保险费;职工在该单位工作时发生工伤的,该单位应依法承担工伤保险责任。

2. 伏恒生等诉连云港开发区华源市政园林工程公司工伤待遇赔偿纠纷案(《最高人民法院公报》2018年第3期)

**案件适用要点**:未达到法定退休年龄的企业内退人员,在与原用人单位保留劳动关系的前提下,到另一单位从事劳动、接受管理的,劳动者与新用人单位之间的用工关系为劳动关系。劳动者在新用人单位工作期间发生工伤事故的,新用人单位是工伤保险责任的赔偿主体,应由其承担工伤待遇赔偿的各项义务。

**第十一条 【统筹层次、特殊行业异地统筹】** 工伤保险基金逐步实行省级统筹。

跨地区、生产流动性较大的行业,可以采取相对集中的方式异地参加统筹地区的工伤保险。具体办法由国务院社会保险行政部门会同有关行业的主管部门制定。

**注释** [特殊行业的异地统筹]

铁路、远洋运输、石油、煤炭等行业,一般都跨地区,生产流动性较大。对于这些行业,可以采取相对灵活的方式,集中参加层次相对高的工伤保险社会统筹的管理。同时,由于这些行业之间的差异较大,因此,本条规定具体办法由国务院社会保险行政部门会同有关行业的主管部门制定。

**第十二条 【工伤保险基金和用途】** 工伤保险基金存入社会保障基金财政专户,用于本条例规定的工伤保险待遇,劳动能力鉴定,工伤预防的宣传、培训等费用,以及法律、法规规定的用于工伤保险的其他费用的支付。

工伤预防费用的提取比例、使用和管理的具体办法,由国务院社会保险行政部门会同国务院财政、卫生行政、安全生产监督管理等部门规定。

任何单位或者个人不得将工伤保险基金用于投资运营、兴建或者改建办公场所、发放奖金,或者挪作其他用途。

**注释** 注意工伤保险基金的使用。由工伤保险基金支付的各项待遇应按本条例相关规定支付,不得采取将长期待遇改为一次性支付的办法。

[工伤保险待遇]

工伤保险待遇主要包括医疗康复待遇、伤残待遇和死亡待遇。医疗康复待遇包括诊疗费、药费、住院费用,以及在规定的治疗期内的工资待遇。

[劳动能力鉴定费]

劳动能力鉴定费是指劳动能力鉴定委员会支付给参加劳动能力鉴定的医疗卫生专家的费用。如果劳动能力鉴定是由劳动能力鉴定委员会委托具备资格的医疗机构协助进行的,劳动能力鉴定费也包括支付给相关医疗机构的诊断费用。

[工伤预防费]

工伤预防费主要用于工伤事故和职业病预防的宣传、教育与培训,安全生产奖励,对高危行业参保企业作业环境的检测和对从事职业危害作业的职工(主要是农民工)进行职业健康检查的补助,对用人单位工伤风险程度的评估等。

[法律、法规规定的用于工伤保险的其他费用]

本条例虽明确列举了工伤保险基金的具体支出项目,但其不可能穷尽所有应该由基金支出的项目。为了给基金合法支出留有一定空间,同时,为了避免滥用基金情况的发生,本条例规定,只有全国人大及其常委会制定的法律、国务院制定的行政法规和省级人大制定的地方性法规才能规定工伤保险基金的支出项目。

**第十三条　【工伤保险储备金】** 工伤保险基金应当留有一定比例的储备金，用于统筹地区重大事故的工伤保险待遇支付；储备金不足支付的，由统筹地区的人民政府垫付。储备金占基金总额的具体比例和储备金的使用办法，由省、自治区、直辖市人民政府规定。

## 第三章　工伤认定

**第十四条　【应当认定工伤的情形】** 职工有下列情形之一的，应当认定为工伤：

（一）在工作时间和工作场所内，因工作原因受到事故伤害的；

（二）工作时间前后在工作场所内，从事与工作有关的预备性或者收尾性工作受到事故伤害的；

（三）在工作时间和工作场所内，因履行工作职责受到暴力等意外伤害的；

（四）患职业病的；

（五）因工外出期间，由于工作原因受到伤害或者发生事故下落不明的；

（六）在上下班途中，受到非本人主要责任的交通事故或者城市轨道交通、客运轮渡、火车事故伤害的；

（七）法律、行政法规规定应当认定为工伤的其他情形。

> **注释**　[工作时间]
>
> "工作时间"，是指法律规定的或者单位要求职工工作的时间。我国规定，劳动者每日工作时间不超过8小时，平均每周工作时间不超过40小时。据此，单位规定上下班的具体时间；实行不定时工作制的单位，单位确定的工作时间，为职工的工作时间。
>
> 《最高人民法院行政审判庭关于职工外出学习休息期间受到他人伤害应否认定为工伤问题的答复》（2007年9月7日〔2007〕行他字第9号）明确，职工受单位指派外出学习期间，在学习单位安排的休息场所休息时受到他人伤害的，应当认定为工伤。

[工作场所]

"工作场所",是指职工日常工作所在的场所,以及领导临时指派其所从事工作的场所。

根据《最高人民法院关于审理工伤保险行政案件若干问题的规定》第4条规定,在工作时间内,职工来往于多个与其工作职责相关的工作场所之间的合理区域因工受到伤害的,社会保险行政部门认定为工伤的,人民法院应予支持。

[预备性工作]

"预备性工作",是指在工作前的一段合理时间内,从事与工作有关的准备工作,诸如运输、备料、准备工具等。

[收尾性工作]

"收尾性工作",是指在工作后的一段合理时间内,从事与工作有关的收尾工作,诸如清理、安全贮存、收拾工具和衣物等。

[因履行工作职责受到暴力等意外伤害的]

"因履行工作职责受到暴力等意外伤害的",有两层含义:一是指职工因履行工作职责,使某些人的不合理的或违法的目的没有达到,这些人出于报复而对该职工进行的暴力人身伤害;二是指在工作时间和工作场所内,职工因履行工作职责受到的意外伤害,诸如地震、厂区失火、车间房屋倒塌以及由于单位其他设施不安全而造成的伤害等。《劳动和社会保障部办公厅关于对〈工伤保险条例〉有关条款释义的函》(劳社厅函〔2006〕497号)中指出,"因履行工作职责受到暴力等意外伤害"中的因履行工作职责受到暴力伤害是指受到的暴力伤害与履行工作职责有因果关系。

[职业病]

职业病是指劳动者在职业活动中,因接触粉尘、放射性物质和其他有毒、有害因素而引起的疾病。对"职业病"的理解,应注意:这里的"职业病"是本条例覆盖范围内的用人单位的劳动者所患的职业病;这里的"职业病"必须是本条例覆盖范围内的用人单位的职工在职业活动中导致的疾病。职业病的范围是由国家主管部门明文规定的。

[因工外出期间,由于工作原因受到伤害或者下落不明的]

"因工外出",是指职工不在本单位的工作范围内,由于工作需要被领导指派到本单位以外工作，或者为了更好地完成工作，自己到本单位以外从事与本职工作有关的工作。这里的"外出"包括两层含义：一是指到本单位以外，但是还在本地范围内；二是指不仅离开了本单位，并且到外地去了。而对于"因工外出期间"的认定，应当考虑职工外出是否属于用人单位指派的因工作外出，遭受的事故伤害是否因工作原因所致。

"由于工作原因受到伤害"，是指由于工作原因直接或间接造成的伤害，包括事故伤害、暴力伤害和其他形式的伤害。这里的"事故"，包括安全事故、意外事故以及自然灾害等各种形式的事故。

《最高人民法院关于审理工伤保险行政案件若干问题的规定》第5条规定："社会保险行政部门认定下列情形为'因工外出期间'的，人民法院应予支持：（一）职工受用人单位指派或者因工作需要在工作场所以外从事与工作职责有关的活动期间；（二）职工受用人单位指派外出学习或者开会期间；（三）职工因工作需要的其他外出活动期间。职工因工外出期间从事与工作或者受用人单位指派外出学习、开会无关的个人活动受到伤害，社会保险行政部门不认定为工伤的，人民法院应予支持。"

[上下班途中受到非本人主要责任的事故伤害]

"上下班途中"，是指合理的上下班时间和合理的上下班路途。《人力资源社会保障部关于执行〈工伤保险条例〉若干问题的意见（二）》第6条规定："职工以上下班为目的、在合理时间内往返于工作单位和居住地之间的合理路线，视为上下班途中。"《最高人民法院关于审理工伤保险行政案件若干问题的规定》第6条规定："对社会保险行政部门认定下列情形为'上下班途中'的，人民法院应予支持：（一）在合理时间内往返于工作地与住所地、经常居住地、单位宿舍的合理路线的上下班途中；（二）在合理时间内往返于工作地与配偶、父母、子女居住地的合理路线的上下班途中；（三）从事属于日常工作生活所需要的活动，且在合理时间和合理路线的上下班途中；（四）在合理时间内其他合理路线的上下班途中。"

"非本人主要责任"事故，包括非本人主要责任的交通事故和非本人主要责任的城市轨道交通、客运轮渡和火车事故。其中，"交通事故"是指《道路交通安全法》第119条规定的车辆在道路上因过错或者意外造成的人身伤亡或者财产损失事件。"车辆"是指机动车和非机动车；"道路"是指公路、城市道路和虽在单位管辖范围但允许社会机动车通行的地方，包括广场、公共停车场等用于公众通行的场所。

对于"非本人主要责任"的认定，应当以有关机关（如公安机关交通管理、交通运输等部门）出具的法律文书或者人民法院的生效裁决为依据。

**参见**　《关于实施〈工伤保险条例〉若干问题的意见》二；《关于执行〈工伤保险条例〉若干问题的意见》一、二；《职业病防治法》第43-55条；《职业病分类和目录》；《劳动法》第36-45条；《人力资源和社会保障部办公厅关于工伤保险有关规定处理意见的函》

**案例**　1.王长淮诉江苏省盱眙县劳动和社会保障局工伤行政确认案（《最高人民法院公报》2011年第9期）

**案件适用要点**：根据《工伤保险条例》第14条的规定，职工在工作时间和工作场所内，因工作原因受到事故伤害的，应当认定为工伤。这里的"工作场所"，是指职工从事工作的场所，例如职工所在的车间，而不是指职工本人具体的工作岗位。职工"串岗"发生安全事故导致伤害的，只要是在工作时间和工作场所内、因工作原因而发生的，即符合上述工伤认定条件，"串岗"与否不影响其工伤认定。

2.何培祥诉江苏省新沂市劳动和社会保障局工伤认定行政案（最高人民法院于2014年8月21日发布的四起工伤保险行政纠纷典型案例）

**案件适用要点**：上下班途中的"合理时间"与"合理路线"，是两种相互联系的认定属于上下班途中受机动车事故伤害情形的必不可少的时空概念，不应割裂开来。结合本案，何培祥在上午听课及中午就餐结束后返校的途中骑摩托车摔伤，其返校上班目的明确，应认定为合理时间。

**第十五条 【视同工伤的情形及其保险待遇】**职工有下列情形之一的,视同工伤:

(一) 在工作时间和工作岗位,突发疾病死亡或者在48小时之内经抢救无效死亡的;

(二) 在抢险救灾等维护国家利益、公共利益活动中受到伤害的;

(三) 职工原在军队服役,因战、因公负伤致残,已取得革命伤残军人证,到用人单位后旧伤复发的。

职工有前款第(一)项、第(二)项情形的,按照本条例的有关规定享受工伤保险待遇;职工有前款第(三)项情形的,按照本条例的有关规定享受除一次性伤残补助金以外的工伤保险待遇。

**注释** [在工作时间、工作岗位突发疾病]

"突发疾病",是指上班期间突然发生任何种类的疾病,一般多为心脏病、脑出血、心肌梗塞等突发性疾病。职工在工作时间和工作岗位突发疾病当场死亡的,以及职工在工作时间和工作岗位突发疾病后没有当时死亡,但在48小时之内经抢救无效死亡的,应当视同工伤。

符合本项情形的,职工所在用人单位原则上应自职工死亡之日起5个工作日内向用人单位所在统筹地区社会保险行政部门报告。

[在维护国家利益、公共利益活动中受到伤害的]

"维护国家利益",是指为了减少或者避免国家利益遭受损失,职工挺身而出。"维护公共利益",是指为了减少或者避免公共利益遭受损失,职工挺身而出。本条列举了抢险救灾这种情形,是为了帮助大家更好地理解和掌握哪种情形属于维护国家利益和维护公共利益,但凡是与抢险救灾性质类似的行为,都应当认定为属于维护国家利益和维护公共利益的行为。需强调的是,在这种情形下,没有工作时间、工作地点、工作原因等要素要求。例如,某单位职工在过铁路道口时,看到在道口附近有个小孩正牵着一头牛过铁路,这时,前方恰好有一辆满载旅客的列车驶来,该职工赶紧过去将牛牵走并将小孩推出铁道。列车安全地通过了,可该职工却因来不及跑开,被列车撞成重伤。该职工的这种行为,就应属于维护国家利益和公共利益的行为。

[职工原在军队服役,因战、因公负伤致残,已取得革命伤残军人证,到用人单位后旧伤复发的]

"因战致残"是指:(1)对敌作战致残;(2)因执行任务,或者被俘、被捕后不屈致残;(3)为抢救和保护国家财产、人民生命财产或者参加处置突发事件致残;(4)因执行军事演习、战备航行飞行、空降和导弹发射训练、试航试飞任务以及参加武器装备科研实验致残等。

"因公致残"是指:(1)在执行任务中或者在上下班途中,由于意外事件致残;(2)被认定为因战、因公致残后因旧伤复发;(3)因患职业病致残;(4)在执行任务中或者在工作岗位上因病致残,或者因医疗事故致残等。

"旧伤复发",是指职工在军队服役期间,因战、因公负伤致残,并取得了革命伤残军人证,到用人单位后其在军队服役期间因战、因公负伤的伤害部位(伤口)发生变化,需要进行治疗或相关救治的情形。

**参见** 《关于实施〈工伤保险条例〉若干问题的意见》三

**案例** 1. 重庆市涪陵志大物业管理有限公司诉重庆市涪陵区人力资源和社会保障局劳动和社会保障行政确认案(最高人民法院发布的指导案例94号)

**案件适用要点**:职工见义勇为,为制止违法犯罪行为而受到伤害的,属于《工伤保险条例》第十五条第一款第二项规定的为维护公共利益受到伤害的情形,应当视同工伤。

2. 上海温和足部保健服务部诉上海市普陀区人力资源和社会保障局工伤认定案(《最高人民法院公报》2017年第4期)

**案件适用要点**:职工在工作时间和工作岗位上突发疾病,经抢救后医生虽然明确告知家属无法挽救生命,在救护车运送回家途中职工死亡的,仍应认定其未脱离治疗抢救状态。若职工自发病至死亡期间未超过48小时,应视为"48小时之内经抢救无效死亡",视同工伤。

**第十六条 【不属于工伤的情形】**职工符合本条例第十四条、第十五条的规定，但是有下列情形之一的，不得认定为工伤或者视同工伤：

（一）故意犯罪的；
（二）醉酒或者吸毒的；
（三）自残或者自杀的。

**注释** ［故意犯罪］

本条只将因故意犯罪导致事故伤害的规定为不认定为工伤的情形。我国《刑法》第14条规定，明知自己的行为会发生危害社会的结果，并且希望或者放任这种结果发生，因而构成犯罪的，是故意犯罪。对"故意犯罪"的认定，应当以司法机关的生效法律文书或者结论性意见为依据。

［醉酒或吸毒］

对"醉酒或者吸毒"的认定，应当以有关机关出具的法律文书或者人民法院的生效裁决为依据。无法获得上述证据的，可以结合相关证据认定。

"醉酒"，是指职工饮用含有酒精的饮料达到醉酒的状态，在酒精作用期间从事工作受到事故伤害。职工在工作时因醉酒导致行为失控而对自己造成的伤害，不认定为工伤。对于醉酒，应当依据行为人体内酒精含量的检测结果作出认定，如发现行为人体内酒精含量达到或者超过一定标准，就应当认定为醉酒。

关于吸毒。根据《禁毒法》的规定，毒品，是指鸦片、海洛因、甲基苯丙胺（冰毒）、吗啡、大麻、可卡因，以及国家规定管制的其他能够使人形成瘾癖的麻醉药品和精神药品。

［自残或自杀］

"自残"是指通过各种手段和方法伤害自己的身体，并造成伤害结果的行为。"自杀"是指通过各种手段和方法自己结束自己生命的行为。

**参见** 《社会保险法》第37条；《关于执行〈工伤保险条例〉若干问题的意见》三、四

**第十七条** 【申请工伤认定的主体、时限及受理部门】职工发生事故伤害或者按照职业病防治法规定被诊断、鉴定为职业病,所在单位应当自事故伤害发生之日或者被诊断、鉴定为职业病之日起30日内,向统筹地区社会保险行政部门提出工伤认定申请。遇有特殊情况,经报社会保险行政部门同意,申请时限可以适当延长。

用人单位未按前款规定提出工伤认定申请的,工伤职工或者其近亲属、工会组织在事故伤害发生之日或者被诊断、鉴定为职业病之日起1年内,可以直接向用人单位所在地统筹地区社会保险行政部门提出工伤认定申请。

按照本条第一款规定应当由省级社会保险行政部门进行工伤认定的事项,根据属地原则由用人单位所在地的设区的市级社会保险行政部门办理。

用人单位未在本条第一款规定的时限内提交工伤认定申请,在此期间发生符合本条例规定的工伤待遇等有关费用由该用人单位负担。

**注释** [工伤认定申请的主体]

工伤认定的申请主体有两类:一是工伤职工所在单位,二是工伤职工或者其近亲属,以及工伤职工所在单位的工会组织及符合我国工会法规定的各级工会组织。注意有权申请工伤认定的亲属限于近亲属,如配偶、父母、成年子女等,才可以成为工伤认定申请的主体。

[申请工伤认定的时限]

因申请主体的不同,工伤认定的申请时限也不同:

(1) 对用人单位而言,申请时限一般为事故伤害发生之日或者确诊为职业病之日起30日内;有特殊情况的,经社会保险行政部门批准,可以适当延长。用人单位逾期未提出认定申请的,在此期间发生的工伤待遇等有关费用由该用人单位负担。

(2) 对个人而言,工伤认定的申请时限为事故伤害发生之日起或者被确诊为职业病之日起的1年内。

曾经从事接触职业病危害作业、当时没有发现罹患职业病、离开工作岗位后被诊断或鉴定为职业病的符合下列条件的人员,可以自诊断、鉴定为职业病之日起1年内申请工伤认定,社会保险行政部门应当受理：①办理退休手续后，未再从事接触职业病危害作业的退休人员；②劳动或聘用合同期满后或者本人提出而解除劳动或聘用合同后，未再从事接触职业病危害作业的人员。

《人力资源社会保障部关于执行〈工伤保险条例〉若干问题的意见（二）》八规定："有下列情形之一的，被延误的时间不计算在工伤认定申请时限内。（一）受不可抗力影响的；（二）职工由于被国家机关依法采取强制措施等人身自由受到限制不能申请工伤认定的；（三）申请人正式提交了工伤认定申请，但因社会保险机构未登记或者材料遗失等原因造成申请超时限的；（四）当事人就确认劳动关系申请劳动仲裁或提起民事诉讼的；（五）其他符合法律法规规定的情形。"《最高人民法院关于审理工伤保险行政案件若干问题的规定》第7条规定："由于不属于职工或者其近亲属自身原因超过工伤认定申请期限的，被耽误的时间不计算在工伤认定申请期限内。有下列情形之一耽误申请时间的，应当认定为不属于职工或者其近亲属自身原因：（一）不可抗力；（二）人身自由受到限制；（三）属于用人单位原因；（四）社会保险行政部门登记制度不完善；（五）当事人对是否存在劳动关系申请仲裁、提起民事诉讼。"

**参见** 《工伤认定办法》第4-5条；《职业病防治法》第43-55条；《关于实施〈工伤保险条例〉若干问题的意见》四-六

**案例** 1. 杨庆峰诉无锡市劳动和社会保障局工伤认定行政纠纷案（《最高人民法院公报》2008年第1期）

**案件适用要点**：根据《工伤保险条例》第17条第2款的规定，工伤认定申请时效应当从事故伤害发生之日起算。这里的"事故伤害发生之日"应当包括工伤事故导致的伤害结果实际发生之日。工伤事故发生时伤害结果尚未实际发生，工伤职工在伤害结果实际发生后一年内提出工伤认定申请的，不属于超过工伤认定申请时效的情形。

2. 邹政贤诉广东省佛山市禅城区劳动和社会保障局工伤认定行政案（最高人民法院于2014年8月21日发布的四起工伤保险行政纠纷典型案例）

**案件适用要点**：由于不属于职工或者其近亲属自身原因超过工伤认定申请期限的，被耽误的时间不计算在工伤认定申请期限内。

3. 雷某生与嘉禾县某煤矿工伤保险待遇纠纷上诉案（湖南省郴州市中级人民法院民事判决书（2014）郴民一终字第563号）

**案件适用要点**：根据《工伤保险条例》第十七条第一、二款的规定，申请工伤认定，对受伤职工来说是权利；对用人单位来说是权利，更是义务。如果用人单位在其职工受伤后不积极履行这项义务，最终导致申请工伤认定超过时限，那么由此引发的后果和责任只能由用人单位承担。工伤待遇的支付途径有两种：一种情形是在用人单位参加工伤保险统筹为其职工缴纳工伤保险费的情况下，由工伤保险经办机构支付；另一种情形是由用人单位自己支付。由工伤保险经办机构支付工伤待遇的前提，是必须经法定的行政程序认定为工伤。用人单位和工伤职工均未在法定时限内申请工伤认定，此与进行行政程序工伤认定的不同后果是，即使用人单位参加了工伤保险统筹为该受伤职工缴纳了工伤保险费，但由于未经法定程序认定为工伤，使得本来可由工伤保险经办机构从工伤保险基金中支付该受伤职工工伤待遇的途径和程序丧失。但这并不意味着该受伤职工工伤待遇权益的绝对丧失，劳动者享受劳动保护和因工受伤享受工伤待遇是宪法及劳动法律法规规定的基本权利，是受法律绝对保护的。在工伤职工主张工伤待遇的诉讼请求下，最终只能由用人单位另行赔付受伤职工应当享受工伤待遇的各项费用。

**第十八条　【申请材料】**提出工伤认定申请应当提交下列材料：

（一）工伤认定申请表；

（二）与用人单位存在劳动关系（包括事实劳动关系）的证明材料；

（三）医疗诊断证明或者职业病诊断证明书（或者职业病诊断鉴定书）。

工伤认定申请表应当包括事故发生的时间、地点、原因以及职工伤害程度等基本情况。

工伤认定申请人提供材料不完整的，社会保险行政部门应当一次性书面告知工伤认定申请人需要补正的全部材料。申请人按照书面告知要求补正材料后，社会保险行政部门应当受理。

**注释** [与用人单位存在劳动关系的证明材料]

劳动合同是证明用人单位与职工之间存在劳动关系的有力凭证，是主要的证明材料。对于现实中部分不与职工签订劳动合同的用人单位，可以把其他有关的材料作为实际用工已形成劳动关系的证明材料，如工资报酬的领取证明、同事的书面证明等。

[医疗诊断证明]

出具普通事故伤害的医疗证明，没有严格的法定程序，为了保证所提供的医疗诊断证明的真实性，社会保险行政部门可以根据需要对事故伤害进行调查核实。此外，医师在出具有关工伤的医疗证明文件时必须签名，并对证明的真实性承担法律责任。

**第十九条** 【事故调查及举证责任】社会保险行政部门受理工伤认定申请后，根据审核需要可以对事故伤害进行调查核实，用人单位、职工、工会组织、医疗机构以及有关部门应当予以协助。职业病诊断和诊断争议的鉴定，依照职业病防治法的有关规定执行。对依法取得职业病诊断证明书或者职业病诊断鉴定书的，社会保险行政部门不再进行调查核实。

职工或者其近亲属认为是工伤，用人单位不认为是工伤的，由用人单位承担举证责任。

**注释** 需注意，职工与单位对工伤认定存在争议时，适用举证责任倒置原则，由用人单位承担举证责任。用人单位拒不举证的，社会保险行政部门可以根据受伤害职工提供的证据依法作出工伤认定结论。

**案例** 李某诉湖北省某市人力资源和社会保障局某市人民政府工伤保险资格认定及行政复议诉讼监督案（检例第205号）

**案件适用要点：** 社会保险行政部门以劳动者上下班途中遭受的交通事故伤害"不能认定非本人主要责任"为由，不予认定工伤的，应当事实清楚、依据充分。在交通管理部门无法认定事故责任的情况下，事故非本人主要责任的举证责任不应由劳动者承担。生效行政裁判错误分配举证责任的，人民检察院应当依法监督。人民检察院对于行政抗诉案件经人民法院审理作出的判决、裁定仍然存在明显错误、符合抗诉条件的,可以依职权跟进监督。

**参见** 《工伤认定办法》第9-15条

**第二十条** 【工伤认定的时限、回避】社会保险行政部门应当自受理工伤认定申请之日起60日内作出工伤认定的决定,并书面通知申请工伤认定的职工或者其近亲属和该职工所在单位。

社会保险行政部门对受理的事实清楚、权利义务明确的工伤认定申请,应当在15日内作出工伤认定的决定。

作出工伤认定决定需要以司法机关或者有关行政主管部门的结论为依据的,在司法机关或者有关行政主管部门尚未作出结论期间,作出工伤认定决定的时限中止。

社会保险行政部门工作人员与工伤认定申请人有利害关系的,应当回避。

**注释** [工伤认定时限的中止]

针对实践中存在的一些工伤认定决定需要等待司法机关或者有关行政主管部门作出结论的情况,本条例专门作了中止规定。比如,社会保险行政部门受理工伤认定申请后,发现劳动关系存在争议且无法确认的,应告知当事人可以向劳动人事争议仲裁委员会申请仲裁。在此期间,作出工伤认定决定的时限中止,并书面通知申请工伤认定的当事人。劳动关系依法确认后,当事人应将有关法律文书送交受理工伤认定申请的社会保险行政部门,该部门自收到生效法律文书之日起恢复工伤认定程序。又如,受到事故伤害的职工正在接受法院的审理,是否认定其故意犯罪,在这期间应当中止工伤认定,如果法院认定为不是故意犯罪或者无罪,就需重新启动工伤认定程序。再如,上下班途中发生的交通事故,是不是职工本人的主要责任,应等待交通管理机关的认定,同样应当中止工伤认定,如果结果是本人应当负主要责任,则不能认定为工伤,反之则应当认定为工伤。

[工伤认定的回避]

社会保险行政部门的工作人员,包括部门领导、一般工作人员,无论是否与工伤认定工作直接相关,凡与工伤认定申请人有亲戚、同事、同学、老乡等关系,可能影响公正作出工伤认定的,都需回避。

**参见** 《关于执行〈工伤保险条例〉若干问题的意见》五；《工伤认定办法》第16-22条

**案例** 王明德诉乐山市人力资源和社会保障局工伤认定案（最高人民法院发布的指导例69号）

**案件适用要点：**（1）《中止通知》属于工伤认定程序中的程序性行政行为，如果该行为不涉及终局性问题，对相对人的权利义务没有实质影响的，属于不成熟的行政行为，不具有可诉性，相对人提起行政诉讼的，不属于人民法院受案范围。但如果该程序性行政行为具有终局性，对相对人权利义务产生实质影响，并且无法通过提起针对相关的实体性行政行为的诉讼获得救济的，则属于可诉行政行为，相对人提起行政诉讼的，属于人民法院行政诉讼受案范围。

（2）《工伤保险条例》第20条第3款规定，作出工伤认定决定需要以司法机关或者有关行政主管部门的结论为依据的，在司法机关或者有关行政主管部门尚未作出结论期间，作出工伤认定决定的时限中止。也就是说，第三人申请工伤认定时，并不存在《工伤保险条例》第20条第3款所规定的依法可以作出中止决定的情形。

## 第四章 劳动能力鉴定

**第二十一条【鉴定的条件】** 职工发生工伤，经治疗伤情相对稳定后存在残疾、影响劳动能力的，应当进行劳动能力鉴定。

**注释** 根据本条的规定，职工进行劳动能力鉴定的条件有三：

（1）应该在经过治疗，伤情处于相对稳定状态后进行。

（2）工伤职工必须存在残疾，主要表现在身体上的残疾。例如，身体的某一器官造成损伤，或者造成肢体残疾等。

（3）工伤职工的残疾须对工作、生活产生了直接的影响，伤残程度已经影响到职工本人的劳动能力。例如，职工工伤后，由于身体造成的伤残不能从事工伤前的工作，只能从事劳动强度相对较弱、岗位工资、奖金可能相对少的工作，有的甚至不得不退出生产、工作岗位，不能像正常职工那样获取工资报酬，而只能依靠领取工伤保险待遇维持基本生活。

**第二十二条** 【劳动能力鉴定等级】劳动能力鉴定是指劳动功能障碍程度和生活自理障碍程度的等级鉴定。

劳动功能障碍分为十个伤残等级,最重的为一级,最轻的为十级。

生活自理障碍分为三个等级:生活完全不能自理、生活大部分不能自理和生活部分不能自理。

劳动能力鉴定标准由国务院社会保险行政部门会同国务院卫生行政部门等部门制定。

> **注释** [劳动能力鉴定标准]
>
> 劳动能力鉴定是指劳动能力鉴定机构对劳动者在职业活动中因工负伤或患职业病后,根据国务院社会保险行政部门会同国务院卫生行政部门等制定的标准,在评定伤残等级时通过医学检查对劳动功能障碍程度(伤残程度)和生活自理障碍程度作出的判定结论。我国现行的劳动能力鉴定标准为2015年1月1日实施的《劳动能力鉴定 职工工伤与职业病致残等级》(GB/T 16180-2014)。
>
> [职工因工多处受伤,伤残等级如何评定?]
>
> 根据《劳动能力鉴定 职工工伤与职业病致残等级》的规定,工伤职工身体多处伤残的,劳动能力鉴定委员会在鉴定的时候,对于同一器官或系统多处损伤,或一个以上器官不同部位同时受到损伤者,应先对单项伤残程度进行鉴定。如果几项伤残等级不同,以重者定级;如果两项及以上等级相同,最多晋升一级。
>
> **参见** 《劳动能力鉴定 职工工伤与职业病致残等级》(GB/T 16180-2014)

**第二十三条** 【申请鉴定的主体、受理机构、申请材料】劳动能力鉴定由用人单位、工伤职工或者其近亲属向设区的市级劳动能力鉴定委员会提出申请,并提供工伤认定决定和职工工伤医疗的有关资料。

**第二十四条** 【鉴定委员会人员构成、专家库】省、自治区、直辖市劳动能力鉴定委员会和设区的市级劳动能力鉴定委员会分别由省、自治区、直辖市和设区的市级社会保险行政部门、卫生行政部门、工会组织、经办机构代表以及用人单位代表组成。

劳动能力鉴定委员会建立医疗卫生专家库。列入专家库的医疗卫生专业技术人员应当具备下列条件：

（一）具有医疗卫生高级专业技术职务任职资格；

（二）掌握劳动能力鉴定的相关知识；

（三）具有良好的职业品德。

**第二十五条　【鉴定步骤、时限】**设区的市级劳动能力鉴定委员会收到劳动能力鉴定申请后，应当从其建立的医疗卫生专家库中随机抽取3名或者5名相关专家组成专家组，由专家组提出鉴定意见。设区的市级劳动能力鉴定委员会根据专家组的鉴定意见作出工伤职工劳动能力鉴定结论；必要时，可以委托具备资格的医疗机构协助进行有关的诊断。

设区的市级劳动能力鉴定委员会应当自收到劳动能力鉴定申请之日起60日内作出劳动能力鉴定结论，必要时，作出劳动能力鉴定结论的期限可以延长30日。劳动能力鉴定结论应当及时送达申请鉴定的单位和个人。

> **注释**　设区的市级劳动能力鉴定委员会进行劳动能力鉴定，分为以下几个步骤：
>
> （1）组成专家组。专家组由从医疗卫生专家库中随机抽取的3名或者5名相关专家组成。"随机抽取"，是指按照自由组合的原则从专家库中抽取专家，防止申请人或者与劳动能力鉴定有利害关系的人提前与医疗专家沟通，影响劳动能力鉴定结论的公正性。
>
> （2）提出鉴定意见。专家组根据医疗专业知识和劳动能力的评残标准作出医疗鉴定。专家组的鉴定意见是劳动能力鉴定委员会作出劳动能力鉴定结论的依据。
>
> （3）作出劳动能力鉴定结论。劳动能力鉴定委员会根据专家组的鉴定意见，确定伤残职工的劳动功能障碍程度和生活护理依赖程度，作出劳动能力鉴定结论。

**第二十六条　【再次鉴定】**申请鉴定的单位或者个人对设区的市级劳动能力鉴定委员会作出的鉴定结论不服的，可以在收到该鉴定结论之日起15日内向省、自治区、直辖市劳动能力鉴定委员会提出再次鉴定申请。省、自治区、直辖市劳动能力鉴定委员会作出的劳动能力鉴定结论为最终结论。

**注释** [再次鉴定的申请时限]

再次鉴定的申请时限为收到鉴定结论之日起15日内,也就是说,如果申请人在15日内没有提出再次鉴定申请,设区的市级劳动能力鉴定委员会作出的劳动能力鉴定结论就具有法律效力。对于已经具有法律效力的鉴定结论,当事人不能提出再次鉴定的申请。这时如果申请人仍向上一级劳动能力鉴定委员会提出申请的,上一级劳动能力鉴定委员会可以以超过时效为由不予受理。

[再次鉴定申请的受理机构]

受理再次鉴定申请的机构为省、自治区、直辖市劳动能力鉴定委员会。省、自治区、直辖市劳动能力鉴定委员会作出的劳动能力鉴定结论为劳动能力鉴定委员会鉴定程序中的最终结论。

[职工对伤残等级结论不服,能否提起行政诉讼?]

从劳动能力鉴定委员会组织和工作性质来看,伤残鉴定不是行政行为。因为,伤残等级鉴定工作是根据国家评残标准进行的,劳动能力鉴定委员会是当地政府协调劳动、卫生和工会等部门互相配合、支持这项事业的虚设机构,劳动能力鉴定办公室的工作是具体组织落实。伤残等级和护理依赖程度的鉴定是医学专家组根据工伤职工的伤情作出的技术性结论,它在很大程度上属于技术性和事业性的工作,不是行政行为。根据本条规定,对市级劳动能力鉴定结论不服的,可在收到结论后15日内向省级劳动能力鉴定委员会申请再次鉴定。省级鉴定结论为最终结论。法律未赋予职工直接对劳动能力鉴定结论提起诉讼的权利。

**第二十七条** 【鉴定工作原则、回避制度】劳动能力鉴定工作应当客观、公正。劳动能力鉴定委员会组成人员或者参加鉴定的专家与当事人有利害关系的,应当回避。

**第二十八条** 【复查鉴定】自劳动能力鉴定结论作出之日起1年后,工伤职工或者其近亲属、所在单位或者经办机构认为伤残情况发生变化的,可以申请劳动能力复查鉴定。

**注释** ［劳动能力复查鉴定］

劳动能力复查鉴定，是指已经劳动能力鉴定委员会鉴定过的工伤职工，在鉴定结论作出一段时期后，工伤职工或者其近亲属、所在单位或者经办机构认为残情发生变化，向劳动能力鉴定委员会提出申请，劳动能力鉴定委员会依据国家标准对其进行的复查鉴定。

［劳动能力复查鉴定的申请时间］

劳动能力复查鉴定的申请时间，为劳动能力鉴定结论作出之日起1年后。

［劳动能力复查鉴定的申请人］

有权提出劳动能力复查鉴定的申请人包括：工伤职工或者其近亲属；工伤职工所在单位；经办机构。

**第二十九条 【再次鉴定和复查鉴定的时限】** 劳动能力鉴定委员会依照本条例第二十六条和第二十八条的规定进行再次鉴定和复查鉴定的期限，依照本条例第二十五条第二款的规定执行。

**注释** 本条明确了再次鉴定和复查鉴定的时限，规定劳动能力再次鉴定和复查鉴定的时限按照初次鉴定的时限执行。即在一般情况下，劳动能力再次鉴定和复查鉴定结论应该在收到劳动能力再次鉴定和复查鉴定申请之日起60日内作出。只有在工伤职工的病情复杂，或者遇到当事人不能预见、不能避免并不能克服的不可抗力等情况时，劳动能力再次鉴定和复查鉴定期限才可以适当延长，但延长期不能超过30日。

## 第五章 工伤保险待遇

**第三十条 【工伤职工的治疗】** 职工因工作遭受事故伤害或者患职业病进行治疗，享受工伤医疗待遇。

职工治疗工伤应当在签订服务协议的医疗机构就医，情况紧急时可以先到就近的医疗机构急救。

治疗工伤所需费用符合工伤保险诊疗项目目录、工伤保险药品目录、工伤保险住院服务标准的，从工伤保险基金支付。工伤保险诊疗项目目录、工伤保险药品目录、工伤保险住院服务标准，由国务院社会保险行政部门会同国务院卫生行政部门、食品药品监督管理部门等部门规定。

职工住院治疗工伤的伙食补助费，以及经医疗机构出具证明，报经办机构同意，工伤职工到统筹地区以外就医所需的交通、食宿费用从工伤保险基金支付，基金支付的具体标准由统筹地区人民政府规定。

工伤职工治疗非工伤引发的疾病，不享受工伤医疗待遇，按照基本医疗保险办法处理。

工伤职工到签订服务协议的医疗机构进行工伤康复的费用，符合规定的，从工伤保险基金支付。

**注释** [工伤医疗待遇]

工伤医疗待遇包括：（1）治疗工伤所需的挂号费、医疗费、药费、住院费等费用符合工伤保险诊疗项目目录、工伤保险药品目录、工伤保险住院服务标准的，从工伤保险基金中支付；（2）工伤职工治疗工伤需要住院的，职工住院治疗工伤的伙食补助费，以及经医疗机构出具证明，报经办机构同意，工伤职工到统筹地区以外就医所需的交通、食宿费用从工伤保险基金支付，基金支付的具体标准由统筹地区人民政府规定；（3）工伤职工需要停止工作接受治疗的，享受停工留薪期待遇，停工留薪期满后，需要继续治疗的，继续享受（1）、(2)项工伤医疗待遇。

[工伤医疗机构]

工伤职工因工负伤或者患职业病进行治疗（包括康复性治疗）应当前往签订服务协议的医疗机构就医，情况紧急时可以先到就近的医疗机构急救；工伤职工确需跨统筹地区就医的，须由医疗机构出具证明，并经经办机构同意。工伤职工跨统筹地区就医所发生费用，可先由工伤职工或所在单位垫付，经社会保险经办机构复核后，按本统筹地区有关规定结算。

[工作中受到精神伤害，能否要求工伤赔偿？]

工作中受到的精神伤害不能要求工伤赔偿。按照我国现行法律法规的规定，工伤是指在工作过程中所受的肢体伤害，劳动者只有在工作过程中发生身体上的伤害时才能要求工伤赔偿，而对于如劳动者人格尊严和名誉等受到损害的，不能认定为工伤。同时对于劳动者因身体上的伤害而导致的精神上的伤害，也仅就该身体伤害作工伤赔偿而不能将该身体伤害引起的精神伤害作为工伤进行赔偿。在这种情况下，对于所遭受的精神损害，劳动者只能通过其他途径向侵权人要求承担损害赔偿责任。

**参见** 《工伤保险经办规程》第41-45条

**第三十一条 【复议和诉讼期间不停止支付医疗费用】** 社会保险行政部门作出认定为工伤的决定后发生行政复议、行政诉讼的，行政复议和行政诉讼期间不停止支付工伤职工治疗工伤的医疗费用。

**第三十二条 【配置辅助器具】** 工伤职工因日常生活或者就业需要，经劳动能力鉴定委员会确认，可以安装假肢、矫形器、假眼、假牙和配置轮椅等辅助器具，所需费用按照国家规定的标准从工伤保险基金支付。

**注释** 工伤职工配置辅助器具应当经劳动能力鉴定委员会确认，其所需费用才能从工伤保险基金中支付。结合本条例第47条规定，社会保险经办机构对辅助器具配置机构以签订服务协议的方式进行管理，引入竞争机制，促使辅助器具配置机构提高服务质量。工伤职工如需配置辅助器具，应到与社会保险经办机构签订服务协议的机构、按照国家规定的有关标准配置辅助器具，对于辅助器具配置机构提供的一些不合理的配置应当拒绝，对违反有关标准配置辅助器具的费用，工伤保险基金不予支付。

**参见** 《工伤保险经办规程》第50-52条

**第三十三条 【工伤治疗期间待遇】** 职工因工作遭受事故伤害或者患职业病需要暂停工作接受工伤医疗的，在停工留薪期内，原工资福利待遇不变，由所在单位按月支付。

停工留薪期一般不超过12个月。伤情严重或者情况特殊，经设区的市级劳动能力鉴定委员会确认，可以适当延长，但延长不得超过12个月。工伤职工评定伤残等级后，停发原待遇，按照本章的有关规定享受伤残待遇。工伤职工在停工留薪期满后仍需治疗的，继续享受工伤医疗待遇。

生活不能自理的工伤职工在停工留薪期需要护理的，由所在单位负责。

**注释**　[停工留薪期]

停工留薪期，是指职工因工负伤或者患职业病停止工作接受治疗并享受有关待遇的期限。停工留薪期的时间，由已签订服务协议的治疗工伤的医疗机构提出意见，经劳动能力鉴定委员会确认并通知有关单位和工伤职工。

[停工留薪期的待遇]

职工在停工留薪期内，除享受工伤医疗待遇外，原工资福利待遇不变，由所在单位发给，生活不能自理需要护理的，由所在单位负责护理。这里所称的原待遇是指职工在受伤或被确诊患职业病前，原用人单位发给职工的按照出勤对待的全部工资和福利待遇。工伤职工评定伤残等级后，停发原待遇，按照本条例第35条至第37条的规定，享受伤残待遇。

**案例**　邓金龙诉深圳市社会保险基金管理局工伤保险待遇决定案（《最高人民法院公报》2019年第11期）

**案件适用要点**：国务院《工伤保险条例》第三十三条第二款和《广东省工伤保险条例》第二十六条第一款规定的停工留薪期最长期限不能超过24个月，应是指工伤职工治疗时单次享受的停工留薪期最长不能超过24个月，而非指累计最长不能超过24个月。职工工伤复发，经确认需治疗的，可重新享受《工伤保险条例》规定的停工留薪期待遇。

**第三十四条**　【**生活护理费**】工伤职工已经评定伤残等级并经劳动能力鉴定委员会确认需要生活护理的，从工伤保险基金按月支付生活护理费。

生活护理费按照生活完全不能自理、生活大部分不能自理或者生活部分不能自理3个不同等级支付，其标准分别为统筹地区上年度职工月平均工资的50%、40%或者30%。

**注释** 适用本条时注意，护理费的计算基数为统筹地区上年度职工月平均工资，而不是伤残职工本人的工资。

生活自理程度可通过《劳动能力鉴定 职工工伤与职业病致残等级》中规定的生活自理障碍来确定。生活自理障碍指工伤致残者因生活不能自理，需依赖他人护理。生活自理范围主要包括五项：(1) 进食；(2) 翻身；(3) 大、小便；(4) 穿衣、洗漱；(5) 自主行动。生活自理障碍程度分三级：(1) 完全生活自理障碍，指生活完全不能自理，前述五项均需护理；(2) 大部分生活自理障碍，指生活大部分不能自理，前述五项中三项或四项需要护理；(3) 部分生活自理障碍，指生活部分不能自理，前述五项中一项或两项需要护理。

**参见** 《劳动能力鉴定 职工工伤与职业病致残等级》4.1.5

**第三十五条 【一至四级工伤待遇】** 职工因工致残被鉴定为一级至四级伤残的，保留劳动关系，退出工作岗位，享受以下待遇：

（一）从工伤保险基金按伤残等级支付一次性伤残补助金，标准为：一级伤残为27个月的本人工资，二级伤残为25个月的本人工资，三级伤残为23个月的本人工资，四级伤残为21个月的本人工资；

（二）从工伤保险基金按月支付伤残津贴，标准为：一级伤残为本人工资的90%，二级伤残为本人工资的85%，三级伤残为本人工资的80%，四级伤残为本人工资的75%。伤残津贴实际金额低于当地最低工资标准的，由工伤保险基金补足差额；

（三）工伤职工达到退休年龄并办理退休手续后，停发伤残津贴，按照国家有关规定享受基本养老保险待遇。基本养老保险待遇低于伤残津贴的，由工伤保险基金补足差额。

职工因工致残被鉴定为一级至四级伤残的，由用人单位和职工个人以伤残津贴为基数，缴纳基本医疗保险费。

**注释** [一级至四级伤残职工的伤残待遇]

职工因工致残被鉴定为一级至四级伤残的，本条对该部分职工规定了两项待遇，即支付一次性伤残补助金和按月支付伤残津贴。

《人力资源社会保障部关于执行〈工伤保险条例〉若干问题的意见（二）》一规定："一级至四级工伤职工死亡，其近亲属同时符合领取工伤保险丧葬补助金、供养亲属抚恤金待遇和职工基本养老保险丧葬补助金、抚恤金待遇条件的，由其近亲属选择领取工伤保险或职工基本养老保险其中一种。"

[伤残津贴和基本养老保险的关系]

基本养老保险，是指法定范围内的人员，按照规定缴纳基本养老保险费达到一定的年限，到达法定退休年龄，按规定办理退休手续后，享受养老金的一种社会保险制度。

伤残职工办理退休手续后停发伤残津贴，享受基本养老保险。同时，为了保障工伤职工的待遇不因退休而受损失，工伤职工退休后享受的基本养老保险待遇低于伤残津贴的，由工伤保险基金补足差额。

[伤残职工的医疗保险]

职工因工致残被鉴定为一级至四级伤残的，除非这些职工死亡、已经办理退休手续或者存在《劳动合同法》第39条规定的法定情形，用人单位应当与其保留劳动关系，并由用人单位和职工个人以伤残津贴为基数缴纳基本医疗保险费。

[工伤致残与劳动合同期满]

在本单位患职业病或者因工负伤并被确认丧失或者部分丧失劳动能力的劳动者的劳动合同的终止，要按照国家有关工伤保险的规定执行。也即依据本条，一至四级伤残职工即便劳动合同期满，用人单位也必须与其保留劳动关系。

**参见** 《劳动能力鉴定 职工工伤与职业病致残等级》5.1-5.4

**第三十六条 【五至六级工伤待遇】** 职工因工致残被鉴定为五级、六级伤残的，享受以下待遇：

（一）从工伤保险基金按伤残等级支付一次性伤残补助金，标准为：五级伤残为18个月的本人工资，六级伤残为16个月的本人工资；

（二）保留与用人单位的劳动关系，由用人单位安排适当工作。难以安排工作的，由用人单位按月发给伤残津贴，标准为：五级伤残为本人工资的70%，六级伤残为本人工资的60%，并由用人单位按照规定为其缴纳应缴纳的各项社会保险费。伤残津贴实际金额低于当地最低工资标准的，由用人单位补足差额。

经工伤职工本人提出，该职工可以与用人单位解除或者终止劳动关系，由工伤保险基金支付一次性工伤医疗补助金，由用人单位支付一次性伤残就业补助金。一次性工伤医疗补助金和一次性伤残就业补助金的具体标准由省、自治区、直辖市人民政府规定。

**注释** 适用本条时注意与第35条、第37条的对比理解。除了在支付金额上的差别，需重点注意，职工因工伤被鉴定为五级至六级伤残的，用人单位应当与其保留劳动关系，安排适当的工作。难以安排工作的，由用人单位支付伤残津贴。同时，工伤职工本人终止或者解除劳动关系的权利不受限制，经工伤职工本人提出，可以与用人单位解除或者终止劳动关系，但是用人单位应当向职工支付一次性伤残就业补助金。

职工在同一用人单位连续工作期间多次发生工伤的，符合本条及第37条规定领取相关待遇时，按照其在同一用人单位发生工伤的最高伤残级别，计发一次性伤残就业补助金和一次性工伤医疗补助金。

**参见** 《劳动能力鉴定 职工工伤与职业病致残等级》5.5、5.6

**第三十七条 【七至十级工伤待遇】** 职工因工致残被鉴定为七级至十级伤残的，享受以下待遇：

（一）从工伤保险基金按伤残等级支付一次性伤残补助金，标准为：七级伤残为13个月的本人工资，八级伤残为11个月的本人工资，九级伤残为9个月的本人工资，十级伤残为7个月的本人工资；

（二）劳动、聘用合同期满终止，或者职工本人提出解除劳动、聘用合同的，由工伤保险基金支付一次性工伤医疗补助金，由用人单位支付一次性伤残就业补助金。一次性工伤医疗补助金和一次性伤残就业补助金的具体标准由省、自治区、直辖市人民政府规定。

**注释** 适用本条时注意与第35条、第36条比较理解。对于这部分工伤职工，在劳动合同期满前，除非工伤职工具有《劳动合同法》第39条规定的情形，否则用人单位不得单方与其解除劳动关系，应当与其继续履行原劳动合同，或者视客观情况依法与其变更劳动合同的部分内容，并按照劳动合同的规定支付相应的工资报酬。劳动合同期满或者工伤职工本人提出解除劳动合同的，用人单位应当向其支付一次性伤残就业补助金。注意，七至十级伤残职工不享受伤残津贴，以及事业单位与工作人员签订的通常为聘用合同。

**参见** 《劳动能力鉴定 职工工伤与职业病致残等级》5.7-5.10

**案例** 候宏军诉上海隆茂建筑装潢有限公司劳动合同纠纷案（《最高人民法院公报》2015年第11期）

**案件适用要点**：一次性伤残就业补助金是在终止或解除劳动合同时，工伤职工应当享受的由用人单位支付的费用。在用人单位解除劳动合同的情形下，用人单位仍有义务向工伤职工支付一次性伤残就业补助金。

**第三十八条 【旧伤复发待遇】** 工伤职工工伤复发，确认需要治疗的，享受本条例第三十条、第三十二条和第三十三条规定的工伤待遇。

**注释** ［工伤职工工伤复发］

工伤职工工伤复发，是指职工因工伤事故或患职业病，经过医疗机构采取必要的诊断治疗，包括病情检查、确诊、药物治疗、手术治疗等医疗措施，确定工伤职工病情痊愈，可以终结医疗，终止停工留薪期，经过劳动能力鉴定委员会确定伤残等级或者正处于劳动能力鉴定过程中，工伤职工原有病情不同程度地重新发作。

［工伤职工工伤复发的待遇］

工伤职工工伤复发，确认需要治疗的，可以按照第30条的规定享受工伤医疗待遇；需要暂停工作接受工伤医疗的，可以按照第33条的规定享受停工留薪期待遇；需要配置辅助器具的，可以按照第32条的规定配置，所需费用按照国家规定标准从工伤保险基金支付。

**参见** 《关于实施〈工伤保险条例〉若干问题的意见》七

**第三十九条** 【工亡待遇】职工因工死亡,其近亲属按照下列规定从工伤保险基金领取丧葬补助金、供养亲属抚恤金和一次性工亡补助金:

(一)丧葬补助金为6个月的统筹地区上年度职工月平均工资;

(二)供养亲属抚恤金按照职工本人工资的一定比例发给由因工死亡职工生前提供主要生活来源、无劳动能力的亲属。标准为:配偶每月40%,其他亲属每人每月30%,孤寡老人或者孤儿每人每月在上述标准的基础上增加10%。核定的各供养亲属的抚恤金之和不应高于因工死亡职工生前的工资。供养亲属的具体范围由国务院社会保险行政部门规定;

(三)一次性工亡补助金标准为上一年度全国城镇居民人均可支配收入的20倍。

伤残职工在停工留薪期内因工伤导致死亡的,其近亲属享受本条第一款规定的待遇。

一级至四级伤残职工在停工留薪期满后死亡的,其近亲属可以享受本条第一款第(一)项、第(二)项规定的待遇。

**注释** [职工因工死亡]

职工因工死亡,主要是指职工因工伤事故、职业中毒直接导致的死亡,经抢救治疗无效后的死亡,以及在停工留薪期内治疗中的死亡。

[职工因工死亡的待遇]

(1)丧葬补助金。注意丧葬补助金权利主体为死亡职工的近亲属。

(2)供养亲属抚恤金。注意该项是按照工亡职工本人生前工资的一定比例计发,但是在初次核定时,各供养亲属的抚恤金之和不得高于工亡职工的本人工资。在以后调整供养亲属抚恤金时,不受此限制。

因工死亡职工供养亲属,是指该职工的配偶、子女、父母、祖父母、外祖父母、孙子女、外孙子女、兄弟姐妹。子女,包括婚生子女、非婚生子女、养子女和有抚养关系的继子女,其中婚生子女、非婚生子女包括遗腹子女；父母，包括生父母、养父母和有抚养关系的继父母；兄弟姐妹，包括同父母的兄弟姐妹、同父异母或者同母异父的兄弟姐妹、养兄弟姐妹、有抚养关系的继兄弟姐妹。

上述人员，依靠因工死亡职工生前提供主要生活来源，并有下列情形之一的，可按规定申请供养亲属抚恤金：①完全丧失劳动能力的；②工亡职工配偶男年满60周岁、女年满55周岁的；③工亡职工父母男年满60周岁、女年满55周岁的；④工亡职工子女未满18周岁的；⑤工亡职工父母均已死亡，其祖父、外祖父年满60周岁，祖母、外祖母年满55周岁的；⑥工亡职工子女已经死亡或完全丧失劳动能力，其孙子女、外孙子女未满18周岁的；⑦工亡职工父母均已死亡或完全丧失劳动能力，其兄弟姐妹未满18周岁的。

（3）一次性工亡补助金。当因工死亡的工伤职工有数个近亲属时，应当按照权利义务相对应的原则进行分配，工伤职工生前，对其尽了较多照顾义务的近亲属，如长期与其共同生活的人，应当予以照顾。

[工伤保险待遇，免征个人所得税]

对工伤职工及其近亲属按照《工伤保险条例》规定取得的工伤保险待遇，免征个人所得税。工伤保险待遇，包括一次性伤残补助金、伤残津贴、一次性工伤医疗补助金、一次性伤残就业补助金、工伤医疗待遇、住院伙食补助费、外地就医交通食宿费用、工伤康复费用、辅助器具费用、生活护理费等，以及职工因工死亡，其近亲属按照《工伤保险条例》规定取得的丧葬补助金、供养亲属抚恤金和一次性工亡补助金等。

**参见** 《关于实施〈工伤保险条例〉若干问题的意见》八；《因工死亡职工供养亲属范围规定》；《财政部、国家税务总局关于工伤职工取得的工伤保险待遇有关个人所得税政策的通知》

**第四十条 【工伤待遇调整】** 伤残津贴、供养亲属抚恤金、生活护理费由统筹地区社会保险行政部门根据职工平均工资和生活费用变化等情况适时调整。调整办法由省、自治区、直辖市人民政府规定。

**注释** 伤残津贴、供养亲属抚恤金、生活护理费都非一次性待遇，而是长期或者持续一定时期的待遇。为了保证这些待遇水平不因物价上涨等因素而降低，让工伤职工和工亡职工的遗属享受社会经济发展的成果，有必要适时进行调整。

工伤保险实行属地管理，是一项地域性较强的工作。加上职工工资增长、生活费提高、物价指数变化等不是定期的，各地调整的时间不宜固定，本条授权由省、自治区、直辖市人民政府规定调整办法，包括调整的依据、幅度、频率、程序等。

［上一年度职工月平均缴费工资尚未公布的，怎么核发工伤保险待遇？］

核定工伤职工工伤保险待遇时，若上一年度相关数据尚未公布，可暂按前一年度的全国城镇居民人均可支配收入、统筹地区职工月平均工资核定和计发，待相关数据公布后再重新核定，社会保险经办机构或者用人单位予以补发差额部分。

**第四十一条** 【职工抢险救灾、因工外出下落不明时的处理】职工因工外出期间发生事故或者在抢险救灾中下落不明的，从事故发生当月起3个月内照发工资，从第4个月起停发工资，由工伤保险基金向其供养亲属按月支付供养亲属抚恤金。生活有困难的，可以预支一次性工亡补助金的50%。职工被人民法院宣告死亡的，按照本条例第三十九条职工因工死亡的规定处理。

**第四十二条** 【停止支付工伤保险待遇的情形】工伤职工有下列情形之一的，停止享受工伤保险待遇：

（一）丧失享受待遇条件的；

（二）拒不接受劳动能力鉴定的；

（三）拒绝治疗的。

**注释** 停止支付工伤保险待遇的，在停止支付待遇的情形消失后，自下月起恢复工伤保险待遇，停止支付的工伤保险待遇不予补发。

根据本条规定，停止支付工伤保险待遇主要有以下情形：

［丧失享受待遇条件］

如果工伤职工在享受工伤保险待遇期间情况发生变化，不再具备享受工伤保险待遇的条件,如劳动能力得以完全恢复而无需工伤保险制度提供保障时,就应当停发工伤保险待遇。此外,工亡职工的亲属,在某些情形下,也将丧失享受有关待遇的条件,如享受抚恤金的工亡职工的子女达到了一定的年龄或就业后,丧失享受遗属抚恤待遇的条件;亲属死亡的,丧失享受遗属抚恤待遇的条件等。

[拒不接受劳动能力鉴定]

劳动能力鉴定结论是确定不同程度的补偿、合理调换工作岗位和恢复工作等的科学依据。如果工伤职工没有正当理由,拒不接受劳动能力鉴定,一方面工伤保险待遇无法确定,另一方面也表明这些工伤职工并不愿意接受工伤保险制度提供的帮助,鉴于此,就不应再享受工伤保险待遇。

[拒绝治疗]

提供医疗救治,帮助工伤职工恢复劳动能力、重返社会,是工伤保险制度的重要目的之一,因而职工遭受工伤事故或患职业病后,有享受工伤医疗待遇的权利,也有积极配合医疗救治的义务。如果无正当理由拒绝治疗,就有悖于本条例关于促进职业康复的宗旨。

**第四十三条 【用人单位分立合并等情况下的责任】** 用人单位分立、合并、转让的,承继单位应当承担原用人单位的工伤保险责任;原用人单位已经参加工伤保险的,承继单位应当到当地经办机构办理工伤保险变更登记。

用人单位实行承包经营的,工伤保险责任由职工劳动关系所在单位承担。

职工被借调期间受到工伤事故伤害的,由原用人单位承担工伤保险责任,但原用人单位与借调单位可以约定补偿办法。

企业破产的,在破产清算时依法拨付应当由单位支付的工伤保险待遇费用。

**注释** [单位分立、合并]

用人单位的分立,是指一个单位分成两个或两个以上单位;合并是指两个或两个以上的单位联合组成一个单位或一个单位兼并另一个或一个以上单位。

**案例** 张成兵与上海市松江区人力资源和社会保障局工伤认定行政上诉案（最高人民法院于 2014 年 8 月 21 日发布的四起工伤保险行政纠纷典型案例）

**案件适用要点**：用工单位违反法律、法规规定将承包业务转包或者发包给不具备用工主体资格的组织或者自然人，该组织或者自然人聘用的职工因工伤亡的，用工单位为承担工伤保险责任的单位。

**第四十四条** 【派遣出境期间的工伤保险关系】职工被派遣出境工作，依据前往国家或者地区的法律应当参加当地工伤保险的，参加当地工伤保险，其国内工伤保险关系中止；不能参加当地工伤保险的，其国内工伤保险关系不中止。

**注释** 国际上工伤保险现没有互免协议。一些国家法律规定，前往该国工作或在该国停留期间，必须依据该国的法律参加工伤保险或购买意外伤害保险。国内的工伤保险与境外的工伤保险，在保障的性质和作用方面大体相同，但在保险项目、保险额度、支付方式上存在差异。从保障与管理的角度出发，本条规定，职工被派遣出境工作，依据前往国家或者地区的法律应当参加当地工伤保险的，参加当地工伤保险，其国内工伤保险关系中止，待回国后工伤保险关系接续；对于在境外不能参加工伤保险的，其国内工伤保险关系不中止，继续按照国内工伤保险法律规定执行，包括工伤保险费的缴纳、工伤认定与评残、待遇的发放等。

**第四十五条** 【再次发生工伤的待遇】职工再次发生工伤，根据规定应当享受伤残津贴的，按照新认定的伤残等级享受伤残津贴待遇。

**注释** [工伤职工再次发生工伤]

工伤职工再次发生工伤，与工伤职工工伤复发不同，它是指工伤职工遭受两次或两次以上的工伤事故或患职业病，在前次工伤事故造成的病情经治疗并经劳动能力鉴定确定伤残等级后，再次遭受工伤事故或患职业病，后者可能产生新病情，也可能加剧工伤职工的原病情。

[工伤职工再次发生工伤的待遇]

再次发生工伤的职工在治疗后,需经劳动能力鉴定委员会重新评定伤残等级。如果被重新确定等级,根据规定应当享受伤残待遇的,就要按照新认定的伤残等级享受相应的伤残津贴待遇。

## 第六章 监督管理

**第四十六条 【经办机构职责范围】** 经办机构具体承办工伤保险事务,履行下列职责:

(一)根据省、自治区、直辖市人民政府规定,征收工伤保险费;

(二)核查用人单位的工资总额和职工人数,办理工伤保险登记,并负责保存用人单位缴费和职工享受工伤保险待遇情况的记录;

(三)进行工伤保险的调查、统计;

(四)按照规定管理工伤保险基金的支出;

(五)按照规定核定工伤保险待遇;

(六)为工伤职工或者其近亲属免费提供咨询服务。

**第四十七条 【服务协议】** 经办机构与医疗机构、辅助器具配置机构在平等协商的基础上签订服务协议,并公布签订服务协议的医疗机构、辅助器具配置机构的名单。具体办法由国务院社会保险行政部门分别会同国务院卫生行政部门、民政部门等部门制定。

> **注释** 这里的"服务协议",是指社会保险经办机构与医疗机构、辅助器具配置机构就有关工伤患者就诊、用药、辅助器具管理、费用给付、争议处理办法等事项,经过平等协商所达成的权利义务协议。

> **参见** 《工伤保险经办规程》第38-40条

**第四十八条 【工伤保险费用的核查、结算】** 经办机构按照协议和国家有关目录、标准对工伤职工医疗费用、康复费用、辅助器具费用的使用情况进行核查,并按时足额结算费用。

**第四十九条 【公布基金收支情况、费率调整建议】** 经办机构应当定期公布工伤保险基金的收支情况,及时向社会保险行政部门提出调整费率的建议。

第五十条 【听取社会意见】社会保险行政部门、经办机构应当定期听取工伤职工、医疗机构、辅助器具配置机构以及社会各界对改进工伤保险工作的意见。

第五十一条 【对工伤保险基金的监督】社会保险行政部门依法对工伤保险费的征缴和工伤保险基金的支付情况进行监督检查。

财政部门和审计机关依法对工伤保险基金的收支、管理情况进行监督。

第五十二条 【群众监督】任何组织和个人对有关工伤保险的违法行为,有权举报。社会保险行政部门对举报应当及时调查,按照规定处理,并为举报人保密。

第五十三条 【工会监督】工会组织依法维护工伤职工的合法权益,对用人单位的工伤保险工作实行监督。

**注释** 工会是职工自愿结合的工人阶级的群众组织。按照我国《工会法》第27条的规定,职工因工伤亡事故和其他严重危害职工健康问题的调查处理,必须有工会参加。工会应当向有关部门提出处理意见,并有权要求追究直接负责的主管人员和有关责任人员的责任。对工会提出的意见,应当及时研究,给予答复。

第五十四条 【工伤待遇争议处理】职工与用人单位发生工伤待遇方面的争议,按照处理劳动争议的有关规定处理。

**注释** [劳动争议]

劳动争议,是指用人单位与职工之间因劳动权利和劳动义务所发生的争议。劳动争议的主体是劳动关系双方当事人,即一方是用人单位,另一方是与用人单位建立劳动关系的劳动者。劳动争议所指的对象是当事人一方对另一方的行为是否符合法律法规以及劳动合同、集体合同的规定而提出异议。

[职工与用人单位之间发生的工伤待遇方面的争议]

职工与用人单位之间发生的工伤待遇方面的争议,是指因用人单位是否按照本条例规定的待遇项目和标准,向职工发放工伤待遇而发生的争议。如已参加工伤保险的用人单位或应按照规定参加工伤保险而未参加工伤保险的用人单位，没有按照规定向工伤职工提供待遇，工伤职工提出异议而产生的争议；或者工伤职工与用人单位就应该执行本条例规定的哪项待遇和标准产生的争议，都属于本条所规定的争议。职工与用人单位之间发生的工伤待遇方面的争议在性质上属于劳动争议。

[职工与用人单位发生工伤待遇方面争议的解决途径]

根据《劳动法》及《劳动争议调解仲裁法》有关劳动争议处理的规定，职工与用人单位发生工伤待遇方面的争议后，双方可以协商解决；不愿协商或者协商不成的，可以向调解组织申请调解；调解不成的或达成调解协议后不履行的，可以向劳动争议仲裁委员会申请仲裁，当事人也可以直接向劳动争议仲裁委员会申请仲裁；对仲裁裁决不服的，可以向人民法院起诉。

注意：(1) 当事人双方自行协商不是处理劳动争议的必经程序，双方当事人可以自愿进行协商，但是任何一方或者他人都不能强迫进行协商。

(2) 调解也并非解决劳动争议的必经途径，当事人可以不向调解组织申请调解而直接申请劳动争议仲裁。调解组织进行的调解是群众性调解，完全依靠争议当事人双方的自觉、自愿达成协议，双方达成的协议也要靠当事人的自我约束来履行，不能强制执行。当事人反悔的，可以向劳动争议仲裁委员会申请仲裁解决。

(3) 劳动争议仲裁委员会的裁决在现阶段是当事人向人民法院提起诉讼解决劳动争议前的一个必经程序（申请支付令的特殊情形除外），其生效裁决具有国家强制力。职工与用人单位发生工伤待遇方面的争议后，提出仲裁要求的一方，应当自知道或者应当知道其权利被侵害之日起一年内向劳动争议仲裁委员会提出书面申请。仲裁裁决一般应在收到仲裁申请的 45 日内作出，复杂的不超过 60 日。当事人对发生法律效力的仲裁裁决无异议的，必须履行。一方当事人无异议又逾期不履行的，另一方当事人可以申请人民法院强制执行。

(4) 诉讼是解决劳动争议的最终途径，一裁终局除外。职工或用人单位对仲裁裁决不服的，自收到裁决书之日起 15 日内可以向人民法院提起诉讼，人民法院应当受理，审理并作出裁判。人民法院的审理包括一审、二审程序，最终的生效判决标志着这一劳动争议案件的最终解决。

**参见**　《劳动争议调解仲裁法》

**第五十五条**　【其他工伤保险争议处理】有下列情形之一的，有关单位或者个人可以依法申请行政复议，也可以依法向人民法院提起行政诉讼：

（一）申请工伤认定的职工或者其近亲属、该职工所在单位对工伤认定申请不予受理的决定不服的；

（二）申请工伤认定的职工或者其近亲属、该职工所在单位对工伤认定结论不服的；

（三）用人单位对经办机构确定的单位缴费费率不服的；

（四）签订服务协议的医疗机构、辅助器具配置机构认为经办机构未履行有关协议或者规定的；

（五）工伤职工或者其近亲属对经办机构核定的工伤保险待遇有异议的。

**注释**　[工伤行政复议和行政诉讼的主体及期限]

申请工伤认定并对认定结论不服的职工或者其近亲属、该职工所在单位，对缴费率不服的单位，认为经办机构未履行服务协议或者规定的医疗机构、辅助器具配置机构，对经办机构核定的工伤保险待遇有异议的工伤职工或者其近亲属，都可以作为行政复议的申请人和行政诉讼的原告。作出有关决定或者核定的社会保险行政部门或者社会保险经办机构，则成为行政复议的被申请人和行政诉讼的被告。

根据《行政复议法》第20条的规定，公民、法人或者其他组织认为行政行为侵犯其合法权益的，可以自知道或者应当知道该行政行为之日起60日内提出行政复议申请；但是法律规定的申请期限超过60日的除外。因不可抗力或者其他正当理由耽误法定申请期限的，申请期限自障碍消除之日起继续计算。

根据《行政诉讼法》第45条的规定，公民、法人或者其他组织不服复议决定的,可以在收到复议决定书之日起 15 日内向人民法院提起诉讼。复议机关逾期不作决定的,申请人可以在复议期满之日起 15 日内向人民法院提起诉讼。法律另有规定的除外。

注意,本条规定的行政复议不是行政诉讼的前置条件。有关单位和个人就有了两种不同的选择,一种选择是申请行政复议,对复议决定不服的,可以再向人民法院提起行政诉讼;另一种选择是直接向人民法院提起行政诉讼。

**参见**　《行政复议法》;《行政诉讼法》

## 第七章　法律责任

**第五十六条**　【挪用工伤保险基金的责任】单位或者个人违反本条例第十二条规定挪用工伤保险基金,构成犯罪的,依法追究刑事责任;尚不构成犯罪的,依法给予处分或者纪律处分。被挪用的基金由社会保险行政部门追回,并入工伤保险基金;没收的违法所得依法上缴国库。

**第五十七条**　【社会保险行政部门工作人员违法违纪责任】社会保险行政部门工作人员有下列情形之一的,依法给予处分;情节严重,构成犯罪的,依法追究刑事责任:

(一)无正当理由不受理工伤认定申请,或者弄虚作假将不符合工伤条件的人员认定为工伤职工的;

(二)未妥善保管申请工伤认定的证据材料,致使有关证据灭失的;

(三)收受当事人财物的。

**第五十八条**　【经办机构违规的责任】经办机构有下列行为之一的,由社会保险行政部门责令改正,对直接负责的主管人员和其他责任人员依法给予纪律处分;情节严重,构成犯罪的,依法追究刑事责任;造成当事人经济损失的,由经办机构依法承担赔偿责任:

(一)未按规定保存用人单位缴费和职工享受工伤保险待遇情况记录的;

(二)不按规定核定工伤保险待遇的;

（三）收受当事人财物的。

**第五十九条** 【医疗机构、辅助器具配置机构、经办机构间的关系】医疗机构、辅助器具配置机构不按服务协议提供服务的，经办机构可以解除服务协议。

经办机构不按时足额结算费用的，由社会保险行政部门责令改正；医疗机构、辅助器具配置机构可以解除服务协议。

> **注释** 注意经办机构与医疗机构等签订的服务协议既具有行政合同的特征，在一些方面也具有民事合同的特征，如：（1）经办机构与医疗机构签订服务协议不需要事先经过行政机关的审批，而是通过市场机制，双方在平等协商的基础上签订；（2）经办机构要公布签订服务协议的医疗机构的名单，这样规定是为了保证医疗服务市场的公平竞争；（3）双方权利义务关系对等，医疗机构等不按服务协议提供服务的，经办机构可以解除服务协议；经办机构不按时足额结算费用的，由社会保险行政部门责令改正，医疗机构等也可以解除服务协议；（4）根据本条例第55条第4项，签订服务协议的医疗机构、辅助器具配置机构认为经办机构未履行有关协议或者规定的，可依法申请行政复议，或提起行政诉讼。

**第六十条** 【对骗取工伤保险待遇的处罚】用人单位、工伤职工或者其近亲属骗取工伤保险待遇，医疗机构、辅助器具配置机构骗取工伤保险基金支出的，由社会保险行政部门责令退还，处骗取金额2倍以上5倍以下的罚款；情节严重，构成犯罪的，依法追究刑事责任。

**第六十一条** 【鉴定组织与个人违规的责任】从事劳动能力鉴定的组织或者个人有下列情形之一的，由社会保险行政部门责令改正，处2000元以上1万元以下的罚款；情节严重，构成犯罪的，依法追究刑事责任：

（一）提供虚假鉴定意见的；
（二）提供虚假诊断证明的；
（三）收受当事人财物的。

**第六十二条** 【未按规定参保的情形】用人单位依照本条例规定应当参加工伤保险而未参加的,由社会保险行政部门责令限期参加,补缴应当缴纳的工伤保险费,并自欠缴之日起,按日加收万分之五的滞纳金;逾期仍不缴纳的,处欠缴数额1倍以上3倍以下的罚款。

依照本条例规定应当参加工伤保险而未参加工伤保险的用人单位职工发生工伤的,由该用人单位按照本条例规定的工伤保险待遇项目和标准支付费用。

用人单位参加工伤保险并补缴应当缴纳的工伤保险费、滞纳金后,由工伤保险基金和用人单位依照本条例的规定支付新发生的费用。

**注释** 本条第3款规定中的"新发生的费用",是指用人单位职工参加工伤保险前发生工伤的,在参加工伤保险后新发生的费用。

《人力资源社会保障部关于执行〈工伤保险条例〉若干问题的意见(二)》三规定:"《工伤保险条例》第六十二条规定的'新发生的费用',是指用人单位参加工伤保险前发生工伤的职工,在参加工伤保险后新发生的费用。其中由工伤保险基金支付的费用,按不同情况予以处理:(一)因工受伤的,支付参保后新发生的工伤医疗费、工伤康复费、住院伙食补助费、统筹地区以外就医交通食宿费、辅助器具配置费、生活护理费、一级至四级伤残职工伤残津贴,以及参保后解除劳动合同时的一次性工伤医疗补助金;(二)因工死亡的,支付参保后新发生的符合条件的供养亲属抚恤金。"

**案例** 邹汉英诉孙立根、刘珍工伤事故损害赔偿纠纷案(《最高人民法院公报》2010年第3期)

**案件适用要点**:用人单位应当按照规定参加工伤保险,为职工缴纳工伤保险费,未参加工伤保险期间用人单位职工发生工伤的,由该用人单位按照本条例规定的工伤保险待遇项目和标准支付费用。

**第六十三条** 【用人单位不协助调查的责任】用人单位违反本条例第十九条的规定,拒不协助社会保险行政部门对事故进行调查核实的,由社会保险行政部门责令改正,处2000元以上2万元以下的罚款。

## 第八章　附　　则

**第六十四条　【相关名词解释】**本条例所称工资总额，是指用人单位直接支付给本单位全部职工的劳动报酬总额。

本条例所称本人工资，是指工伤职工因工作遭受事故伤害或者患职业病前12个月平均月缴费工资。本人工资高于统筹地区职工平均工资300%的，按照统筹地区职工平均工资的300%计算；本人工资低于统筹地区职工平均工资60%的，按照统筹地区职工平均工资的60%计算。

> **注释**　[本人工资中的缴费工资低于实际本人工资怎么办？]
> 用人单位应按本单位职工工资总额乘以单位缴费费率之积缴纳工伤保险费。如果单位依法缴纳工伤保险费，那么职工的缴费工资应该与其实际工资一致。在计算保险待遇时所谓的缴费工资与实际工资应该是一致的。但是由于有些企业为了少缴保险费，在缴纳保险费时没有如实申报其工资总额。
> 如果职工在享受工伤待遇时对此不服，可以先按缴费工资申请工伤待遇，因此得到的待遇与按实际工资应得的工伤待遇的差额部分，可要求由企业承担，此权利可通过劳动仲裁、诉讼的程序实现。
> **参见**　《劳动法》第五章

**第六十五条　【公务员等的工伤保险】**公务员和参照公务员法管理的事业单位、社会团体的工作人员因工作遭受事故伤害或者患职业病的，由所在单位支付费用。具体办法由国务院社会保险行政部门会同国务院财政部门规定。

**第六十六条　【非法经营单位工伤一次性赔偿及争议处理】**无营业执照或者未经依法登记、备案的单位以及被依法吊销营业执照或者撤销登记、备案的单位的职工受到事故伤害或者患职业病的，由该单位向伤残职工或者死亡职工的近亲属给予一次性赔偿，赔偿标准不得低于本条例规定的工伤保险待遇；用人单位不得使用童工，用人单位使用童工造成童工伤残、死亡的，由该单位向童工或者童工的近亲属给予一次性赔偿,赔偿标准不得低于本条例规定的工伤保险待遇。具体办法由国务院社会保险行政部门规定。

前款规定的伤残职工或者死亡职工的近亲属就赔偿数额与单位发生争议的,以及前款规定的童工或者童工的近亲属就赔偿数额与单位发生争议的,按照处理劳动争议的有关规定处理。

**注释**　[一次性赔偿金支付标准]

一次性赔偿金按以下标准支付:一级伤残的为赔偿基数的16倍,二级伤残的为赔偿基数的14倍,三级伤残的为赔偿基数的12倍,四级伤残的为赔偿基数的10倍,五级伤残的为赔偿基数的8倍,六级伤残的为赔偿基数的6倍,七级伤残的为赔偿基数的4倍,八级伤残的为赔偿基数的3倍,九级伤残的为赔偿基数的2倍,十级伤残的为赔偿基数的1倍。

赔偿基数,是指单位所在工伤保险统筹地区上年度职工年平均工资。

受到事故伤害或患职业病造成死亡的,按照上一年度全国城镇居民人均可支配收入的20倍支付一次性赔偿金。

[童工]

童工是指未满16周岁的未成年人。国家机关、社会团体、企业事业单位、民办非企业单位或者个体工商户均不得招用童工。允许招用未满16周岁的未成年人的单位主要是文艺、体育和特种工艺单位。

**参见**　《非法用工单位伤亡人员一次性赔偿办法》;《劳动法》第15条

**第六十七条**　【实施日期及过渡事项】本条例自2004年1月1日起施行。本条例施行前已受到事故伤害或者患职业病的职工尚未完成工伤认定的,按照本条例的规定执行。

**注释**　职工在本条例施行前所受的陈旧性工伤,如果当时已依法完成工伤认定,则不再重新进行工伤认定。如果没有完成工伤认定且没有超过工伤认定的时效,则要执行本条例的规定。《人力资源社会保障部关于执行〈工伤保险条例〉若干问题的意见

(二)》九规定:"《工伤保险条例》第六十七条规定的'尚未完成工伤认定的',是指在《工伤保险条例》施行前遭受事故伤害或被诊断鉴定为职业病,且在工伤认定申请法定时限内(从《工伤保险条例》施行之日起算)提出工伤认定申请,尚未做出工伤认定的情形。"《最高人民法院行政审判庭关于〈工伤保险条例〉第六十四条理解和适用问题请示的答复》(2009年6月10日〔2009〕行他字第5号)中明确,企业职工因工伤害发生在《企业职工工伤保险试行办法》施行之前,当时有关单位已按照有关政策作出处理的,不属于《工伤保险条例》规定的"尚未完成工伤认定的情形"。

**案例** 铃王公司诉无锡市劳动局工伤认定决定行政纠纷案(《最高人民法院公报》2007年第1期)

**案件适用要点:** 在《工伤保险条例》施行前作出的工伤认定被人民法院判决撤销后,又在《工伤保险条例》施行后重新启动的工伤认定程序,应当执行《工伤保险条例》的规定。

# 工伤职工劳动能力鉴定管理办法

(2014年2月20日人力资源和社会保障部、国家卫生和计划生育委员会令第21号公布 根据2018年12月14日《人力资源社会保障部关于修改部分规章的决定》修订)

## 第一章 总 则

**第一条** 为了加强劳动能力鉴定管理,规范劳动能力鉴定程序,根据《中华人民共和国社会保险法》、《中华人民共和国职业病防治法》和《工伤保险条例》,制定本办法。

**第二条** 劳动能力鉴定委员会依据《劳动能力鉴定 职工工伤与职业病致残等级》国家标准,对工伤职工劳动功能障碍程度和生活自理障碍程度组织进行技术性等级鉴定,适用本办法。

**第三条** 省、自治区、直辖市劳动能力鉴定委员会和设区的市级（含直辖市的市辖区、县，下同）劳动能力鉴定委员会分别由省、自治区、直辖市和设区的市级人力资源社会保障行政部门、卫生计生行政部门、工会组织、用人单位代表以及社会保险经办机构代表组成。

承担劳动能力鉴定委员会日常工作的机构，其设置方式由各地根据实际情况决定。

**第四条** 劳动能力鉴定委员会履行下列职责：

（一）选聘医疗卫生专家，组建医疗卫生专家库，对专家进行培训和管理；

（二）组织劳动能力鉴定；

（三）根据专家组的鉴定意见作出劳动能力鉴定结论；

（四）建立完整的鉴定数据库，保管鉴定工作档案50年；

（五）法律、法规、规章规定的其他职责。

**第五条** 设区的市级劳动能力鉴定委员会负责本辖区内的劳动能力初次鉴定、复查鉴定。

省、自治区、直辖市劳动能力鉴定委员会负责对初次鉴定或者复查鉴定结论不服提出的再次鉴定。

**第六条** 劳动能力鉴定相关政策、工作制度和业务流程应当向社会公开。

## 第二章 鉴定程序

**第七条** 职工发生工伤，经治疗伤情相对稳定后存在残疾、影响劳动能力的，或者停工留薪期满（含劳动能力鉴定委员会确认的延长期限），工伤职工或者其用人单位应当及时向设区的市级劳动能力鉴定委员会提出劳动能力鉴定申请。

**第八条** 申请劳动能力鉴定应当填写劳动能力鉴定申请表，并提交下列材料：

（一）有效的诊断证明、按照医疗机构病历管理有关规定复印或者复制的检查、检验报告等完整病历材料；

(二) 工伤职工的居民身份证或者社会保障卡等其他有效身份证明原件。

第九条 劳动能力鉴定委员会收到劳动能力鉴定申请后，应当及时对申请人提交的材料进行审核；申请人提供材料不完整的，劳动能力鉴定委员会应当自收到劳动能力鉴定申请之日起5个工作日内一次性书面告知申请人需要补正的全部材料。

申请人提供材料完整的，劳动能力鉴定委员会应当及时组织鉴定，并在收到劳动能力鉴定申请之日起60日内作出劳动能力鉴定结论。伤情复杂、涉及医疗卫生专业较多的，作出劳动能力鉴定结论的期限可以延长30日。

第十条 劳动能力鉴定委员会应当视伤情程度等从医疗卫生专家库中随机抽取3名或者5名与工伤职工伤情相关科别的专家组成专家组进行鉴定。

第十一条 劳动能力鉴定委员会应当提前通知工伤职工进行鉴定的时间、地点以及应当携带的材料。工伤职工应当按照通知的时间、地点参加现场鉴定。对行动不便的工伤职工，劳动能力鉴定委员会可以组织专家上门进行劳动能力鉴定。组织劳动能力鉴定的工作人员应当对工伤职工的身份进行核实。

工伤职工因故不能按时参加鉴定的，经劳动能力鉴定委员会同意，可以调整现场鉴定的时间，作出劳动能力鉴定结论的期限相应顺延。

第十二条 因鉴定工作需要，专家组提出应当进行有关检查和诊断的，劳动能力鉴定委员会可以委托具备资格的医疗机构协助进行有关的检查和诊断。

第十三条 专家组根据工伤职工伤情，结合医疗诊断情况，依据《劳动能力鉴定 职工工伤与职业病致残等级》国家标准提出鉴定意见。参加鉴定的专家都应当签署意见并签名。

专家意见不一致时，按照少数服从多数的原则确定专家组的鉴定意见。

第十四条 劳动能力鉴定委员会根据专家组的鉴定意见作出劳

动能力鉴定结论。劳动能力鉴定结论书应当载明下列事项：

（一）工伤职工及其用人单位的基本信息；

（二）伤情介绍，包括伤残部位、器官功能障碍程度、诊断情况等；

（三）作出鉴定的依据；

（四）鉴定结论。

**第十五条** 劳动能力鉴定委员会应当自作出鉴定结论之日起20日内将劳动能力鉴定结论及时送达工伤职工及其用人单位，并抄送社会保险经办机构。

**第十六条** 工伤职工或者其用人单位对初次鉴定结论不服的，可以在收到该鉴定结论之日起15日内向省、自治区、直辖市劳动能力鉴定委员会申请再次鉴定。

申请再次鉴定，应当提供劳动能力鉴定申请表，以及工伤职工的居民身份证或者社会保障卡等有效身份证明原件。

省、自治区、直辖市劳动能力鉴定委员会作出的劳动能力鉴定结论为最终结论。

**第十七条** 自劳动能力鉴定结论作出之日起1年后，工伤职工、用人单位或者社会保险经办机构认为伤残情况发生变化的，可以向设区的市级劳动能力鉴定委员会申请劳动能力复查鉴定。

对复查鉴定结论不服的，可以按照本办法第十六条规定申请再次鉴定。

**第十八条** 工伤职工本人因身体等原因无法提出劳动能力初次鉴定、复查鉴定、再次鉴定申请的，可由其近亲属代为提出。

**第十九条** 再次鉴定和复查鉴定的程序、期限等按照本办法第九条至第十五条的规定执行。

## 第三章 监督管理

**第二十条** 劳动能力鉴定委员会应当每3年对专家库进行一次调整和补充，实行动态管理。确有需要的，可以根据实际情况适时调整。

**第二十一条** 劳动能力鉴定委员会选聘医疗卫生专家,聘期一般为3年,可以连续聘任。

聘任的专家应当具备下列条件:

(一)具有医疗卫生高级专业技术职务任职资格;

(二)掌握劳动能力鉴定的相关知识;

(三)具有良好的职业品德。

**第二十二条** 参加劳动能力鉴定的专家应当按照规定的时间、地点进行现场鉴定,严格执行劳动能力鉴定政策和标准,客观、公正地提出鉴定意见。

**第二十三条** 用人单位、工伤职工或者其近亲属应当如实提供鉴定需要的材料,遵守劳动能力鉴定相关规定,按照要求配合劳动能力鉴定工作。

工伤职工有下列情形之一的,当次鉴定终止:

(一)无正当理由不参加现场鉴定的;

(二)拒不参加劳动能力鉴定委员会安排的检查和诊断的。

**第二十四条** 医疗机构及其医务人员应当如实出具与劳动能力鉴定有关的各项诊断证明和病历材料。

**第二十五条** 劳动能力鉴定委员会组成人员、劳动能力鉴定工作人员以及参加鉴定的专家与当事人有利害关系的,应当回避。

**第二十六条** 任何组织或者个人有权对劳动能力鉴定中的违法行为进行举报、投诉。

## 第四章 法律责任

**第二十七条** 劳动能力鉴定委员会和承担劳动能力鉴定委员会日常工作的机构及其工作人员在从事或者组织劳动能力鉴定时,有下列行为之一的,由人力资源社会保障行政部门或者有关部门责令改正,对直接负责的主管人员和其他直接责任人员依法给予相应处分;构成犯罪的,依法追究刑事责任:

(一)未及时审核并书面告知申请人需要补正的全部材料的;

(二)未在规定期限内作出劳动能力鉴定结论的;
(三)未按照规定及时送达劳动能力鉴定结论的;
(四)未按照规定随机抽取相关科别专家进行鉴定的;
(五)擅自篡改劳动能力鉴定委员会作出的鉴定结论的;
(六)利用职务之便非法收受当事人财物的;
(七)有违反法律法规和本办法的其他行为的。

**第二十八条** 从事劳动能力鉴定的专家有下列行为之一的,劳动能力鉴定委员会应当予以解聘;情节严重的,由卫生计生行政部门依法处理:

(一)提供虚假鉴定意见的;
(二)利用职务之便非法收受当事人财物的;
(三)无正当理由不履行职责的;
(四)有违反法律法规和本办法的其他行为的。

**第二十九条** 参与工伤救治、检查、诊断等活动的医疗机构及其医务人员有下列情形之一的,由卫生计生行政部门依法处理:

(一)提供与病情不符的虚假诊断证明的;
(二)篡改、伪造、隐匿、销毁病历材料的;
(三)无正当理由不履行职责的。

**第三十条** 以欺诈、伪造证明材料或者其他手段骗取鉴定结论、领取工伤保险待遇的,按照《中华人民共和国社会保险法》第八十八条的规定,由人力资源社会保障行政部门责令退回骗取的社会保险金,处骗取金额2倍以上5倍以下的罚款。

## 第五章 附 则

**第三十一条** 未参加工伤保险的公务员和参照公务员法管理的事业单位、社会团体工作人员因工(公)致残的劳动能力鉴定,参照本办法执行。

**第三十二条** 本办法中的劳动能力鉴定申请表、初次(复查)鉴定结论书、再次鉴定结论书、劳动能力鉴定材料收讫补正告知书等文书基本样式由人力资源社会保障部制定。

**第三十三条** 本办法自 2014 年 4 月 1 日起施行。

附件：1. 劳动能力鉴定申请表（略）

2. 初次（复查）鉴定结论书（略）

3. 再次鉴定结论书（略）

4. 劳动能力鉴定材料收讫补正告知书（略）

# 工伤认定办法

（2010 年 12 月 31 日人力资源和社会保障部令第 8 号公布 自 2011 年 1 月 1 日起施行）

**第一条** 为规范工伤认定程序，依法进行工伤认定，维护当事人的合法权益，根据《工伤保险条例》的有关规定，制定本办法。

**第二条** 社会保险行政部门进行工伤认定按照本办法执行。

**第三条** 工伤认定应当客观公正、简捷方便，认定程序应当向社会公开。

**第四条** 职工发生事故伤害或者按照职业病防治法规定被诊断、鉴定为职业病，所在单位应当自事故伤害发生之日或者被诊断、鉴定为职业病之日起 30 日内，向统筹地区社会保险行政部门提出工伤认定申请。遇有特殊情况，经报社会保险行政部门同意，申请时限可以适当延长。

按照前款规定应当向省级社会保险行政部门提出工伤认定申请的，根据属地原则应当向用人单位所在地设区的市级社会保险行政部门提出。

**第五条** 用人单位未在规定的时限内提出工伤认定申请的，受伤害职工或者其近亲属、工会组织在事故伤害发生之日或者被诊断、鉴定为职业病之日起 1 年内，可以直接按照本办法第四条规定提出工伤认定申请。

**第六条** 提出工伤认定申请应当填写《工伤认定申请表》，并提交下列材料：

（一）劳动、聘用合同文本复印件或者与用人单位存在劳动关系（包括事实劳动关系）、人事关系的其他证明材料；

（二）医疗机构出具的受伤后诊断证明书或者职业病诊断证明书（或者职业病诊断鉴定书）。

**第七条** 工伤认定申请人提交的申请材料符合要求，属于社会保险行政部门管辖范围且在受理时限内的，社会保险行政部门应当受理。

**第八条** 社会保险行政部门收到工伤认定申请后，应当在15日内对申请人提交的材料进行审核，材料完整的，作出受理或者不予受理的决定；材料不完整的，应当以书面形式一次性告知申请人需要补正的全部材料。社会保险行政部门收到申请人提交的全部补正材料后，应当在15日内作出受理或者不予受理的决定。

社会保险行政部门决定受理的，应当出具《工伤认定申请受理决定书》；决定不予受理的，应当出具《工伤认定申请不予受理决定书》。

**第九条** 社会保险行政部门受理工伤认定申请后，可以根据需要对申请人提供的证据进行调查核实。

**第十条** 社会保险行政部门进行调查核实，应当由两名以上工作人员共同进行，并出示执行公务的证件。

**第十一条** 社会保险行政部门工作人员在工伤认定中，可以进行以下调查核实工作：

（一）根据工作需要，进入有关单位和事故现场；

（二）依法查阅与工伤认定有关的资料，询问有关人员并作出调查笔录；

（三）记录、录音、录像和复制与工伤认定有关的资料。调查核实工作的证据收集参照行政诉讼证据收集的有关规定执行。

**第十二条** 社会保险行政部门工作人员进行调查核实时，有关单位和个人应当予以协助。用人单位、工会组织、医疗机构以及有关部门应当负责安排相关人员配合工作,据实提供情况和证明材料。

**第十三条** 社会保险行政部门在进行工伤认定时,对申请人提供的符合国家有关规定的职业病诊断证明书或者职业病诊断鉴定书,不再进行调查核实。职业病诊断证明书或者职业病诊断鉴定书不符合国家规定的要求和格式的,社会保险行政部门可以要求出具证据部门重新提供。

**第十四条** 社会保险行政部门受理工伤认定申请后,可以根据工作需要,委托其他统筹地区的社会保险行政部门或者相关部门进行调查核实。

**第十五条** 社会保险行政部门工作人员进行调查核实时,应当履行下列义务:

(一)保守有关单位商业秘密以及个人隐私;

(二)为提供情况的有关人员保密。

**第十六条** 社会保险行政部门工作人员与工伤认定申请人有利害关系的,应当回避。

**第十七条** 职工或者其近亲属认为是工伤,用人单位不认为是工伤的,由该用人单位承担举证责任。用人单位拒不举证的,社会保险行政部门可以根据受伤害职工提供的证据或者调查取得的证据,依法作出工伤认定决定。

**第十八条** 社会保险行政部门应当自受理工伤认定申请之日起60日内作出工伤认定决定,出具《认定工伤决定书》或者《不予认定工伤决定书》。

**第十九条** 《认定工伤决定书》应当载明下列事项:

(一)用人单位全称;

(二)职工的姓名、性别、年龄、职业、身份证号码;

(三)受伤害部位、事故时间和诊断时间或职业病名称、受伤害经过和核实情况、医疗救治的基本情况和诊断结论;

(四)认定工伤或者视同工伤的依据;

(五)不服认定决定申请行政复议或者提起行政诉讼的部门和时限;

（六）作出认定工伤或者视同工伤决定的时间。

《不予认定工伤决定书》应当载明下列事项：

（一）用人单位全称；

（二）职工的姓名、性别、年龄、职业、身份证号码；

（三）不予认定工伤或者不视同工伤的依据；

（四）不服认定决定申请行政复议或者提起行政诉讼的部门和时限；

（五）作出不予认定工伤或者不视同工伤决定的时间。

《认定工伤决定书》和《不予认定工伤决定书》应当加盖社会保险行政部门工伤认定专用印章。

**第二十条** 社会保险行政部门受理工伤认定申请后，作出工伤认定决定需要以司法机关或者有关行政主管部门的结论为依据的，在司法机关或者有关行政主管部门尚未作出结论期间，作出工伤认定决定的时限中止，并书面通知申请人。

**第二十一条** 社会保险行政部门对于事实清楚、权利义务明确的工伤认定申请，应当自受理工伤认定申请之日起15日内作出工伤认定决定。

**第二十二条** 社会保险行政部门应当自工伤认定决定作出之日起20日内，将《认定工伤决定书》或者《不予认定工伤决定书》送达受伤害职工（或者其近亲属）和用人单位，并抄送社会保险经办机构。

《认定工伤决定书》和《不予认定工伤决定书》的送达参照民事法律有关送达的规定执行。

**第二十三条** 职工或者其近亲属、用人单位对不予受理决定不服或者对工伤认定决定不服的，可以依法申请行政复议或者提起行政诉讼。

**第二十四条** 工伤认定结束后，社会保险行政部门应当将工伤认定的有关资料保存50年。

**第二十五条** 用人单位拒不协助社会保险行政部门对事故伤害进行调查核实的，由社会保险行政部门责令改正，处2000元以上2

万元以下的罚款。

**第二十六条** 本办法中的《工伤认定申请表》、《工伤认定申请受理决定书》、《工伤认定申请不予受理决定书》、《认定工伤决定书》、《不予认定工伤决定书》的样式由国务院社会保险行政部门统一制定。

**第二十七条** 本办法自2011年1月1日起施行。劳动和社会保障部2003年9月23日颁布的《工伤认定办法》同时废止。

# 工伤保险辅助器具配置管理办法

（2016年2月16日人力资源和社会保障部、民政部、国家卫生和计划生育委员会令第27号公布 根据2018年12月14日《人力资源社会保障部关于修改部分规章的决定》修订）

## 第一章 总 则

**第一条** 为了规范工伤保险辅助器具配置管理，维护工伤职工的合法权益，根据《工伤保险条例》，制定本办法。

**第二条** 工伤职工因日常生活或者就业需要，经劳动能力鉴定委员会确认，配置假肢、矫形器、假眼、假牙和轮椅等辅助器具的，适用本办法。

**第三条** 人力资源社会保障行政部门负责工伤保险辅助器具配置的监督管理工作。民政、卫生计生等行政部门在各自职责范围内负责工伤保险辅助器具配置的有关监督管理工作。

社会保险经办机构（以下称经办机构）负责对申请承担工伤保险辅助器具配置服务的辅助器具装配机构和医疗机构（以下称工伤保险辅助器具配置机构）进行协议管理，并按照规定核付配置费用。

**第四条** 设区的市级（含直辖市的市辖区、县）劳动能力鉴定委员会（以下称劳动能力鉴定委员会）负责工伤保险辅助器具配置的确认工作。

**第五条** 省、自治区、直辖市人力资源社会保障行政部门负责制定工伤保险辅助器具配置机构评估确定办法。

经办机构按照评估确定办法，与工伤保险辅助器具配置机构签订服务协议，并向社会公布签订服务协议的工伤保险辅助器具配置机构（以下称协议机构）名单。

**第六条** 人力资源社会保障部根据社会经济发展水平、工伤职工日常生活和就业需要等，组织制定国家工伤保险辅助器具配置目录，确定配置项目、适用范围、最低使用年限等内容，并适时调整。

省、自治区、直辖市人力资源社会保障行政部门可以结合本地区实际，在国家目录确定的配置项目基础上，制定省级工伤保险辅助器具配置目录，适当增加辅助器具配置项目，并确定本地区辅助器具配置最高支付限额等具体标准。

## 第二章 确认与配置程序

**第七条** 工伤职工认为需要配置辅助器具的，可以向劳动能力鉴定委员会提出辅助器具配置确认申请，并提交下列材料：

（一）居民身份证或者社会保障卡等有效身份证明原件；

（二）有效的诊断证明、按照医疗机构病历管理有关规定复印或者复制的检查、检验报告等完整病历材料。

工伤职工本人因身体等原因无法提出申请的，可由其近亲属或者用人单位代为申请。

**第八条** 劳动能力鉴定委员会收到辅助器具配置确认申请后，应当及时审核；材料不完整的，应当自收到申请之日起5个工作日内一次性书面告知申请人需要补正的全部材料；材料完整的，应当在收到申请之日起60日内作出确认结论。伤情复杂、涉及医疗卫生专业较多的，作出确认结论的期限可以延长30日。

**第九条** 劳动能力鉴定委员会专家库应当配备辅助器具配置专家，从事辅助器具配置确认工作。

劳动能力鉴定委员会应当根据配置确认申请材料，从专家库中随机抽取3名或者5名专家组成专家组，对工伤职工本人进行现场配置确认。专家组中至少包括1名辅助器具配置专家、2名与工伤职工伤情相关的专家。

**第十条** 专家组根据工伤职工伤情，依据工伤保险辅助器具配置目录有关规定，提出是否予以配置的确认意见。专家意见不一致时，按照少数服从多数的原则确定专家组的意见。

劳动能力鉴定委员会根据专家组确认意见作出配置辅助器具确认结论。其中，确认予以配置的，应当载明确认配置的理由、依据和辅助器具名称等信息；确认不予配置的，应当说明不予配置的理由。

**第十一条** 劳动能力鉴定委员会应当自作出确认结论之日起20日内将确认结论送达工伤职工及其用人单位，并抄送经办机构。

**第十二条** 工伤职工收到予以配置的确认结论后，及时向经办机构进行登记，经办机构向工伤职工出具配置费用核付通知单，并告知下列事项：

（一）工伤职工应当到协议机构进行配置；

（二）确认配置的辅助器具最高支付限额和最低使用年限；

（三）工伤职工配置辅助器具超目录或者超出限额部分的费用，工伤保险基金不予支付。

**第十三条** 工伤职工可以持配置费用核付通知单，选择协议机构配置辅助器具。

协议机构应当根据与经办机构签订的服务协议，为工伤职工提供配置服务，并如实记录工伤职工信息、配置器具产品信息、最高支付限额、最低使用年限以及实际配置费用等配置服务事项。

前款规定的配置服务记录经工伤职工签字后，分别由工伤职工和协议机构留存。

**第十四条** 协议机构或者工伤职工与经办机构结算配置费用时，应当出具配置服务记录。经办机构核查后，应当按照工伤保险辅助器具配置目录有关规定及时支付费用。

**第十五条** 工伤职工配置辅助器具的费用包括安装、维修、训练等费用，按照规定由工伤保险基金支付。

经经办机构同意，工伤职工到统筹地区以外的协议机构配置辅助器具发生的交通、食宿费用，可以按照统筹地区人力资源社会保障行政部门的规定，由工伤保险基金支付。

**第十六条** 辅助器具达到规定的最低使用年限的，工伤职工可以按照统筹地区人力资源社会保障行政部门的规定申请更换。

工伤职工因伤情发生变化，需要更换主要部件或者配置新的辅助器具的，经向劳动能力鉴定委员会重新提出确认申请并经确认后，由工伤保险基金支付配置费用。

## 第三章　管理与监督

**第十七条** 辅助器具配置专家应当具备下列条件之一：
（一）具有医疗卫生中高级专业技术职务任职资格；
（二）具有假肢师或者矫形器师职业资格；
（三）从事辅助器具配置专业技术工作5年以上。
辅助器具配置专家应当具有良好的职业品德。

**第十八条** 工伤保险辅助器具配置机构的具体条件，由省、自治区、直辖市人力资源社会保障行政部门会同民政、卫生计生行政部门规定。

**第十九条** 经办机构与工伤保险辅助器具配置机构签订的服务协议，应当包括下列内容：
（一）经办机构与协议机构名称、法定代表人或者主要负责人等基本信息；
（二）服务协议期限；
（三）配置服务内容；
（四）配置费用结算；
（五）配置管理要求；
（六）违约责任及争议处理；
（七）法律、法规规定应当纳入服务协议的其他事项。

**第二十条** 配置的辅助器具应当符合相关国家标准或者行业标准。统一规格的产品或者材料等辅助器具在装配前应当由国家授权的产品质量检测机构出具质量检测报告，标注生产厂家、产品品牌、型号、材料、功能、出品日期、使用期和保修期等事项。

**第二十一条** 协议机构应当建立工伤职工配置服务档案，并至少保存至服务期限结束之日起两年。经办机构可以对配置服务档案进行抽查，并作为结算配置费用的依据之一。

**第二十二条** 经办机构应当建立辅助器具配置工作回访制度，对辅助器具装配的质量和服务进行跟踪检查，并将检查结果作为对协议机构的评价依据。

**第二十三条** 工伤保险辅助器具配置机构违反国家规定的辅助器具配置管理服务标准，侵害工伤职工合法权益的，由民政、卫生计生行政部门在各自监管职责范围内依法处理。

**第二十四条** 有下列情形之一的，经办机构不予支付配置费用：

（一）未经劳动能力鉴定委员会确认，自行配置辅助器具的；
（二）在非协议机构配置辅助器具的；
（三）配置辅助器具超目录或者超出限额部分的；
（四）违反规定更换辅助器具的。

**第二十五条** 工伤职工或者其近亲属认为经办机构未依法支付辅助器具配置费用，或者协议机构认为经办机构未履行有关协议的，可以依法申请行政复议或者提起行政诉讼。

## 第四章 法律责任

**第二十六条** 经办机构在协议机构管理和核付配置费用过程中收受当事人财物的，由人力资源社会保障行政部门责令改正，对直接负责的主管人员和其他直接责任人员依法给予处分；情节严重，构成犯罪的，依法追究刑事责任。

**第二十七条** 从事工伤保险辅助器具配置确认工作的组织或者个人有下列情形之一的，由人力资源社会保障行政部门责令改正，处2000元以上1万元以下的罚款；情节严重，构成犯罪的，依法追究刑事责任：

（一）提供虚假确认意见的；

（二）提供虚假诊断证明或者病历的；

（三）收受当事人财物的。

**第二十八条** 协议机构不按照服务协议提供服务的，经办机构可以解除服务协议，并按照服务协议追究相应责任。

经办机构不按时足额结算配置费用的，由人力资源社会保障行政部门责令改正；协议机构可以解除服务协议。

**第二十九条** 用人单位、工伤职工或者其近亲属骗取工伤保险待遇，辅助器具装配机构、医疗机构骗取工伤保险基金支出的，按照《工伤保险条例》第六十条的规定，由人力资源社会保障行政部门责令退还，处骗取金额2倍以上5倍以下的罚款；情节严重，构成犯罪的，依法追究刑事责任。

## 第五章 附 则

**第三十条** 用人单位未依法参加工伤保险，工伤职工需要配置辅助器具的，按照本办法的相关规定执行，并由用人单位支付配置费用。

**第三十一条** 本办法自2016年4月1日起施行。

# 职业病诊断与鉴定管理办法

(2021年1月4日国家卫生健康委员会令第6号公布 自公布之日起施行)

## 第一章 总 则

**第一条** 为了规范职业病诊断与鉴定工作，加强职业病诊断与鉴定管理，根据《中华人民共和国职业病防治法》（以下简称《职业病防治法》），制定本办法。

**第二条** 职业病诊断与鉴定工作应当按照《职业病防治法》、本办法的有关规定及《职业病分类和目录》、国家职业病诊断标准进行，遵循科学、公正、及时、便捷的原则。

**第三条** 国家卫生健康委负责全国范围内职业病诊断与鉴定的监督管理工作，县级以上地方卫生健康主管部门依据职责负责本行政区域内职业病诊断与鉴定的监督管理工作。

省、自治区、直辖市卫生健康主管部门（以下简称省级卫生健康主管部门）应当结合本行政区域职业病防治工作实际和医疗卫生服务体系规划，充分利用现有医疗卫生资源，实现职业病诊断机构区域覆盖。

**第四条** 各地要加强职业病诊断机构能力建设，提供必要的保障条件，配备相关的人员、设备和工作经费，以满足职业病诊断工作的需要。

**第五条** 各地要加强职业病诊断与鉴定信息化建设，建立健全劳动者接触职业病危害、开展职业健康检查、进行职业病诊断与鉴定等全过程的信息化系统，不断提高职业病诊断与鉴定信息报告的准确性、及时性和有效性。

**第六条** 用人单位应当依法履行职业病诊断、鉴定的相关义务：

（一）及时安排职业病病人、疑似职业病病人进行诊治；

（二）如实提供职业病诊断、鉴定所需的资料；

（三）承担职业病诊断、鉴定的费用和疑似职业病病人在诊断、医学观察期间的费用；

（四）报告职业病和疑似职业病；

（五）《职业病防治法》规定的其他相关义务。

## 第二章 诊 断 机 构

**第七条** 医疗卫生机构开展职业病诊断工作，应当在开展之日起十五个工作日内向省级卫生健康主管部门备案。

省级卫生健康主管部门应当自收到完整备案材料之日起十五个

工作日内向社会公布备案的医疗卫生机构名单、地址、诊断项目（即《职业病分类和目录》中的职业病类别和病种）等相关信息。

第八条 医疗卫生机构开展职业病诊断工作应当具备下列条件：

（一）持有《医疗机构执业许可证》；

（二）具有相应的诊疗科目及与备案开展的诊断项目相适应的职业病诊断医师及相关医疗卫生技术人员；

（三）具有与备案开展的诊断项目相适应的场所和仪器、设备；

（四）具有健全的职业病诊断质量管理制度。

第九条 医疗卫生机构进行职业病诊断备案时，应当提交以下证明其符合本办法第八条规定条件的有关资料：

（一）《医疗机构执业许可证》原件、副本及复印件；

（二）职业病诊断医师资格等相关资料；

（三）相关的仪器设备清单；

（四）负责职业病信息报告人员名单；

（五）职业病诊断质量管理制度等相关资料。

第十条 职业病诊断机构对备案信息的真实性、准确性、合法性负责。

当备案信息发生变化时，应当自信息发生变化之日起十个工作日内向省级卫生健康主管部门提交变更信息。

第十一条 设区的市没有医疗卫生机构备案开展职业病诊断的，省级卫生健康主管部门应当根据职业病诊断工作的需要，指定符合本办法第八条规定条件的医疗卫生机构承担职业病诊断工作。

第十二条 职业病诊断机构的职责是：

（一）在备案的诊断项目范围内开展职业病诊断；

（二）及时向所在地卫生健康主管部门报告职业病；

（三）按照卫生健康主管部门要求报告职业病诊断工作情况；

（四）承担《职业病防治法》中规定的其他职责。

第十三条 职业病诊断机构依法独立行使诊断权，并对其作出的职业病诊断结论负责。

第十四条 职业病诊断机构应当建立和健全职业病诊断管理制

度，加强职业病诊断医师等有关医疗卫生人员技术培训和政策、法律培训，并采取措施改善职业病诊断工作条件，提高职业病诊断服务质量和水平。

第十五条　职业病诊断机构应当公开职业病诊断程序和诊断项目范围，方便劳动者进行职业病诊断。

职业病诊断机构及其相关工作人员应当尊重、关心、爱护劳动者，保护劳动者的隐私。

第十六条　从事职业病诊断的医师应当具备下列条件，并取得省级卫生健康主管部门颁发的职业病诊断资格证书：

（一）具有医师执业证书；

（二）具有中级以上卫生专业技术职务任职资格；

（三）熟悉职业病防治法律法规和职业病诊断标准；

（四）从事职业病诊断、鉴定相关工作三年以上；

（五）按规定参加职业病诊断医师相应专业的培训，并考核合格。

省级卫生健康主管部门应当依据本办法的规定和国家卫生健康委制定的职业病诊断医师培训大纲，制定本行政区域职业病诊断医师培训考核办法并组织实施。

第十七条　职业病诊断医师应当依法在职业病诊断机构备案的诊断项目范围内从事职业病诊断工作，不得从事超出其职业病诊断资格范围的职业病诊断工作；职业病诊断医师应当按照有关规定参加职业卫生、放射卫生、职业医学等领域的继续医学教育。

第十八条　省级卫生健康主管部门应当加强本行政区域内职业病诊断机构的质量控制管理工作，组织开展职业病诊断机构质量控制评估。

职业病诊断质量控制规范和医疗卫生机构职业病报告规范另行制定。

## 第三章　诊　　断

第十九条　劳动者可以在用人单位所在地、本人户籍所在地或者经常居住地的职业病诊断机构进行职业病诊断。

第二十条　职业病诊断应当按照《职业病防治法》、本办法的有关规定及《职业病分类和目录》、国家职业病诊断标准，依据劳动者的职业史、职业病危害接触史和工作场所职业病危害因素情况、临床表现以及辅助检查结果等，进行综合分析。材料齐全的情况下，职业病诊断机构应当在收齐材料之日起三十日内作出诊断结论。

没有证据否定职业病危害因素与病人临床表现之间的必然联系的，应当诊断为职业病。

第二十一条　职业病诊断需要以下资料：

（一）劳动者职业史和职业病危害接触史（包括在岗时间、工种、岗位、接触的职业病危害因素名称等）；

（二）劳动者职业健康检查结果；

（三）工作场所职业病危害因素检测结果；

（四）职业性放射性疾病诊断还需要个人剂量监测档案等资料。

第二十二条　劳动者依法要求进行职业病诊断的，职业病诊断机构不得拒绝劳动者进行职业病诊断的要求，并告知劳动者职业病诊断的程序和所需材料。劳动者应当填写《职业病诊断就诊登记表》，并提供本人掌握的职业病诊断有关资料。

第二十三条　职业病诊断机构进行职业病诊断时，应当书面通知劳动者所在的用人单位提供本办法第二十一条规定的职业病诊断资料，用人单位应当在接到通知后的十日内如实提供。

第二十四条　用人单位未在规定时间内提供职业病诊断所需要资料的，职业病诊断机构可以依法提请卫生健康主管部门督促用人单位提供。

第二十五条　劳动者对用人单位提供的工作场所职业病危害因素检测结果等资料有异议，或者因劳动者的用人单位解散、破产，无用人单位提供上述资料的，职业病诊断机构应当依法提请用人单位所在地卫生健康主管部门进行调查。

卫生健康主管部门应当自接到申请之日起三十日内对存在异议的资料或者工作场所职业病危害因素情况作出判定。

职业病诊断机构在卫生健康主管部门作出调查结论或者判定前应当中止职业病诊断。

**第二十六条** 职业病诊断机构需要了解工作场所职业病危害因素情况时,可以对工作场所进行现场调查,也可以依法提请卫生健康主管部门组织现场调查。卫生健康主管部门应当在接到申请之日起三十日内完成现场调查。

**第二十七条** 在确认劳动者职业史、职业病危害接触史时,当事人对劳动关系、工种、工作岗位或者在岗时间有争议的,职业病诊断机构应当告知当事人依法向用人单位所在地的劳动人事争议仲裁委员会申请仲裁。

**第二十八条** 经卫生健康主管部门督促,用人单位仍不提供工作场所职业病危害因素检测结果、职业健康监护档案等资料或者提供资料不全的,职业病诊断机构应当结合劳动者的临床表现、辅助检查结果和劳动者的职业史、职业病危害接触史,并参考劳动者自述或工友旁证资料、卫生健康等有关部门提供的日常监督检查信息等,作出职业病诊断结论。对于作出无职业病诊断结论的病人,可依据病人的临床表现以及辅助检查结果,作出疾病的诊断,提出相关医学意见或者建议。

**第二十九条** 职业病诊断机构可以根据诊断需要,聘请其他单位职业病诊断医师参加诊断。必要时,可以邀请相关专业专家提供咨询意见。

**第三十条** 职业病诊断机构作出职业病诊断结论后,应当出具职业病诊断证明书。职业病诊断证明书应当由参与诊断的取得职业病诊断资格的执业医师签署。

职业病诊断机构应当对职业病诊断医师签署的职业病诊断证明书进行审核,确认诊断的依据与结论符合有关法律法规、标准的要求,并在职业病诊断证明书上盖章。

职业病诊断证明书的书写应当符合相关标准的要求。

职业病诊断证明书一式五份,劳动者一份,用人单位所在地县级卫生健康主管部门一份,用人单位两份,诊断机构存档一份。

职业病诊断证明书应当于出具之日起十五日内由职业病诊断机构送达劳动者、用人单位及用人单位所在地县级卫生健康主管部门。

**第三十一条** 职业病诊断机构应当建立职业病诊断档案并永久保存，档案应当包括：

（一）职业病诊断证明书；

（二）职业病诊断记录；

（三）用人单位、劳动者和相关部门、机构提交的有关资料；

（四）临床检查与实验室检验等资料。

职业病诊断机构拟不再开展职业病诊断工作的，应当在拟停止开展职业病诊断工作的十五个工作日之前告知省级卫生健康主管部门和所在地县级卫生健康主管部门，妥善处理职业病诊断档案。

**第三十二条** 职业病诊断机构发现职业病病人或者疑似职业病病人时，应当及时向所在地县级卫生健康主管部门报告。职业病诊断机构应当在作出职业病诊断之日起十五日内通过职业病及健康危害因素监测信息系统进行信息报告，并确保报告信息的完整、真实和准确。

确诊为职业病的，职业病诊断机构可以根据需要，向卫生健康主管部门、用人单位提出专业建议；告知职业病病人依法享有的职业健康权益。

**第三十三条** 未承担职业病诊断工作的医疗卫生机构，在诊疗活动中发现劳动者的健康损害可能与其所从事的职业有关时，应及时告知劳动者到职业病诊断机构进行职业病诊断。

## 第四章 鉴　　定

**第三十四条** 当事人对职业病诊断机构作出的职业病诊断有异议的，可以在接到职业病诊断证明书之日起三十日内，向作出诊断的职业病诊断机构所在地设区的市级卫生健康主管部门申请鉴定。

职业病诊断争议由设区的市级以上地方卫生健康主管部门根据当事人的申请组织职业病诊断鉴定委员会进行鉴定。

第三十五条　职业病鉴定实行两级鉴定制，设区的市级职业病诊断鉴定委员会负责职业病诊断争议的首次鉴定。

当事人对设区的市级职业病鉴定结论不服的，可以在接到诊断鉴定书之日起十五日内，向原鉴定组织所在地省级卫生健康主管部门申请再鉴定，省级鉴定为最终鉴定。

第三十六条　设区的市级以上地方卫生健康主管部门可以指定办事机构，具体承担职业病诊断鉴定的组织和日常性工作。职业病鉴定办事机构的职责是：

（一）接受当事人申请；

（二）组织当事人或者接受当事人委托抽取职业病诊断鉴定专家；

（三）组织职业病诊断鉴定会议，负责会议记录、职业病诊断鉴定相关文书的收发及其他事务性工作；

（四）建立并管理职业病诊断鉴定档案；

（五）报告职业病诊断鉴定相关信息；

（六）承担卫生健康主管部门委托的有关职业病诊断鉴定的工作。

职业病诊断机构不能作为职业病鉴定办事机构。

第三十七条　设区的市级以上地方卫生健康主管部门应当向社会公布本行政区域内依法承担职业病诊断鉴定工作的办事机构的名称、工作时间、地点、联系人、联系电话和鉴定工作程序。

第三十八条　省级卫生健康主管部门应当设立职业病诊断鉴定专家库（以下简称专家库），并根据实际工作需要及时调整其成员。专家库可以按照专业类别进行分组。

第三十九条　专家库应当以取得职业病诊断资格的不同专业类别的医师为主要成员，吸收临床相关学科、职业卫生、放射卫生、法律等相关专业的专家组成。专家应当具备下列条件：

（一）具有良好的业务素质和职业道德；

（二）具有相关专业的高级专业技术职务任职资格；

（三）熟悉职业病防治法律法规和职业病诊断标准；

（四）身体健康，能够胜任职业病诊断鉴定工作。

**第四十条** 参加职业病诊断鉴定的专家，应当由当事人或者由其委托的职业病鉴定办事机构从专家库中按照专业类别以随机抽取的方式确定。抽取的专家组成职业病诊断鉴定委员会（以下简称鉴定委员会）。

经当事人同意，职业病鉴定办事机构可以根据鉴定需要聘请本省、自治区、直辖市以外的相关专业专家作为鉴定委员会成员，并有表决权。

**第四十一条** 鉴定委员会人数为五人以上单数，其中相关专业职业病诊断医师应当为本次鉴定专家人数的半数以上。疑难病例应当增加鉴定委员会人数，充分听取意见。鉴定委员会设主任委员一名，由鉴定委员会成员推举产生。

职业病诊断鉴定会议由鉴定委员会主任委员主持。

**第四十二条** 参加职业病诊断鉴定的专家有下列情形之一的，应当回避：

（一）是职业病诊断鉴定当事人或者当事人近亲属的；

（二）已参加当事人职业病诊断或者首次鉴定的；

（三）与职业病诊断鉴定当事人有利害关系的；

（四）与职业病诊断鉴定当事人有其他关系，可能影响鉴定公正的。

**第四十三条** 当事人申请职业病诊断鉴定时，应当提供以下资料：

（一）职业病诊断鉴定申请书；

（二）职业病诊断证明书；

（三）申请省级鉴定的还应当提交市级职业病诊断鉴定书。

**第四十四条** 职业病鉴定办事机构应当自收到申请资料之日起五个工作日内完成资料审核，对资料齐全的发给受理通知书；资料不全的，应当当场或者在五个工作日内一次性告知当事人补充。资料补充齐全的，应当受理申请并组织鉴定。

职业病鉴定办事机构收到当事人鉴定申请之后，根据需要可以向原职业病诊断机构或者组织首次鉴定的办事机构调阅有关的诊断、鉴定资料。原职业病诊断机构或者组织首次鉴定的办事机构应当在接到通知之日起十日内提交。

职业病鉴定办事机构应当在受理鉴定申请之日起四十日内组织鉴定、形成鉴定结论，并出具职业病诊断鉴定书。

**第四十五条** 根据职业病诊断鉴定工作需要，职业病鉴定办事机构可以向有关单位调取与职业病诊断、鉴定有关的资料，有关单位应当如实、及时提供。

鉴定委员会应当听取当事人的陈述和申辩，必要时可以组织进行医学检查，医学检查应当在三十日内完成。

需要了解被鉴定人的工作场所职业病危害因素情况时，职业病鉴定办事机构根据鉴定委员会的意见可以组织对工作场所进行现场调查，或者依法提请卫生健康主管部门组织现场调查。现场调查应当在三十日内完成。

医学检查和现场调查时间不计算在职业病鉴定规定的期限内。

职业病诊断鉴定应当遵循客观、公正的原则，鉴定委员会进行职业病诊断鉴定时，可以邀请有关单位人员旁听职业病诊断鉴定会议。所有参与职业病诊断鉴定的人员应当依法保护当事人的个人隐私、商业秘密。

**第四十六条** 鉴定委员会应当认真审阅鉴定资料，依照有关规定和职业病诊断标准，经充分合议后，根据专业知识独立进行鉴定。在事实清楚的基础上，进行综合分析，作出鉴定结论，并制作职业病诊断鉴定书。

鉴定结论应当经鉴定委员会半数以上成员通过。

**第四十七条** 职业病诊断鉴定书应当包括以下内容：

（一）劳动者、用人单位的基本信息及鉴定事由；

（二）鉴定结论及其依据，鉴定为职业病的，应当注明职业病名称、程度（期别）；

（三）鉴定时间。

诊断鉴定书加盖职业病鉴定委员会印章。

首次鉴定的职业病诊断鉴定书一式五份，劳动者、用人单位、用人单位所在地市级卫生健康主管部门、原诊断机构各一份，职业病鉴定办事机构存档一份；省级鉴定的职业病诊断鉴定书一式六份，劳动者、用人单位、用人单位所在地省级卫生健康主管部门、原诊断机构、首次职业病鉴定办事机构各一份，省级职业病鉴定办事机构存档一份。

职业病诊断鉴定书的格式由国家卫生健康委员会统一规定。

**第四十八条** 职业病鉴定办事机构出具职业病诊断鉴定书后，应当于出具之日起十日内送达当事人，并在出具职业病诊断鉴定书后的十日内将职业病诊断鉴定书等有关信息告知原职业病诊断机构或者首次职业病鉴定办事机构，并通过职业病及健康危害因素监测信息系统报告职业病鉴定相关信息。

**第四十九条** 职业病鉴定结论与职业病诊断结论或者首次职业病鉴定结论不一致的，职业病鉴定办事机构应当在出具职业病诊断鉴定书后十日内向相关卫生健康主管部门报告。

**第五十条** 职业病鉴定办事机构应当如实记录职业病诊断鉴定过程，内容应当包括：

（一）鉴定委员会的专家组成；

（二）鉴定时间；

（三）鉴定所用资料；

（四）鉴定专家的发言及其鉴定意见；

（五）表决情况；

（六）经鉴定专家签字的鉴定结论。

有当事人陈述和申辩的，应当如实记录。

鉴定结束后，鉴定记录应当随同职业病诊断鉴定书一并由职业病鉴定办事机构存档，永久保存。

## 第五章 监督管理

**第五十一条** 县级以上地方卫生健康主管部门应当定期对职业

病诊断机构进行监督检查,检查内容包括:

(一)法律法规、标准的执行情况;
(二)规章制度建立情况;
(三)备案的职业病诊断信息真实性情况;
(四)按照备案的诊断项目开展职业病诊断工作情况;
(五)开展职业病诊断质量控制、参加质量控制评估及整改情况;
(六)人员、岗位职责落实和培训情况;
(七)职业病报告情况。

**第五十二条** 设区的市级以上地方卫生健康主管部门应当加强对职业病鉴定办事机构的监督管理,对职业病鉴定工作程序、制度落实情况及职业病报告等相关工作情况进行监督检查。

**第五十三条** 县级以上地方卫生健康主管部门监督检查时,有权查阅或者复制有关资料,职业病诊断机构应当予以配合。

## 第六章 法律责任

**第五十四条** 医疗卫生机构未按照规定备案开展职业病诊断的,由县级以上地方卫生健康主管部门责令改正,给予警告,可以并处三万元以下罚款。

**第五十五条** 职业病诊断机构有下列行为之一的,其作出的职业病诊断无效,由县级以上地方卫生健康主管部门按照《职业病防治法》的第八十条的规定进行处理:

(一)超出诊疗项目登记范围从事职业病诊断的;
(二)不按照《职业病防治法》规定履行法定职责的;
(三)出具虚假证明文件的。

**第五十六条** 职业病诊断机构未按照规定报告职业病、疑似职业病的,由县级以上地方卫生健康主管部门按照《职业病防治法》第七十四条的规定进行处理。

**第五十七条** 职业病诊断机构违反本办法规定,有下列情形之一的，由县级以上地方卫生健康主管部门责令限期改正；逾期不改的，给予警告，并可以根据情节轻重处以三万元以下罚款：

（一）未建立职业病诊断管理制度的；

（二）未按照规定向劳动者公开职业病诊断程序的；

（三）泄露劳动者涉及个人隐私的有关信息、资料的；

（四）未按照规定参加质量控制评估，或者质量控制评估不合格且未按要求整改的；

（五）拒不配合卫生健康主管部门监督检查的。

**第五十八条** 职业病诊断鉴定委员会组成人员收受职业病诊断争议当事人的财物或者其他好处的，由省级卫生健康主管部门按照《职业病防治法》第八十一条的规定进行处理。

**第五十九条** 县级以上地方卫生健康主管部门及其工作人员未依法履行职责，按照《职业病防治法》第八十三条第二款规定进行处理。

**第六十条** 用人单位有下列行为之一的，由县级以上地方卫生健康主管部门按照《职业病防治法》第七十二条规定进行处理：

（一）未按照规定安排职业病病人、疑似职业病病人进行诊治的；

（二）拒不提供职业病诊断、鉴定所需资料的；

（三）未按照规定承担职业病诊断、鉴定费用。

**第六十一条** 用人单位未按照规定报告职业病、疑似职业病的，由县级以上地方卫生健康主管部门按照《职业病防治法》第七十四条规定进行处理。

## 第七章　附　　则

**第六十二条** 本办法所称"证据"，包括疾病的证据、接触职业病危害因素的证据，以及用于判定疾病与接触职业病危害因素之间因果关系的证据。

**第六十三条** 本办法自公布之日起施行。原卫生部 2013 年 2 月 19 日公布的《职业病诊断与鉴定管理办法》同时废止。

# 非法用工单位伤亡人员一次性赔偿办法

(2010年12月31日人力资源和社会保障部令第9号公布 自2011年1月1日起施行)

**第一条** 根据《工伤保险条例》第六十六条第一款的授权,制定本办法。

**第二条** 本办法所称非法用工单位伤亡人员,是指无营业执照或者未经依法登记、备案的单位以及被依法吊销营业执照或者撤销登记、备案的单位受到事故伤害或者患职业病的职工,或者用人单位使用童工造成的伤残、死亡童工。

前款所列单位必须按照本办法的规定向伤残职工或者死亡职工的近亲属、伤残童工或者死亡童工的近亲属给予一次性赔偿。

**第三条** 一次性赔偿包括受到事故伤害或者患职业病的职工或童工在治疗期间的费用和一次性赔偿金。一次性赔偿金数额应当在受到事故伤害或者患职业病的职工或童工死亡或者经劳动能力鉴定后确定。

劳动能力鉴定按照属地原则由单位所在地设区的市级劳动能力鉴定委员会办理。劳动能力鉴定费用由伤亡职工或童工所在单位支付。

**第四条** 职工或童工受到事故伤害或者患职业病,在劳动能力鉴定之前进行治疗期间的生活费按照统筹地区上年度职工月平均工资标准确定,医疗费、护理费、住院期间的伙食补助费以及所需的交通费等费用按照《工伤保险条例》规定的标准和范围确定,并全部由伤残职工或童工所在单位支付。

**第五条** 一次性赔偿金按照以下标准支付:

一级伤残的为赔偿基数的16倍,二级伤残的为赔偿基数的14

倍,三级伤残的为赔偿基数的12倍,四级伤残的为赔偿基数的10倍,五级伤残的为赔偿基数的8倍,六级伤残的为赔偿基数的6倍,七级伤残的为赔偿基数的4倍,八级伤残的为赔偿基数的3倍,九级伤残的为赔偿基数的2倍,十级伤残的为赔偿基数的1倍。

前款所称赔偿基数,是指单位所在工伤保险统筹地区上年度职工年平均工资。

**第六条** 受到事故伤害或者患职业病造成死亡的,按照上一年度全国城镇居民人均可支配收入的20倍支付一次性赔偿金,并按照上一年度全国城镇居民人均可支配收入的10倍一次性支付丧葬补助等其他赔偿金。

**第七条** 单位拒不支付一次性赔偿的,伤残职工或者死亡职工的近亲属、伤残童工或者死亡童工的近亲属可以向人力资源和社会保障行政部门举报。经查证属实的,人力资源和社会保障行政部门应当责令该单位限期改正。

**第八条** 伤残职工或者死亡职工的近亲属、伤残童工或者死亡童工的近亲属就赔偿数额与单位发生争议的,按照劳动争议处理的有关规定处理。

**第九条** 本办法自2011年1月1日起施行。劳动和社会保障部2003年9月23日颁布的《非法用工单位伤亡人员一次性赔偿办法》同时废止。

# 部分行业企业工伤保险费缴纳办法

(2010年12月31日人力资源和社会保障部令第10号公布 自2011年1月1日起施行)

**第一条** 根据《工伤保险条例》第十条第三款的授权,制定本办法。

**第二条** 本办法所称的部分行业企业是指建筑、服务、矿山等行业中难以直接按照工资总额计算缴纳工伤保险费的建筑施工企业、小型服务企业、小型矿山企业等。

前款所称小型服务企业、小型矿山企业的划分标准可以参照《中小企业标准暂行规定》（国经贸中小企〔2003〕143号）执行。

**第三条** 建筑施工企业可以实行以建筑施工项目为单位，按照项目工程总造价的一定比例，计算缴纳工伤保险费。

**第四条** 商贸、餐饮、住宿、美容美发、洗浴以及文体娱乐等小型服务业企业以及有雇工的个体工商户，可以按照营业面积的大小核定应参保人数，按照所在统筹地区上一年度职工月平均工资的一定比例和相应的费率，计算缴纳工伤保险费；也可以按照营业额的一定比例计算缴纳工伤保险费。

**第五条** 小型矿山企业可以按照总产量、吨矿工资含量和相应的费率计算缴纳工伤保险费。

**第六条** 本办法中所列部分行业企业工伤保险费缴纳的具体计算办法，由省级社会保险行政部门根据本地区实际情况确定。

**第七条** 本办法自2011年1月1日起施行。

# 因工死亡职工供养亲属范围规定

（2003年9月23日劳动和社会保障部令第18号公布 自2004年1月1日起施行）

**第一条** 为明确因工死亡职工供养亲属范围，根据《工伤保险条例》第三十七条第一款第二项的授权，制定本规定。

**第二条** 本规定所称因工死亡职工供养亲属，是指该职工的配偶、子女、父母、祖父母、外祖父母、孙子女、外孙子女、兄弟姐妹。

本规定所称子女，包括婚生子女、非婚生子女、养子女和有抚养关系的继子女，其中，婚生子女、非婚生子女包括遗腹子女；

本规定所称父母，包括生父母、养父母和有抚养关系的继父母；

本规定所称兄弟姐妹,包括同父母的兄弟姐妹、同父异母或者同母异父的兄弟姐妹、养兄弟姐妹、有抚养关系的继兄弟姐妹。

**第三条** 上条规定的人员,依靠因工死亡职工生前提供主要生活来源,并有下列情形之一的,可按规定申请供养亲属抚恤金:

(一)完全丧失劳动能力的;

(二)工亡职工配偶男年满60周岁、女年满55周岁的;

(三)工亡职工父母男年满60周岁、女年满55周岁的;

(四)工亡职工子女未满18周岁的;

(五)工亡职工父母均已死亡,其祖父、外祖父年满60周岁,祖母、外祖母年满55周岁的;

(六)工亡职工子女已经死亡或完全丧失劳动能力,其孙子女、外孙子女未满18周岁的;

(七)工亡职工父母均已死亡或完全丧失劳动能力,其兄弟姐妹未满18周岁的。

**第四条** 领取抚恤金人员有下列情形之一的,停止享受抚恤金待遇:

(一)年满18周岁且未完全丧失劳动能力的;

(二)就业或参军的;

(三)工亡职工配偶再婚的;

(四)被他人或组织收养的;

(五)死亡的。

**第五条** 领取抚恤金的人员,在被判刑收监执行期间,停止享受抚恤金待遇。刑满释放仍符合领取抚恤金资格的,按规定的标准享受抚恤金。

**第六条** 因工死亡职工供养亲属享受抚恤金待遇的资格,由统筹地区社会保险经办机构核定。

因工死亡职工供养亲属的劳动能力鉴定,由因工死亡职工生前单位所在地设区的市级劳动能力鉴定委员会负责。

**第七条** 本办法自2004年1月1日起施行。

# 人力资源社会保障部关于执行《工伤保险条例》若干问题的意见

(2013年4月25日 人社部发〔2013〕34号)

各省、自治区、直辖市及新疆生产建设兵团人力资源社会保障厅（局）：

《国务院关于修改〈工伤保险条例〉的决定》（国务院令第586号）已经于2011年1月1日实施。为贯彻执行新修订的《工伤保险条例》，妥善解决实际工作中的问题，更好地保障职工和用人单位的合法权益，现提出如下意见。

一、《工伤保险条例》（以下简称《条例》）第十四条第（五）项规定的"因工外出期间"的认定，应当考虑职工外出是否属于用人单位指派的因工作外出，遭受的事故伤害是否因工作原因所致。

二、《条例》第十四条第（六）项规定的"非本人主要责任"的认定，应当以有关机关出具的法律文书或者人民法院的生效裁决为依据。

三、《条例》第十六条第（一）项"故意犯罪"的认定，应当以司法机关的生效法律文书或者结论性意见为依据。

四、《条例》第十六条第（二）项"醉酒或者吸毒"的认定，应当以有关机关出具的法律文书或者人民法院的生效裁决为依据。无法获得上述证据的，可以结合相关证据认定。

五、社会保险行政部门受理工伤认定申请后，发现劳动关系存在争议且无法确认的，应告知当事人可以向劳动人事争议仲裁委员会申请仲裁。在此期间，作出工伤认定决定的时限中止，并书面通知申请工伤认定的当事人。劳动关系依法确认后，当事人应将有关法律文书送交受理工伤认定申请的社会保险行政部门，该部门自收到生效法律文书之日起恢复工伤认定程序。

六、符合《条例》第十五条第（一）项情形的，职工所在用人单位原则上应自职工死亡之日起5个工作日内向用人单位所在统筹地区社会保险行政部门报告。

七、具备用工主体资格的承包单位违反法律、法规规定，将承包业务转包、分包给不具备用工主体资格的组织或者自然人，该组织或者自然人招用的劳动者从事承包业务时因工伤亡的，由该具备用工主体资格的承包单位承担用人单位依法应承担的工伤保险责任。

八、曾经从事接触职业病危害作业、当时没有发现罹患职业病、离开工作岗位后被诊断或鉴定为职业病的符合下列条件的人员，可以自诊断、鉴定为职业病之日起一年内申请工伤认定，社会保险行政部门应当受理：

（一）办理退休手续后，未再从事接触职业病危害作业的退休人员；

（二）劳动或聘用合同期满后或者本人提出而解除劳动或聘用合同后，未再从事接触职业病危害作业的人员。

经工伤认定和劳动能力鉴定，前款第（一）项人员符合领取一次性伤残补助金条件的，按就高原则以本人退休前12个月平均月缴费工资或者确诊职业病前12个月的月平均养老金为基数计发。前款第（二）项人员被鉴定为一级至十级伤残、按《条例》规定应以本人工资作为基数享受相关待遇的，按本人终止或者解除劳动、聘用合同前12个月平均月缴费工资计发。

九、按照本意见第八条规定被认定为工伤的职业病人员，职业病诊断证明书（或职业病诊断鉴定书）中明确的用人单位，在该职工从业期间依法为其缴纳工伤保险费的，按《条例》的规定，分别由工伤保险基金和用人单位支付工伤保险待遇；未依法为该职工缴纳工伤保险费的，由用人单位按照《条例》规定的相关项目和标准支付待遇。

十、职工在同一用人单位连续工作期间多次发生工伤的，符合《条例》第三十六、第三十七条规定领取相关待遇时，按照其在同一用人单位发生工伤的最高伤残级别，计发一次性伤残就业补助金和一次性工伤医疗补助金。

十一、依据《条例》第四十二条的规定停止支付工伤保险待遇的，在停止支付待遇的情形消失后，自下月起恢复工伤保险待遇，停止支付的工伤保险待遇不予补发。

十二、《条例》第六十二条第三款规定的"新发生的费用"，是指用人单位职工参加工伤保险前发生工伤的，在参加工伤保险后新发生的费用。

十三、由工伤保险基金支付的各项待遇应按《条例》相关规定支付，不得采取将长期待遇改为一次性支付的办法。

十四、核定工伤职工工伤保险待遇时，若上一年度相关数据尚未公布，可暂按前一年度的全国城镇居民人均可支配收入、统筹地区职工月平均工资核定和计发，待相关数据公布后再重新核定，社会保险经办机构或者用人单位予以补发差额部分。

本意见自发文之日起执行，此前有关规定与本意见不一致的，按本意见执行。执行中有重大问题，请及时报告我部。

# 人力资源社会保障部关于执行《工伤保险条例》若干问题的意见（二）

（2016年3月28日 人社部发〔2016〕29号）

各省、自治区、直辖市及新疆生产建设兵团人力资源社会保障厅（局）：

为更好地贯彻执行新修订的《工伤保险条例》，提高依法行政能力和水平，妥善解决实际工作中的问题，保障职工和用人单位合法权益，现提出如下意见：

一、一级至四级工伤职工死亡，其近亲属同时符合领取工伤保险丧葬补助金、供养亲属抚恤金待遇和职工基本养老保险丧葬补助金、抚恤金待遇条件的,由其近亲属选择领取工伤保险或职工基本养老保险其中一种。

二、达到或超过法定退休年龄,但未办理退休手续或者未依法享受城镇职工基本养老保险待遇,继续在原用人单位工作期间受到事故伤害或患职业病的,用人单位依法承担工伤保险责任。

用人单位招用已经达到、超过法定退休年龄或已经领取城镇职工基本养老保险待遇的人员,在用工期间因工作原因受到事故伤害或患职业病的,如招用单位已按项目参保等方式为其缴纳工伤保险费的,应适用《工伤保险条例》。

三、《工伤保险条例》第六十二条规定的"新发生的费用",是指用人单位参加工伤保险前发生工伤的职工,在参加工伤保险后新发生的费用。其中由工伤保险基金支付的费用,按不同情况予以处理:

(一)因工受伤的,支付参保后新发生的工伤医疗费、工伤康复费、住院伙食补助费、统筹地区以外就医交通食宿费、辅助器具配置费、生活护理费、一级至四级伤残职工伤残津贴,以及参保后解除劳动合同时的一次性工伤医疗补助金;

(二)因工死亡的,支付参保后新发生的符合条件的供养亲属抚恤金。

四、职工在参加用人单位组织或者受用人单位指派参加其他单位组织的活动中受到事故伤害的,应当视为工作原因,但参加与工作无关的活动除外。

五、职工因工作原因驻外,有固定的住所、有明确的作息时间,工伤认定时按照在驻在地当地正常工作的情形处理。

六、职工以上下班为目的、在合理时间内往返于工作单位和居住地之间的合理路线,视为上下班途中。

七、用人单位注册地与生产经营地不在同一统筹地区的,原则上应在注册地为职工参加工伤保险;未在注册地参加工伤保险的职工,可由用人单位在生产经营地为其参加工伤保险。

劳务派遣单位跨地区派遣劳动者，应根据《劳务派遣暂行规定》参加工伤保险。建筑施工企业按项目参保的，应在施工项目所在地参加工伤保险。

职工受到事故伤害或者患职业病后，在参保地进行工伤认定、劳动能力鉴定，并按照参保地的规定依法享受工伤保险待遇；未参加工伤保险的职工，应当在生产经营地进行工伤认定、劳动能力鉴定，并按照生产经营地的规定依法由用人单位支付工伤保险待遇。

**八、**有下列情形之一的，被延误的时间不计算在工伤认定申请时限内。

（一）受不可抗力影响的；

（二）职工由于被国家机关依法采取强制措施等人身自由受到限制不能申请工伤认定的；

（三）申请人正式提交了工伤认定申请，但因社会保险机构未登记或者材料遗失等原因造成申请超时限的；

（四）当事人就确认劳动关系申请劳动仲裁或提起民事诉讼的；

（五）其他符合法律法规规定的情形。

**九、**《工伤保险条例》第六十七条规定的"尚未完成工伤认定的"，是指在《工伤保险条例》施行前遭受事故伤害或被诊断鉴定为职业病，且在工伤认定申请法定时限内（从《工伤保险条例》施行之日起算）提出工伤认定申请，尚未做出工伤认定的情形。

**十、**因工伤认定申请人或者用人单位隐瞒有关情况或者提供虚假材料，导致工伤认定决定错误的，社会保险行政部门发现后，应当及时予以更正。

本意见自发文之日起执行，此前有关规定与本意见不一致的，按本意见执行。执行中有重大问题，请及时报告我部。

# 劳动和社会保障部关于实施 《工伤保险条例》若干问题的意见

(2004年11月1日 劳社部函〔2004〕256号)

各省、自治区、直辖市劳动和社会保障厅（局）：

《工伤保险条例》（以下简称条例）已于二〇〇四年一月一日起施行，现就条例实施中的有关问题提出如下意见。

一、职工在两个或两个以上用人单位同时就业的，各用人单位应当分别为职工缴纳工伤保险费。职工发生工伤，由职工受到伤害时其工作的单位依法承担工伤保险责任。

二、条例第十四条规定"上下班途中，受到机动车事故伤害的，应当认定为工伤"。这里"上下班途中"既包括职工正常工作的上下班途中，也包括职工加班加点的上下班途中。"受到机动车事故伤害的"既可以是职工驾驶或乘坐的机动车发生事故造成的，也可以是职工因其他机动车事故造成的。

三、条例第十五条规定"职工在工作时间和工作岗位，突发疾病死亡或者在48小时之内经抢救无效死亡的，视同工伤"。这里"突发疾病"包括各类疾病。"48小时"的起算时间，以医疗机构的初次诊断时间作为突发疾病的起算时间。

四、条例第十七条第二款规定的有权申请工伤认定的"工会组织"包括职工所在用人单位的工会组织以及符合《中华人民共和国工会法》规定的各级工会组织。

五、用人单位未按规定为职工提出工伤认定申请，受到事故伤害或者患职业病的职工或者其直系亲属、工会组织提出工伤认定申请，职工所在单位是否同意（签字、盖章），不是必经程序。

六、条例第十七条第四款规定"用人单位未在本条第一款规定的时限内提交工伤认定申请的，在此期间发生符合本条例规定的工伤待遇等有关费用由该用人单位负担"。这里用人单位承担工伤待遇等有关费用的期间是指从事故伤害发生之日或职业病确诊之日起到劳动保障行政部门受理工伤认定申请之日止。

七、条例第三十六条规定的工伤职工旧伤复发，是否需要治疗应由治疗工伤职工的协议医疗机构提出意见，有争议的由劳动能力鉴定委员会确认。

八、职工因工死亡，其供养亲属享受抚恤金待遇的资格，按职工因工死亡时的条件核定。

# 人力资源社会保障部关于工伤保险待遇调整和确定机制的指导意见

（2017年7月28日 人社部发〔2017〕58号）

各省、自治区、直辖市及新疆生产建设兵团人力资源社会保障厅（局）：

工伤保险待遇是工伤保险制度的重要内容。随着经济社会发展，职工平均工资与生活费用发生变化，适时调整工伤保险待遇水平，既是工伤保险制度的内在要求，也是促进社会公平、维护社会和谐的职责所在，是各级党委、政府保障和改善民生的具体体现。根据《工伤保险条例》，现就工伤保险待遇调整和确定机制，制定如下指导意见：

### 一、总体要求

全面贯彻党的十八大和十八届三中、四中、五中、六中全会精神，深入贯彻习近平总书记系列重要讲话精神和治国理政新理念新思想新战略，紧紧围绕统筹推进"五位一体"总体布局和协调推进"四个全面"战略布局，坚持以人民为中心的发展思想，依据社会保险法和《工伤保险条例》，建立工伤保险待遇调整和确定机制，科学合理确定待遇调整水平，提高工伤保险待遇给付的服务与管理水平，推进建立更加公平、更可持续的工伤保险制度，不断增强人民群众的获得感与幸福感。

工伤保险待遇调整和确定要与经济发展水平相适应，综合考虑职工工资增长、居民消费价格指数变化、工伤保险基金支付能力、相关社会保障待遇调整情况等因素，兼顾不同地区待遇差别，按照基金省级统筹要求，适度、稳步提升，实现待遇平衡。原则上每两年至少调整一次。

**二、主要内容**

（一）伤残津贴的调整。伤残津贴是对因工致残而退出工作岗位的工伤职工工资收入损失的合理补偿。一级至四级伤残津贴调整以上年度省（区、市）一级至四级工伤职工月人均伤残津贴为基数，综合考虑职工平均工资增长和居民消费价格指数变化情况，侧重职工平均工资增长因素，兼顾工伤保险基金支付能力和相关社会保障待遇调整情况，综合进行调节。伤残津贴调整可以采取定额调整和适当倾斜的办法，对伤残程度高、伤残津贴低于平均水平的工伤职工予以适当倾斜。（具体计算公式见附件1）

五级、六级工伤职工的伤残津贴按照《工伤保险条例》的规定执行。

（二）供养亲属抚恤金的调整。供养亲属抚恤金是工亡职工供养亲属基本生活的合理保障。供养亲属抚恤金调整以上年度省（区、市）月人均供养亲属抚恤金为基数，综合考虑职工平均工资增长和居民消费价格指数变化情况，侧重居民消费价格指数变化，兼顾工伤保险基金支付能力和相关社会保障待遇调整情况，综合进行调节。供养亲属抚恤金调整采取定额调整的办法。（具体计算公式见附件2）

（三）生活护理费的调整。生活护理费根据《工伤保险条例》和《劳动能力鉴定 职工工伤与职业病致残等级》相关规定进行计发，按照上年度省（区、市）职工平均工资增长比例同步调整。职工平均工资下降时不调整。

（四）住院伙食补助费的确定。省（区、市）可参考当地城镇居民消费支出结构，科学确定工伤职工住院伙食补助费标准。住院伙食补助费原则上不超过上年度省（区、市）城镇居民日人均消费支出额的40%。

（五）其他待遇。一次性伤残补助金、一次性工亡补助金、丧葬补助金按照《工伤保险条例》规定的计发标准计发。工伤医疗费、辅助器具配置费、工伤康复和统筹地区以外就医期间交通、食宿费用等待遇，根据《工伤保险条例》和相关目录、标准据实支付。

一次性伤残就业补助金和一次性工伤医疗补助金，由省（区、市）综合考虑工伤职工伤残程度、伤病类别、年龄等因素制定标准，注重引导和促进工伤职工稳定就业。

### 三、工作要求

（一）高度重视，加强部署。建立工伤保险待遇调整和确定机制，关系广大工伤职工及工亡职工供养亲属的切身利益。各地要切实加强组织领导，提高认识，扎实推进，从2018年开始，要按照指导意见规定，结合当地实际，做好待遇调整和确定工作，与工伤保险基金省级统筹工作有机结合、紧密配合、同步推进，防止出现衔接问题和政策冲突。

（二）统筹兼顾，加强管理。要统筹考虑工伤保险待遇调整涉及的多种因素，详细论证，周密测算，选好参数和系数，确定科学、合理的调整额，建立科学、有效的调整机制。省（区、市）人力资源社会保障部门要根据《工伤保险条例》和本指导意见制定调整方案，报经省（区、市）人民政府批准后实施。要加强管理，根据《工伤保险条例》规定，统筹做好工伤保险其他待遇的调整、确定和计发，进一步加强待遇支付管理，依规发放和支付，防止跑冒滴漏、恶意骗保，维护基金安全。

（三）正确引导，确保稳定。工伤保险待遇调整直接涉及民生，关乎公平与效率。要加强工伤保险政策宣传，正确引导舆论，争取社会对待遇调整工作的理解与支持，为调整工作营造良好舆论氛围。做好调整方案的风险评估工作，制定应急处置预案，确保待遇调整工作平稳、有序、高效。待遇调整情况请及时报人力资源社会保障部。

附件：1. 一级至四级工伤职工伤残津贴调整公式
2. 供养亲属抚恤金调整公式

附件1

## 一级至四级工伤职工伤残津贴调整公式

$$Z_1 = S \times (G \times a + X \times b) \pm C$$
$$a+b=1,\ a>b,\ C \geq 0。$$

其中：$Z_1$——一级至四级工伤职工伤残津贴人均调整额。

S——上年度省（区、市）一级至四级工伤职工月人均伤残津贴。

G——上年度省（区、市）职工平均工资增长率。

X——上年度省（区、市）居民消费价格指数。

a——职工平均工资增长率的权重系数。

b——居民消费价格指数的权重系数。

C——省（区、市）工伤保险基金支付能力和相关社会保障待遇调整等因素综合调节额。

当职工平均工资下降时，G=0；当居民消费价格指数为负时，X=0。

附件2

## 供养亲属抚恤金调整公式

$$Z_2 = F \times (G \times a + X \times b) \pm C$$
$$a+b=1,\ a<b,\ C \geq 0。$$

其中：$Z_2$——供养亲属抚恤金人均调整额。
　　　F——上年度省（区、市）月人均供养亲属抚恤金。
　　　G——上年度省（区、市）职工平均工资增长率。
　　　X——上年度省（区、市）居民消费价格指数。
　　　a——职工平均工资增长率的权重系数。
　　　b——居民消费价格指数的权重系数。
　　　C——省（区、市）工伤保险基金支付能力和相关社会保障待遇调整等因素综合调节额。

当职工平均工资下降时，G=0；当居民消费价格指数为负时，X=0。

# 人力资源社会保障部、财政部关于调整工伤保险费率政策的通知

（2015年7月22日　人社部发〔2015〕71号）

各省、自治区、直辖市人力资源社会保障厅（局）、财政厅（局），新疆生产建设兵团人力资源社会保障局、财务局：

按照党的十八届三中全会提出的"适时适当降低社会保险费率"的精神，为更好贯彻社会保险法、《工伤保险条例》，使工伤保险费率政策更加科学、合理，适应经济社会发展的需要，经国务院批准，自2015年10月1日起，调整现行工伤保险费率政策。现将有关事项通知如下：

一、关于行业工伤风险类别划分

按照《国民经济行业分类》（GB/T 4754-2011）对行业的划分，根据不同行业的工伤风险程度，由低到高，依次将行业工伤风险类别划分为一类至八类（见附件）。

二、关于行业差别费率及其档次确定

不同工伤风险类别的行业执行不同的工伤保险行业基准费率。

各行业工伤风险类别对应的全国工伤保险行业基准费率为，一类至八类分别控制在该行业用人单位职工工资总额的 0.2%、0.4%、0.7%、0.9%、1.1%、1.3%、1.6%、1.9%左右。

通过费率浮动的办法确定每个行业内的费率档次。一类行业分为三个档次，即在基准费率的基础上，可向上浮动至 120%、150%，二类至八类行业分为五个档次，即在基准费率的基础上，可分别向上浮动至 120%、150%或向下浮动至 80%、50%。

各统筹地区人力资源社会保障部门要会同财政部门，按照"以支定收、收支平衡"的原则，合理确定本地区工伤保险行业基准费率具体标准，并征求工会组织、用人单位代表的意见，报统筹地区人民政府批准后实施。基准费率的具体标准可根据统筹地区经济产业结构变动、工伤保险费使用等情况适时调整。

**三、关于单位费率的确定与浮动**

统筹地区社会保险经办机构根据用人单位工伤保险费使用、工伤发生率、职业病危害程度等因素，确定其工伤保险费率，并可依据上述因素变化情况，每一至三年确定其在所属行业不同费率档次间是否浮动。对符合浮动条件的用人单位，每次可上下浮动一档或两档。统筹地区工伤保险最低费率不低于本地区一类风险行业基准费率。费率浮动的具体办法由统筹地区人力资源社会保障部门商财政部门制定，并征求工会组织、用人单位代表的意见。

**四、关于费率报备制度**

各统筹地区确定的工伤保险行业基准费率具体标准、费率浮动具体办法，应报省级人力资源社会保障部门和财政部门备案并接受指导。省级人力资源社会保障部门、财政部门应每年将各统筹地区工伤保险行业基准费率标准确定和变化以及浮动费率实施情况汇总报人力资源社会保障部、财政部。

附件：

# 工伤保险行业风险分类表

| 行业类别 | 行业名称 |
|---|---|
| 一 | 软件和信息技术服务业，货币金融服务，资本市场服务，保险业，其他金融业，科技推广和应用服务业，社会工作，广播、电视、电影和影视录音制作业，中国共产党机关，国家机构，人民政协、民主党派，社会保障，群众团体、社会团体和其他成员组织，基层群众自治组织，国际组织 |
| 二 | 批发业，零售业，仓储业，邮政业，住宿业，餐饮业，电信、广播电视和卫星传输服务，互联网和相关服务，房地产业，租赁业，商务服务业，研究和试验发展，专业技术服务业，居民服务业，其他服务业，教育，卫生，新闻和出版业，文化艺术业 |
| 三 | 农副食品加工业，食品制造业，酒、饮料和精制茶制造业，烟草制品业，纺织业，木材加工和木、竹、藤、棕、草制品业，文教、工美、体育和娱乐用品制造业，计算机、通信和其他电子设备制造业，仪器仪表制造业，其他制造业，水的生产和供应业，机动车、电子产品和日用产品修理业，水利管理业，生态保护和环境治理业，公共设施管理业，娱乐业 |
| 四 | 农业，畜牧业，农、林、牧、渔服务业，纺织服装、服饰业，皮革、毛皮、羽毛及其制品和制鞋业，印刷和记录媒介复制业，医药制造业，化学纤维制造业，橡胶和塑料制品业，金属制品业，通用设备制造业，专用设备制造业，汽车制造业，铁路、船舶、航空航天和其他运输设备制造业，电气机械和器材制造业，废弃资源综合利用业，金属制品、机械和设备修理业，电力、热力生产和供应业，燃气生产和供应业，铁路运输业，航空运输业，管道运输业，体育 |

续表

| 行业类别 | 行业名称 |
|---|---|
| 五 | 林业,开采辅助活动,家具制造业,造纸和纸制品业,建筑安装业,建筑装饰和其他建筑业,道路运输业,水上运输业,装卸搬运和运输代理业 |
| 六 | 渔业,化学原料和化学制品制造业,非金属矿物制品业,黑色金属冶炼和压延加工业,有色金属冶炼和压延加工业,房屋建筑业,土木工程建筑业 |
| 七 | 石油和天然气开采业,其他采矿业,石油加工、炼焦和核燃料加工业 |
| 八 | 煤炭开采和洗选业,黑色金属矿采选业,有色金属矿采选业,非金属矿采选业 |

# 最高人民法院关于审理工伤保险行政案件若干问题的规定

(2014年6月18日 法释〔2014〕9号)

为正确审理工伤保险行政案件,根据《中华人民共和国社会保险法》《中华人民共和国劳动法》《中华人民共和国行政诉讼法》《工伤保险条例》及其他有关法律、行政法规规定,结合行政审判实际,制定本规定。

**第一条** 人民法院审理工伤认定行政案件,在认定是否存在《工伤保险条例》第十四条第(六)项"本人主要责任"、第十六条第(二)项"醉酒或者吸毒"和第十六条第(三)项"自残或者自杀"等情形时,应当以有权机构出具的事故责任认定书、结论性意见和人民法院生效裁判等法律文书为依据,但有相反证据足以推翻事故责任认定书和结论性意见的除外。

前述法律文书不存在或者内容不明确，社会保险行政部门就前款事实作出认定的，人民法院应当结合其提供的相关证据依法进行审查。

《工伤保险条例》第十六条第（一）项"故意犯罪"的认定，应当以刑事侦查机关、检察机关和审判机关的生效法律文书或者结论性意见为依据。

**第二条** 人民法院受理工伤认定行政案件后，发现原告或者第三人在提起行政诉讼前已经就是否存在劳动关系申请劳动仲裁或者提起民事诉讼的，应当中止行政案件的审理。

**第三条** 社会保险行政部门认定下列单位为承担工伤保险责任单位的，人民法院应予支持：

（一）职工与两个或两个以上单位建立劳动关系，工伤事故发生时，职工为之工作的单位为承担工伤保险责任的单位；

（二）劳务派遣单位派遣的职工在用工单位工作期间因工伤亡的，派遣单位为承担工伤保险责任的单位；

（三）单位指派到其他单位工作的职工因工伤亡的，指派单位为承担工伤保险责任的单位；

（四）用工单位违反法律、法规规定将承包业务转包给不具备用工主体资格的组织或者自然人，该组织或者自然人聘用的职工从事承包业务时因工伤亡的，用工单位为承担工伤保险责任的单位；

（五）个人挂靠其他单位对外经营，其聘用的人员因工伤亡的，被挂靠单位为承担工伤保险责任的单位。

前款第（四）、（五）项明确的承担工伤保险责任的单位承担赔偿责任或者社会保险经办机构从工伤保险基金支付工伤保险待遇后，有权向相关组织、单位和个人追偿。

**第四条** 社会保险行政部门认定下列情形为工伤的，人民法院应予支持：

（一）职工在工作时间和工作场所内受到伤害，用人单位或者社会保险行政部门没有证据证明是非工作原因导致的；

（二）职工参加用人单位组织或者受用人单位指派参加其他单位

组织的活动受到伤害的;

（三）在工作时间内,职工来往于多个与其工作职责相关的工作场所之间的合理区域因工受到伤害的;

（四）其他与履行工作职责相关,在工作时间及合理区域内受到伤害的。

**第五条** 社会保险行政部门认定下列情形为"因工外出期间"的,人民法院应予支持:

（一）职工受用人单位指派或者因工作需要在工作场所以外从事与工作职责有关的活动期间;

（二）职工受用人单位指派外出学习或者开会期间;

（三）职工因工作需要的其他外出活动期间。

职工因工外出期间从事与工作或者受用人单位指派外出学习、开会无关的个人活动受到伤害,社会保险行政部门不认定为工伤的,人民法院应予支持。

**第六条** 对社会保险行政部门认定下列情形为"上下班途中"的,人民法院应予支持:

（一）在合理时间内往返于工作地与住所地、经常居住地、单位宿舍的合理路线的上下班途中;

（二）在合理时间内往返于工作地与配偶、父母、子女居住地的合理路线的上下班途中;

（三）从事属于日常工作生活所需要的活动,且在合理时间和合理路线的上下班途中;

（四）在合理时间内其他合理路线的上下班途中。

**第七条** 由于不属于职工或者其近亲属自身原因超过工伤认定申请期限的,被耽误的时间不计算在工伤认定申请期限内。

有下列情形之一耽误申请时间的,应当认定为不属于职工或者其近亲属自身原因:

（一）不可抗力;

（二）人身自由受到限制;

（三）属于用人单位原因;

（四）社会保险行政部门登记制度不完善；

（五）当事人对是否存在劳动关系申请仲裁、提起民事诉讼。

**第八条** 职工因第三人的原因受到伤害，社会保险行政部门以职工或者其近亲属已经对第三人提起民事诉讼或者获得民事赔偿为由，作出不予受理工伤认定申请或者不予认定工伤决定的，人民法院不予支持。

职工因第三人的原因受到伤害，社会保险行政部门已经作出工伤认定，职工或者其近亲属未对第三人提起民事诉讼或者尚未获得民事赔偿，起诉要求社会保险经办机构支付工伤保险待遇的，人民法院应予支持。

职工因第三人的原因导致工伤，社会保险经办机构以职工或者其近亲属已经对第三人提起民事诉讼为由，拒绝支付工伤保险待遇的，人民法院不予支持，但第三人已经支付的医疗费用除外。

**第九条** 因工伤认定申请人或者用人单位隐瞒有关情况或者提供虚假材料，导致工伤认定错误的，社会保险行政部门可以在诉讼中依法予以更正。

工伤认定依法更正后，原告不申请撤诉，社会保险行政部门在作出原工伤认定时有过错的，人民法院应当判决确认违法；社会保险行政部门无过错的，人民法院可以驳回原告诉讼请求。

**第十条** 最高人民法院以前颁布的司法解释与本规定不一致的，以本规定为准。

# 失业保险

## 失业保险条例

(1999年1月22日中华人民共和国国务院令第258号公布 自公布之日起施行)

### 第一章 总 则

**第一条** 【立法目的】为了保障失业人员失业期间的基本生活,促进其再就业,制定本条例。

**第二条** 【适用范围】城镇企业事业单位、城镇企业事业单位职工依照本条例的规定,缴纳失业保险费。

城镇企业事业单位失业人员依照本条例的规定,享受失业保险待遇。

本条所称城镇企业,是指国有企业、城镇集体企业、外商投资企业、城镇私营企业以及其他城镇企业。

**第三条** 【主管部门】国务院劳动保障行政部门主管全国的失业保险工作。县级以上地方各级人民政府劳动保障行政部门主管本行政区域内的失业保险工作。劳动保障行政部门按照国务院规定设立的经办失业保险业务的社会保险经办机构依照本条例的规定,具体承办失业保险工作。

**第四条** 【失业保险费征缴】失业保险费按照国家有关规定征缴。

### 第二章 失业保险基金

**第五条** 【失业保险基金构成】失业保险基金由下列各项构成:

(一)城镇企业事业单位、城镇企业事业单位职工缴纳的失业保险费；

（二）失业保险基金的利息；

（三）财政补贴；

（四）依法纳入失业保险基金的其他资金。

**第六条　【缴费主体】**城镇企业事业单位按照本单位工资总额的2%缴纳失业保险费。城镇企业事业单位职工按照本人工资的1%缴纳失业保险费。城镇企业事业单位招用的农民合同制工人本人不缴纳失业保险费。

**第七条　【统筹层次】**失业保险基金在直辖市和设区的市实行全市统筹；其他地区的统筹层次由省、自治区人民政府规定。

**第八条　【失业保险调剂金】**省、自治区可以建立失业保险调剂金。

失业保险调剂金以统筹地区依法应当征收的失业保险费为基数，按照省、自治区人民政府规定的比例筹集。

统筹地区的失业保险基金不敷使用时，由失业保险调剂金调剂、地方财政补贴。

失业保险调剂金的筹集、调剂使用以及地方财政补贴的具体办法，由省、自治区人民政府规定。

**第九条　【费率调整】**省、自治区、直辖市人民政府根据本行政区域失业人员数量和失业保险基金数额，报经国务院批准，可以适当调整本行政区域失业保险费的费率。

**第十条　【支出项目】**失业保险基金用于下列支出：

（一）失业保险金；

（二）领取失业保险金期间的医疗补助金；

（三）领取失业保险金期间死亡的失业人员的丧葬补助金和其供养的配偶、直系亲属的抚恤金；

（四）领取失业保险金期间接受职业培训、职业介绍的补贴，补贴的办法和标准由省、自治区、直辖市人民政府规定；

（五）国务院规定或者批准的与失业保险有关的其他费用。

**第十一条　【收支管理】**失业保险基金必须存入财政部门在国

有商业银行开设的社会保障基金财政专户，实行收支两条线管理，由财政部门依法进行监督。

存入银行和按照国家规定购买国债的失业保险基金，分别按照城乡居民同期存款利率和国债利息计息。失业保险基金的利息并入失业保险基金。

失业保险基金专款专用，不得挪作他用，不得用于平衡财政收支。

**第十二条　【预算、决算】**失业保险基金收支的预算、决算，由统筹地区社会保险经办机构编制，经同级劳动保障行政部门复核、同级财政部门审核，报同级人民政府审批。

**第十三条　【财会制度】**失业保险基金的财务制度和会计制度按照国家有关规定执行。

## 第三章　失业保险待遇

**第十四条　【失业保险金领取条件】**具备下列条件的失业人员，可以领取失业保险金：

（一）按照规定参加失业保险，所在单位和本人已按照规定履行缴费义务满1年的；

（二）非因本人意愿中断就业的；

（三）已办理失业登记，并有求职要求的。

失业人员在领取失业保险金期间，按照规定同时享受其他失业保险待遇。

**第十五条　【停止领取失业保险金】**失业人员在领取失业保险金期间有下列情形之一的，停止领取失业保险金，并同时停止享受其他失业保险待遇：

（一）重新就业的；

（二）应征服兵役的；

（三）移居境外的；

（四）享受基本养老保险待遇的；

(五)被判刑收监执行或者被劳动教养的;

(六)无正当理由,拒不接受当地人民政府指定的部门或者机构介绍的工作的;

(七)有法律、行政法规规定的其他情形的。

**第十六条 【失业证明】** 城镇企业事业单位应当及时为失业人员出具终止或者解除劳动关系的证明,告知其按照规定享受失业保险待遇的权利,并将失业人员的名单自终止或者解除劳动关系之日起7日内报社会保险经办机构备案。

城镇企业事业单位职工失业后,应当持本单位为其出具的终止或者解除劳动关系的证明,及时到指定的社会保险经办机构办理失业登记。失业保险金自办理失业登记之日起计算。

失业保险金由社会保险经办机构按月发放。社会保险经办机构为失业人员开具领取失业保险金的单证,失业人员凭单证到指定银行领取失业保险金。

**注释** 失业人员应在终止或解除劳动合同之日起60日内到经办机构按规定办理申领失业保险金手续。失业人员申领失业保险金应填写《失业保险金申领表》,并出示以下证明材料:(1)本人身份证明;(2)所在单位出具的终止或解除劳动合同的证明;(3)失业登记;(4)省级劳动保障行政部门规定的其他材料。

**第十七条 【领取期限】** 失业人员失业前所在单位和本人按照规定累计缴费时间满1年不足5年的,领取失业保险金的期限最长为12个月;累计缴费时间满5年不足10年的,领取失业保险金的期限最长为18个月;累计缴费时间10年以上的,领取失业保险金的期限最长为24个月。重新就业后,再次失业的,缴费时间重新计算,领取失业保险金的期限可以与前次失业应领取而尚未领取的失业保险金的期限合并计算,但是最长不得超过24个月。

**第十八条 【失业保险金标准】** 失业保险金的标准,按照低于当地最低工资标准、高于城市居民最低生活保障标准的水平,由省、自治区、直辖市人民政府确定。

**第十九条** 【医疗补助金】失业人员在领取失业保险金期间患病就医的,可以按照规定向社会保险经办机构申请领取医疗补助金。医疗补助金的标准由省、自治区、直辖市人民政府规定。

**第二十条** 【丧葬补助金与抚恤金】失业人员在领取失业保险金期间死亡的,参照当地对在职职工的规定,对其家属一次性发给丧葬补助金和抚恤金。

**第二十一条** 【一次性生活补助】单位招用的农民合同制工人连续工作满1年,本单位并已缴纳失业保险费,劳动合同期满未续订或者提前解除劳动合同的,由社会保险经办机构根据其工作时间长短,对其支付一次性生活补助。补助的办法和标准由省、自治区、直辖市人民政府规定。

> **注释** 参保单位招用的农民合同制工人终止或解除劳动关系后申领一次性生活补助时,经办机构应要求其填写一次性生活补助金申领核定表,并提供以下证件和资料:(1)本人居民身份证件;(2)与参保单位签定的劳动合同;(3)参保单位出具的终止或解除劳动合同证明;(4)经办机构规定的其他证件和资料。

**第二十二条** 【失业保险关系转迁】城镇企业事业单位成建制跨统筹地区转移,失业人员跨统筹地区流动的,失业保险关系随之转迁。

> **注释** 城镇企业事业单位成建制跨统筹地区转移或职工在职期间跨统筹地区转换工作单位的,失业保险关系应随之转迁。其中,跨省、自治区、直辖市的,其在转出前单位和职工个人缴纳的失业保险费不转移;在省、自治区内跨统筹地区的,是否转移失业保险费由省级劳动保障行政部门确定。转出地失业保险经办机构应为转出单位或职工开具失业保险关系转迁证明。转出单位或职工应在开具证明后60日内到转入地经办机构办理失业保险关系接续手续,并自在转出地停止缴纳失业保险费的当月起,按转入地经办机构核定的缴费基数缴纳失业保险费。转出前后的缴费时间合并计算。转入地经办机构应及时办理有关手续,并提供相应服务。

**第二十三条** 【城市居民最低生活保障待遇】失业人员符合城市居民最低生活保障条件的,按照规定享受城市居民最低生活保障待遇。

*注释* 持有非农业户口的城市居民,凡共同生活的家庭成员人均收入低于当地城市居民最低生活保障标准的,均有从当地人民政府获得基本生活物质帮助的权利。

前述所称收入,是指共同生活的家庭成员的全部货币收入和实物收入,包括法定赡养人、扶养人或者抚养人应当给付的赡养费、扶养费或者抚养费,不包括优抚对象按照国家规定享受的抚恤金、补助金。(参见《城市居民最低生活保障条例》第2条)

## 第四章 管理和监督

**第二十四条** 【劳动保障部门职责】劳动保障行政部门管理失业保险工作,履行下列职责:

(一)贯彻实施失业保险法律、法规;

(二)指导社会保险经办机构的工作;

(三)对失业保险费的征收和失业保险待遇的支付进行监督检查。

**第二十五条** 【社保经办机构职责】社会保险经办机构具体承办失业保险工作,履行下列职责:

(一)负责失业人员的登记、调查、统计;

(二)按照规定负责失业保险基金的管理;

(三)按照规定核定失业保险待遇,开具失业人员在指定银行领取失业保险金和其他补助金的单证;

(四)拨付失业人员职业培训、职业介绍补贴费用;

(五)为失业人员提供免费咨询服务;

(六)国家规定由其履行的其他职责。

**第二十六条** 【收支监督】财政部门和审计部门依法对失业保险基金的收支、管理情况进行监督。

**第二十七条 【经费拨付】** 社会保险经办机构所需经费列入预算，由财政拨付。

## 第五章 罚 则

**第二十八条 【骗取失业待遇的处理】** 不符合享受失业保险待遇条件，骗取失业保险金和其他失业保险待遇的，由社会保险经办机构责令退还；情节严重的，由劳动保障行政部门处骗取金额1倍以上3倍以下的罚款。

**第二十九条 【开具单证违规责任】** 社会保险经办机构工作人员违反规定向失业人员开具领取失业保险金或者享受其他失业保险待遇单证，致使失业保险基金损失的，由劳动保障行政部门责令追回；情节严重的，依法给予行政处分。

**第三十条 【失职责任】** 劳动保障行政部门和社会保险经办机构的工作人员滥用职权、徇私舞弊、玩忽职守，造成失业保险基金损失的，由劳动保障行政部门追回损失的失业保险基金；构成犯罪的，依法追究刑事责任；尚不构成犯罪的，依法给予行政处分。

**第三十一条 【挪用责任】** 任何单位、个人挪用失业保险基金的，追回挪用的失业保险基金；有违法所得的，没收违法所得，并入失业保险基金；构成犯罪的，依法追究刑事责任；尚不构成犯罪的，对直接负责的主管人员和其他直接责任人员依法给予行政处分。

> **注释** 挪用失业保险基金和下岗职工基本生活保障资金属于挪用救济款物。挪用失业保险基金和下岗职工基本生活保障资金，情节严重，致使国家和人民群众利益遭受重大损害的，对直接责任人员，应当依照《刑法》第273条的规定，以挪用特定款物罪追究刑事责任；国家工作人员利用职务上的便利，挪用失业保险基金和下岗职工基本生活保障资金归个人使用，构成犯罪的，应当依照《刑法》第384条的规定，以挪用公款罪追究刑事责任。

## 第六章 附 则

**第三十二条 【社会团体等组织的适用】**省、自治区、直辖市人民政府根据当地实际情况,可以决定本条例适用于本行政区域内的社会团体及其专职人员、民办非企业单位及其职工、有雇工的城镇个体工商户及其雇工。

**第三十三条 【施行日期】**本条例自发布之日起施行。1993年4月12日国务院发布的《国有企业职工待业保险规定》同时废止。

# 失业保险金申领发放办法

(2000年10月26日劳动保障部令第8号公布 根据2018年12月14日《人力资源社会保障部关于修改部分规章的决定》第一次修订 根据2019年12月9日《人力资源社会保障部关于修改部分规章的决定》第二次修订 根据2024年6月14日《人力资源社会保障部关于修改和废止部分规章的决定》第三次修订)

## 第一章 总 则

**第一条** 为保证失业人员及时获得失业保险金及其他失业保险待遇,根据《失业保险条例》(以下简称《条例》),制定本办法。

**第二条** 参加失业保险的城镇企业事业单位职工以及按照省级人民政府规定参加失业保险的其他单位人员失业后(以下统称失业人员),申请领取失业保险金、享受其他失业保险待遇适用本办法;按照规定应参加而尚未参加失业保险的不适用本办法。

**第三条** 劳动保障行政部门设立的经办失业保险业务的社会保险经办机构(以下简称经办机构)按照本办法规定受理失业人员领

取失业保险金的申请，审核确认领取资格，核定领取失业保险金、享受其他失业保险待遇的期限及标准，负责发放失业保险金并提供其他失业保险待遇。

## 第二章 失业保险金申领

**第四条** 失业人员符合《条例》第十四条规定条件的，可以申请领取失业保险金，享受其他失业保险待遇。其中，非因本人意愿中断就业的是指下列人员：

（一）终止劳动合同的；

（二）被用人单位解除劳动合同的；

（三）被用人单位开除、除名和辞退的；

（四）根据《中华人民共和国劳动法》第三十二条第二、三项与用人单位解除劳动合同的；

（五）法律、行政法规另有规定的。

**第五条** 失业人员失业前所在单位，应将失业人员的名单自终止或者解除劳动合同之日起7日内报受理其失业保险业务的经办机构备案，并按要求提供终止或解除劳动合同证明等有关材料。

**第六条** 失业人员应在终止或者解除劳动合同之日起60日内到受理其单位失业保险业务的经办机构申领失业保险金。

**第七条** 失业人员申领失业保险金应填写《失业保险金申领表》，并出示下列证明材料：

（一）本人身份证明；

（二）所在单位出具的终止或者解除劳动合同的证明；

（三）失业登记；

（四）省级劳动保障行政部门规定的其他材料。

**第八条** 失业人员领取失业保险金，应由本人按月到经办机构领取，同时应向经办机构如实说明求职和接受职业指导、职业培训情况。

**第九条** 失业人员在领取失业保险金期间患病就医的，可以按照规定向经办机构申请领取医疗补助金。

**第十条** 失业人员在领取失业保险金期间死亡的，其家属可持失业人员死亡证明、领取人身份证明、与失业人员的关系证明，按规定向经办机构领取一次性丧葬补助金和其供养配偶、直系亲属的抚恤金。失业人员当月尚未领取的失业保险金可由其家属一并领取。

**第十一条** 失业人员在领取失业保险金期间，应积极求职，接受职业指导和职业培训。失业人员在领取失业保险金期间求职时，可以按规定享受就业服务减免费用等优惠政策。

**第十二条** 失业人员在领取失业保险金期间或期满后，符合享受当地城市居民最低生活保障条件的，可以按照规定申请享受城市居民最低生活保障待遇。

**第十三条** 失业人员在领取失业保险金期间，发生《条例》第十五条规定情形之一的，不得继续领取失业保险金和享受其他失业保险待遇。

## 第三章 失业保险金发放

**第十四条** 经办机构自受理失业人员领取失业保险金申请之日起10日内，对申领者的资格进行审核认定，并将结果及有关事项告知本人。经审核合格者，从其办理失业登记之日起计发失业保险金。

**第十五条** 经办机构根据失业人员累计缴费时间核定其领取失业保险金的期限。失业人员累计缴费时间按照下列原则确定：

（一）实行个人缴纳失业保险费前，按国家规定计算的工龄视同缴费时间，与《条例》发布后缴纳失业保险费的时间合并计算。

（二）失业人员在领取失业保险金期间重新就业后再次失业的，缴费时间重新计算，其领取失业保险金的期限可以与前次失业应领取而尚未领取的失业保险金的期限合并计算，但是最长不得超过24个月。失业人员在领取失业保险金期间重新就业后不满一年再次失业的，可以继续申领其前次失业应领取而尚未领取的失业保险金。

**第十六条** 失业保险金以及医疗补助金、丧葬补助金、抚恤金、职业培训和职业介绍补贴等失业保险待遇的标准按照各省、自治区、直辖市人民政府的有关规定执行。

**第十七条** 失业保险金应按月发放，由经办机构开具单证，失业人员凭单证到指定银行领取。

**第十八条** 对领取失业保险金期限即将届满的失业人员，经办机构应提前一个月告知本人。失业人员在领取失业保险金期间，发生《条例》第十五条规定情形之一的，经办机构有权即行停止其失业保险金发放，并同时停止其享受其他失业保险待遇。

**第十九条** 经办机构应当通过准备书面资料、开设服务窗口、设立咨询电话等方式，为失业人员、用人单位和社会公众提供咨询服务。

**第二十条** 经办机构应按规定负责失业保险金申领、发放的统计工作。

## 第四章 失业保险关系转迁

**第二十一条** 对失业人员失业前所在单位与本人户籍不在同一统筹地区的，其失业保险金的发放和其他失业保险待遇的提供由两地劳动保障行政部门进行协商，明确具体办法。协商未能取得一致的，由上一级劳动保障行政部门确定。

**第二十二条** 失业人员失业保险关系跨省、自治区、直辖市转迁的，失业保险费用应随失业保险关系相应划转。需划转的失业保险费用包括失业保险金、医疗补助金和职业培训、职业介绍补贴。其中，医疗补助金和职业培训、职业介绍补贴按失业人员应享受的失业保险金总额的一半计算。

**第二十三条** 失业人员失业保险关系在省、自治区范围内跨统筹地区转迁，失业保险费用的处理由省级劳动保障行政部门规定。

**第二十四条** 失业人员跨统筹地区转移的,凭失业保险关系迁出地经办机构出具的证明材料到迁入地经办机构领取失业保险金。

## 第五章 附 则

**第二十五条** 经办机构发现不符合条件,或以涂改、伪造有关材料等非法手段骗取失业保险金和其他失业保险待遇的,应责令其退还;对情节严重的,经办机构可以提请劳动保障行政部门对其进行处罚。

**第二十六条** 经办机构工作人员违反本办法规定的,由经办机构或主管该经办机构的劳动保障行政部门责令其改正;情节严重的,依法给予行政处分;给失业人员造成损失的,依法赔偿。

**第二十七条** 失业人员因享受失业保险待遇与经办机构发生争议的,可以依法申请行政复议或者提起行政诉讼。

**第二十八条** 符合《条例》规定的劳动合同期满未续订或者提前解除劳动合同的农民合同制工人申领一次性生活补助,按各省、自治区、直辖市办法执行。

**第二十九条** 《失业保险金申领表》的样式,由劳动和社会保障部统一制定。

**第三十条** 本办法自二○○一年一月一日起施行。

# 关于畅通失业保险关系跨省转移接续的通知

(2021年11月9日 人社厅发〔2021〕85号)

各省、自治区、直辖市及新疆生产建设兵团人力资源社会保障厅(局)、财政厅(局):

为进一步规范个人申请失业保险关系跨省(自治区、直辖市)

(以下简称"跨省")转移接续,畅通失业保险待遇申领渠道,保障劳动者的失业保险权益,现就有关事项通知如下:

**一、关于参保职工和参保失业人员跨省转移接续**

(一)参保职工跨省就业的,失业保险关系应随之转迁,缴费年限累计计算。

(二)参保失业人员符合领取失业保险金条件的,在最后参保地申领失业保险金及其他相关待遇,也可以选择回户籍地申领,待遇发放期间不得中途变更发放地。选择户籍地申领的,须办理失业保险关系转移。

(三)对不符合领取失业保险金条件、符合领金条件但未申领,以及正在领金期间的参保失业人员,跨省重新就业并参保的,失业保险关系应随之转移至新参保地,缴费年限累计计算。

(四)失业保险关系跨省转迁的,失业保险费用应随失业保险关系相应划转。但在转出地参保缴费不满1年的,只转移失业保险关系,不转移失业保险费用。

**二、关于需划转的失业保险费用计算方法及待遇发放标准**

(一)需划转的失业保险费用包括失业保险金,领金期间基本医疗保险费,领金期间接受职业培训、职业介绍的补贴。其中,基本医疗保险费和职业培训、职业介绍补贴按参保失业人员应享受失业保险金总额的一半计算。

(二)转入地经办机构按照本统筹地区规定和标准,为参保失业人员核定失业保险金发放期限和各项失业保险待遇。

(三)转出地划转的失业保险费用,不足待遇支付部分由转入地失业保险基金支付,超出待遇支付部分并入转入地失业保险基金。

**三、关于转移接续办理流程**

失业保险关系跨省转移接续既可线下通过经办窗口进行,也可依托金保工程在线上进行。

(一)转移失业保险关系包括以下内容:姓名、社保卡号、就业失业状态、参保缴费记录(已核定失业保险金缴费记录和未核定失业保险金缴费记录)、应当领取而尚未领取的失业保险金记录、失原因、失业保险待遇标准、基金转移金额、转入地和转出地经办机构信息及其他必要信息。

（二）参保职工或参保失业人员可先到转出地经办机构开具转移凭证，之后到转入地经办机构办理关系转入。对符合条件的，转出地经办机构收到申请后应在5个工作日内办理转出，转入地经办机构收到转出地开具的失业保险关系转移接续联系函后，应在5个工作日内办理转入。对不符合条件的，要说明理由。

（三）参保职工或参保失业人员也可直接到转入地经办机构申请转移失业保险关系，转入地经办机构不得要求申请人再到转出地开具相关证明。对符合条件的，转入地经办机构在收到申请后，应在5个工作日受理并向转出地经办机构发出失业保险关系转移接续联系函，转出地收到联系函后，应在5个工作日内办理转出。对不符合条件的，要说明理由。

（四）转出地经办机构应在失业保险关系转出后的1个月内向转入地划转失业保险费用。失业保险费用划转期间，不影响转入地经办机构按规定为参保失业人员发放失业保险待遇。转入地经办机构不得以费用未划转到位为由，拒发失业保险待遇。

四、其他事项

（一）本通知中涉及的人员身份以申请人失业保险关系转移前的状态确定。

（二）转出地经办机构将参保单位、参保职工和参保失业人员有关信息转出后，仍需保留信息备份，注明失业保险关系转入地信息和失业保险费用划转金额及明细。

（三）本通知适用于参保职工和参保失业人员跨省转移失业保险关系。省内跨统筹区失业保险关系转移及费用划转的办法由各省、自治区自行制定。

（四）经办机构依法主动办理和参保单位成建制跨省转移失业保险关系的，仍按现行规定执行。

（五）各地人力资源社会保障部门应加强失业保险关系转移接续信息化建设。

（六）现行规范性文件与本通知规定不一致的，以本通知规定为准。

各地要高度重视，加强组织协调，精简手续，压缩环节，加快办理，方便参保职工和参保失业人员办理关系转移接续，同时，加强信息化管理，防范基金骗领、冒领，确保基金安全。

# 生育保险

## 企业职工生育保险试行办法

(1994年12月14日 劳部发〔1994〕504号)

**第一条** 【立法目的】为了维护企业女职工的合法权益,保障她们在生育期间得到必要的经济补偿和医疗保健,均衡企业间生育保险费用的负担,根据有关法律、法规的规定,制定本办法。

**第二条** 【适用范围】本办法适用于城镇企业及其职工。

**第三条** 【统筹层次】生育保险按属地原则组织。生育保险费用实行社会统筹。

**第四条** 【缴费原则】生育保险根据"以支定收,收支基本平衡"的原则筹集资金,由企业按照其工资总额的一定比例向社会保险经办机构缴纳生育保险费,建立生育保险基金。生育保险费的提取比例由当地人民政府根据计划内生育人数和生育津贴、生育医疗费等项费用确定,并可根据费用支出情况适时调整,但最高不得超过工资总额的1%。企业缴纳的生育保险费作为期间费用处理,列入企业管理费用。

职工个人不缴纳生育保险费。

**第五条** 【生育津贴】女职工生育按照法律、法规的规定享受产假。产假期间的生育津贴按照本企业上年度职工月平均工资计发,由生育保险基金支付。

**第六条** 【支付范围】女职工生育的检查费、接生费、手术费、住院费和药费由生育保险基金支付。超出规定的医疗服务费和药费(含自费药品和营养药品的药费)由职工个人负担。

女职工生育出院后,因生育引起疾病的医疗费,由生育保险基金支付；其他疾病的医疗费，按照医疗保险待遇的规定办理。女职工产假期满后，因病需要休息治疗的，按照有关病假待遇和医疗保险待遇规定办理。

**第七条 【报销手续】**女职工生育或流产后，由本人或所在企业持当地计划生育部门签发的计划生育证明，婴儿出生、死亡或流产证明，到当地社会保险经办机构办理手续，领取生育津贴和报销生育医疗费。

**第八条 【生育保险基金】**生育保险基金由劳动部门所属的社会保险经办机构负责收缴、支付和管理。

生育保险基金应存入社会保险经办机构在银行开设的生育保险基金专户。银行应按照城乡居民个人储蓄同期存款利率计息，所得利息转入生育保险基金。

**第九条 【管理费】**社会保险经办机构可从生育保险基金中提取管理费，用于本机构经办生育保险工作所需的人员经费、办公费及其他业务经费。管理费标准，各地根据社会保险经办机构人员设置情况，由劳动部门提出，经财政部门核定后，报当地人民政府批准。管理费提取比例最高不得超过生育保险基金的2%。

生育保险基金及管理费不征税、费。

**第十条 【预算、决算】**生育保险基金的筹集和使用，实行财务预、决算制度，由社会保险经办机构作出年度报告，并接受同级财政、审计监督。

**第十一条 【监督管理】**市（县）社会保险监督机构定期监督生育保险基金管理工作。

**第十二条 【欠缴处理】**企业必须按期缴纳生育保险费。对逾期不缴纳的，按日加收2‰的滞纳金。滞纳金转入生育保险基金。滞纳金计入营业外支出，纳税时进行调整。

**第十三条 【企业违规责任】**企业虚报、冒领生育津贴或生育医疗费的，社会保险经办机构应追回全部虚报、冒领金额，并由劳动行政部门给予处罚。

企业欠付或拒付职工生育津贴、生育医疗费的，由劳动行政部门责令企业限期支付；对职工造成损害的，企业应承担赔偿责任。

第十四条 【工作人员法律责任】劳动行政部门或社会保险经办机构的工作人员滥用职权、玩忽职守、徇私舞弊、贪污、挪用生育保险基金，构成犯罪的，依法追究刑事责任；不构成犯罪的，给予行政处分。

第十五条 【实施办法的制定】省、自治区、直辖市人民政府劳动行政部门可以按照本办法的规定，结合本地区实际情况制定实施办法。

第十六条 【试行日期】本办法自1995年1月1日起试行。

# 女职工劳动保护特别规定

（2012年4月18日国务院第200次常务会议通过 2012年4月28日中华人民共和国国务院令第619号公布 自公布之日起施行）

第一条 为了减少和解决女职工在劳动中因生理特点造成的特殊困难，保护女职工健康，制定本规定。

第二条 中华人民共和国境内的国家机关、企业、事业单位、社会团体、个体经济组织以及其他社会组织等用人单位及其女职工，适用本规定。

第三条 用人单位应当加强女职工劳动保护，采取措施改善女职工劳动安全卫生条件，对女职工进行劳动安全卫生知识培训。

第四条 用人单位应当遵守女职工禁忌从事的劳动范围的规定。用人单位应当将本单位属于女职工禁忌从事的劳动范围的岗位书面告知女职工。

女职工禁忌从事的劳动范围由本规定附录列示。国务院安全生产监督管理部门会同国务院人力资源社会保障行政部门、国务院卫生行政部门根据经济社会发展情况，对女职工禁忌从事的劳动范围进行调整。

**第五条** 用人单位不得因女职工怀孕、生育、哺乳降低其工资、予以辞退、与其解除劳动或者聘用合同。

**第六条** 女职工在孕期不能适应原劳动的,用人单位应当根据医疗机构的证明,予以减轻劳动量或者安排其他能够适应的劳动。

对怀孕7个月以上的女职工,用人单位不得延长劳动时间或者安排夜班劳动,并应当在劳动时间内安排一定的休息时间。

怀孕女职工在劳动时间内进行产前检查,所需时间计入劳动时间。

**第七条** 女职工生育享受98天产假,其中产前可以休假15天;难产的,增加产假15天;生育多胞胎的,每多生育1个婴儿,增加产假15天。

女职工怀孕未满4个月流产的,享受15天产假;怀孕满4个月流产的,享受42天产假。

**第八条** 女职工产假期间的生育津贴,对已经参加生育保险的,按照用人单位上年度职工月平均工资的标准由生育保险基金支付;对未参加生育保险的,按照女职工产假前工资的标准由用人单位支付。

女职工生育或者流产的医疗费用,按照生育保险规定的项目和标准,对已经参加生育保险的,由生育保险基金支付;对未参加生育保险的,由用人单位支付。

**第九条** 对哺乳未满1周岁婴儿的女职工,用人单位不得延长劳动时间或者安排夜班劳动。

用人单位应当在每天的劳动时间内为哺乳期女职工安排1小时哺乳时间;女职工生育多胞胎的,每多哺乳1个婴儿每天增加1小时哺乳时间。

**第十条** 女职工比较多的用人单位应当根据女职工的需要,建立女职工卫生室、孕妇休息室、哺乳室等设施,妥善解决女职工在生理卫生、哺乳方面的困难。

**第十一条** 在劳动场所,用人单位应当预防和制止对女职工的性骚扰。

**第十二条** 县级以上人民政府人力资源社会保障行政部门、安全生产监督管理部门按照各自职责负责对用人单位遵守本规定的情况进行监督检查。

工会、妇女组织依法对用人单位遵守本规定的情况进行监督。

**第十三条** 用人单位违反本规定第六条第二款、第七条、第九条第一款规定的，由县级以上人民政府人力资源社会保障行政部门责令限期改正，按照受侵害女职工每人1000元以上5000元以下的标准计算，处以罚款。

用人单位违反本规定附录第一条、第二条规定的，由县级以上人民政府安全生产监督管理部门责令限期改正，按照受侵害女职工每人1000元以上5000元以下的标准计算，处以罚款。用人单位违反本规定附录第三条、第四条规定的，由县级以上人民政府安全生产监督管理部门责令限期治理，处5万元以上30万元以下的罚款；情节严重的，责令停止有关作业，或者提请有关人民政府按照国务院规定的权限责令关闭。

**第十四条** 用人单位违反本规定，侵害女职工合法权益的，女职工可以依法投诉、举报、申诉，依法向劳动人事争议调解仲裁机构申请调解仲裁，对仲裁裁决不服的，依法向人民法院提起诉讼。

**第十五条** 用人单位违反本规定，侵害女职工合法权益，造成女职工损害的，依法给予赔偿；用人单位及其直接负责的主管人员和其他直接责任人员构成犯罪的，依法追究刑事责任。

**第十六条** 本规定自公布之日起施行。1988年7月21日国务院发布的《女职工劳动保护规定》同时废止。

**附录：**

## 女职工禁忌从事的劳动范围

一、女职工禁忌从事的劳动范围：

（一）矿山井下作业；

（二）体力劳动强度分级标准中规定的第四级体力劳动强度的

作业；

（三）每小时负重 6 次以上、每次负重超过 20 公斤的作业，或者间断负重、每次负重超过 25 公斤的作业。

**二、女职工在经期禁忌从事的劳动范围：**

（一）冷水作业分级标准中规定的第二级、第三级、第四级冷水作业；

（二）低温作业分级标准中规定的第二级、第三级、第四级低温作业；

（三）体力劳动强度分级标准中规定的第三级、第四级体力劳动强度的作业；

（四）高处作业分级标准中规定的第三级、第四级高处作业。

**三、女职工在孕期禁忌从事的劳动范围：**

（一）作业场所空气中铅及其化合物、汞及其化合物、苯、镉、铍、砷、氰化物、氮氧化物、一氧化碳、二硫化碳、氯、己内酰胺、氯丁二烯、氯乙烯、环氧乙烷、苯胺、甲醛等有毒物质浓度超过国家职业卫生标准的作业；

（二）从事抗癌药物、己烯雌酚生产，接触麻醉剂气体等的作业；

（三）非密封源放射性物质的操作，核事故与放射事故的应急处置；

（四）高处作业分级标准中规定的高处作业；

（五）冷水作业分级标准中规定的冷水作业；

（六）低温作业分级标准中规定的低温作业；

（七）高温作业分级标准中规定的第三级、第四级的作业；

（八）噪声作业分级标准中规定的第三级、第四级的作业；

（九）体力劳动强度分级标准中规定的第三级、第四级体力劳动强度的作业；

（十）在密闭空间、高压室作业或者潜水作业，伴有强烈振动的作业，或者需要频繁弯腰、攀高、下蹲的作业。

**四、女职工在哺乳期禁忌从事的劳动范围：**

（一）孕期禁忌从事的劳动范围的第一项、第三项、第九项；

（二）作业场所空气中锰、氟、溴、甲醇、有机磷化合物、有机氯化合物等有毒物质浓度超过国家职业卫生标准的作业。

# 住房公积金管理及其他

## 住房公积金管理条例

(1999年4月3日中华人民共和国国务院令第262号发布 根据2002年3月24日《国务院关于修改〈住房公积金管理条例〉的决定》第一次修订 根据2019年3月24日《国务院关于修改部分行政法规的决定》第二次修订)

### 第一章 总 则

**第一条** 【立法目的】为了加强对住房公积金的管理,维护住房公积金所有者的合法权益,促进城镇住房建设,提高城镇居民的居住水平,制定本条例。

**第二条** 【适用范围】本条例适用于中华人民共和国境内住房公积金的缴存、提取、使用、管理和监督。

本条例所称住房公积金,是指国家机关、国有企业、城镇集体企业、外商投资企业、城镇私营企业及其他城镇企业、事业单位、民办非企业单位、社会团体(以下统称单位)及其在职职工缴存的长期住房储金。

> **注释** 有条件的地方,城镇单位聘用进城务工人员,单位和职工可缴存住房公积金;城镇个体工商户、自由职业人员可申请缴存住房公积金,月缴存额的工资基数按照缴存人上一年度月平均纳税收入计算。(参见《建设部、财政部、中国人民银行关于住房公积金管理若干具体问题的指导意见》一)

**第三条** 【住房公积金权属】职工个人缴存的住房公积金和职工所在单位为职工缴存的住房公积金,属于职工个人所有。

**第四条** 【管理原则】住房公积金的管理实行住房公积金管理委员会决策、住房公积金管理中心运作、银行专户存储、财政监督的原则。

**第五条** 【专用范围】住房公积金应当用于职工购买、建造、翻建、大修自住住房，任何单位和个人不得挪作他用。

**第六条** 【存贷利率】住房公积金的存、贷利率由中国人民银行提出，经征求国务院建设行政主管部门的意见后，报国务院批准。

**第七条** 【主管部门】国务院建设行政主管部门会同国务院财政部门、中国人民银行拟定住房公积金政策，并监督执行。

省、自治区人民政府建设行政主管部门会同同级财政部门以及中国人民银行分支机构，负责本行政区域内住房公积金管理法规、政策执行情况的监督。

## 第二章 机构及其职责

**第八条** 【住房公积金管理委员会的设置】直辖市和省、自治区人民政府所在地的市以及其他设区的市（地、州、盟），应当设立住房公积金管理委员会，作为住房公积金管理的决策机构。住房公积金管理委员会的成员中，人民政府负责人和建设、财政、人民银行等有关部门负责人以及有关专家占1/3，工会代表和职工代表占1/3，单位代表占1/3。

住房公积金管理委员会主任应当由具有社会公信力的人士担任。

**第九条** 【住房公积金管理委员会的职责】住房公积金管理委员会在住房公积金管理方面履行下列职责：

（一）依据有关法律、法规和政策，制定和调整住房公积金的具体管理措施，并监督实施；

（二）根据本条例第十八条的规定，拟订住房公积金的具体缴存比例；

（三）确定住房公积金的最高贷款额度；

（四）审批住房公积金归集、使用计划；

（五）审议住房公积金增值收益分配方案；

（六）审批住房公积金归集、使用计划执行情况的报告。

**第十条　【住房公积金管理中心的设置】** 直辖市和省、自治区人民政府所在地的市以及其他设区的市（地、州、盟）应当按照精简、效能的原则，设立一个住房公积金管理中心，负责住房公积金的管理运作。县（市）不设立住房公积金管理中心。

前款规定的住房公积金管理中心可以在有条件的县（市）设立分支机构。住房公积金管理中心与其分支机构应当实行统一的规章制度，进行统一核算。

住房公积金管理中心是直属城市人民政府的不以营利为目的的独立的事业单位。

**第十一条　【住房公积金管理中心的职责】** 住房公积金管理中心履行下列职责：

（一）编制、执行住房公积金的归集、使用计划；

（二）负责记载职工住房公积金的缴存、提取、使用等情况；

（三）负责住房公积金的核算；

（四）审批住房公积金的提取、使用；

（五）负责住房公积金的保值和归还；

（六）编制住房公积金归集、使用计划执行情况的报告；

（七）承办住房公积金管理委员会决定的其他事项。

**第十二条　【受托银行】** 住房公积金管理委员会应当按照中国人民银行的有关规定，指定受委托办理住房公积金金融业务的商业银行（以下简称受委托银行）；住房公积金管理中心应当委托受委托银行办理住房公积金贷款、结算等金融业务和住房公积金账户的设立、缴存、归还等手续。

住房公积金管理中心应当与受委托银行签订委托合同。

## 第三章　缴　　存

**第十三条　【公积金专户】** 住房公积金管理中心应当在受委托

银行设立住房公积金专户。

单位应当向住房公积金管理中心办理住房公积金缴存登记,并为本单位职工办理住房公积金账户设立手续。每个职工只能有一个住房公积金账户。

住房公积金管理中心应当建立职工住房公积金明细账,记载职工个人住房公积金的缴存、提取等情况。

**第十四条** 【单位登记情形】新设立的单位应当自设立之日起30日内向住房公积金管理中心办理住房公积金缴存登记,并自登记之日起20日内,为本单位职工办理住房公积金账户设立手续。

单位合并、分立、撤销、解散或者破产的,应当自发生上述情况之日起30日内由原单位或者清算组织向住房公积金管理中心办理变更登记或者注销登记,并自办妥变更登记或者注销登记之日起20日内,为本单位职工办理住房公积金账户转移或者封存手续。

**注释** 单位发生合并、分立、撤销、破产、解散或者改制等情形的,应当为职工补缴以前欠缴(包括未缴和少缴)的住房公积金。单位合并、分立和改制时无力补缴住房公积金的,应当明确住房公积金缴存责任主体,才能办理合并、分立和改制等有关事项。新设立的单位,应当按照规定及时办理住房公积金缴存手续。(参见《建设部、财政部、中国人民银行关于住房公积金管理若干具体问题的指导意见》五)

**第十五条** 【缴存登记时限】单位录用职工的,应当自录用之日起30日内向住房公积金管理中心办理缴存登记,并办理职工住房公积金账户的设立或者转移手续。

单位与职工终止劳动关系的,单位应当自劳动关系终止之日起30日内向住房公积金管理中心办理变更登记,并办理职工住房公积金账户转移或者封存手续。

**第十六条** 【缴存额】职工住房公积金的月缴存额为职工本人上一年度月平均工资乘以职工住房公积金缴存比例。

单位为职工缴存的住房公积金的月缴存额为职工本人上一年度月平均工资乘以单位住房公积金缴存比例。

**注释** 缴存住房公积金的月工资基数,原则上不应超过职工工作地所在设区城市统计部门公布的上一年度职工月平均工资的2倍或3倍。具体标准由各地根据实际情况确定。职工月平均工资应按国家统计局规定列入工资总额统计的项目计算。(参见《建设部、财政部、中国人民银行关于住房公积金管理若干具体问题的指导意见》三)

**第十七条** 【职工缴存起始时间】新参加工作的职工从参加工作的第二个月开始缴存住房公积金,月缴存额为职工本人当月工资乘以职工住房公积金缴存比例。

单位新调入的职工从调入单位发放工资之日起缴存住房公积金,月缴存额为职工本人当月工资乘以职工住房公积金缴存比例。

**第十八条** 【缴存比例】职工和单位住房公积金的缴存比例均不得低于职工上一年度月平均工资的5%;有条件的城市,可以适当提高缴存比例。具体缴存比例由住房公积金管理委员会拟订,经本级人民政府审核后,报省、自治区、直辖市人民政府批准。

**第十九条** 【代扣代缴】职工个人缴存的住房公积金,由所在单位每月从其工资中代扣代缴。

单位应当于每月发放职工工资之日起5日内将单位缴存的和为职工代缴的住房公积金汇缴到住房公积金专户内,由受委托银行计入职工住房公积金账户。

**第二十条** 【降缴缓缴补缴】单位应当按时、足额缴存住房公积金,不得逾期缴存或者少缴。

对缴存住房公积金确有困难的单位,经本单位职工代表大会或者工会讨论通过,并经住房公积金管理中心审核,报住房公积金管理委员会批准后,可以降低缴存比例或者缓缴;待单位经济效益好转后,再提高缴存比例或者补缴缓缴。

**第二十一条** 【计息】住房公积金自存入职工住房公积金账户之日起按照国家规定的利率计息。

第二十二条 【缴存凭证】住房公积金管理中心应当为缴存住房公积金的职工发放缴存住房公积金的有效凭证。

第二十三条 【列支】单位为职工缴存的住房公积金,按照下列规定列支:

(一)机关在预算中列支;

(二)事业单位由财政部门核定收支后,在预算或者费用中列支;

(三)企业在成本中列支。

## 第四章 提取和使用

第二十四条 【提取情形】职工有下列情形之一的,可以提取职工住房公积金账户内的存储余额:

(一)购买、建造、翻建、大修自住住房的;

(二)离休、退休的;

(三)完全丧失劳动能力,并与单位终止劳动关系的;

(四)出境定居的;

(五)偿还购房贷款本息的;

(六)房租超出家庭工资收入的规定比例的。

依照前款第(二)、(三)、(四)项规定,提取职工住房公积金的,应当同时注销职工住房公积金账户。

职工死亡或者被宣告死亡的,职工的继承人、受遗赠人可以提取职工住房公积金账户内的存储余额;无继承人也无受遗赠人的,职工住房公积金账户内的存储余额纳入住房公积金的增值收益。

第二十五条 【提取程序】职工提取住房公积金账户内的存储余额的,所在单位应当予以核实,并出具提取证明。

职工应当持提取证明向住房公积金管理中心申请提取住房公积金。住房公积金管理中心应当自受理申请之日起 3 日内作出准予提取或者不准提取的决定,并通知申请人;准予提取的,由受委托银行办理支付手续。

**注释** 职工符合规定情形，申请提取本人住房公积金账户内存储余额的，所在单位核实后，应出具提取证明。单位不为职工出具住房公积金提取证明的，职工可以凭规定的有效证明材料，直接到管理中心或者受委托银行申请提取住房公积金。(参见《建设部、财政部、中国人民银行关于住房公积金管理若干具体问题的指导意见》七)

第二十六条 【贷款程序】缴存住房公积金的职工，在购买、建造、翻建、大修自住住房时，可以向住房公积金管理中心申请住房公积金贷款。

住房公积金管理中心应当自受理申请之日起15日内作出准予贷款或者不准贷款的决定，并通知申请人；准予贷款的，由受委托银行办理贷款手续。

住房公积金贷款的风险，由住房公积金管理中心承担。

第二十七条 【贷款担保】申请人申请住房公积金贷款的，应当提供担保。

第二十八条 【公积金保值增值】住房公积金管理中心在保证住房公积金提取和贷款的前提下，经住房公积金管理委员会批准，可以将住房公积金用于购买国债。

住房公积金管理中心不得向他人提供担保。

第二十九条 【增值收益用途】住房公积金的增值收益应当存入住房公积金管理中心在受委托银行开立的住房公积金增值收益专户，用于建立住房公积金贷款风险准备金、住房公积金管理中心的管理费用和建设城市廉租住房的补充资金。

第三十条 【管理费用】住房公积金管理中心的管理费用，由住房公积金管理中心按照规定的标准编制全年预算支出总额，报本级人民政府财政部门批准后，从住房公积金增值收益中上交本级财政，由本级财政拨付。

住房公积金管理中心的管理费用标准，由省、自治区、直辖市人民政府建设行政主管部门会同同级财政部门按照略高于国家规定的事业单位费用标准制定。

## 第五章 监　　督

**第三十一条　【归集、使用情况监督】**地方有关人民政府财政部门应当加强对本行政区域内住房公积金归集、提取和使用情况的监督,并向本级人民政府的住房公积金管理委员会通报。

住房公积金管理中心在编制住房公积金归集、使用计划时,应当征求财政部门的意见。

住房公积金管理委员会在审批住房公积金归集、使用计划和计划执行情况的报告时,必须有财政部门参加。

**第三十二条　【财务制度】**住房公积金管理中心编制的住房公积金年度预算、决算,应当经财政部门审核后,提交住房公积金管理委员会审议。

住房公积金管理中心应当每年定期向财政部门和住房公积金管理委员会报送财务报告,并将财务报告向社会公布。

**第三十三条　【审计监督】**住房公积金管理中心应当依法接受审计部门的审计监督。

**第三十四条　【督促义务履行】**住房公积金管理中心和职工有权督促单位按时履行下列义务:

(一) 住房公积金的缴存登记或者变更、注销登记;

(二) 住房公积金账户的设立、转移或者封存;

(三) 足额缴存住房公积金。

**第三十五条　【督促银行业务】**住房公积金管理中心应当督促受委托银行及时办理委托合同约定的业务。

受委托银行应当按照委托合同的约定,定期向住房公积金管理中心提供有关的业务资料。

**第三十六条　【查询与异议】**职工、单位有权查询本人、本单位住房公积金的缴存、提取情况,住房公积金管理中心、受委托银行不得拒绝。

职工、单位对住房公积金账户内的存储余额有异议的,可以申请受委托银行复核；对复核结果有异议的，可以申请住房公积金管理中心重新复核。受委托银行、住房公积金管理中心应当自收到申请之日起5日内给予书面答复。

职工有权揭发、检举、控告挪用住房公积金的行为。

## 第六章 罚　　则

**第三十七条**　【未办缴存的处理】违反本条例的规定，单位不办理住房公积金缴存登记或者不为本单位职工办理住房公积金账户设立手续的，由住房公积金管理中心责令限期办理；逾期不办理的，处1万元以上5万元以下的罚款。

**第三十八条**　【欠缴处理】违反本条例的规定，单位逾期不缴或者少缴住房公积金的，由住房公积金管理中心责令限期缴存；逾期仍不缴存的，可以申请人民法院强制执行。

**第三十九条**　【违规审批处理】住房公积金管理委员会违反本条例规定审批住房公积金使用计划的，由国务院建设行政主管部门会同国务院财政部门或者由省、自治区人民政府建设行政主管部门会同同级财政部门，依据管理职权责令限期改正。

**第四十条**　【住房公积金管理中心违规处理】住房公积金管理中心违反本条例规定，有下列行为之一的，由国务院建设行政主管部门或者省、自治区人民政府建设行政主管部门依据管理职权，责令限期改正；对负有责任的主管人员和其他直接责任人员，依法给予行政处分：

（一）未按照规定设立住房公积金专户的；

（二）未按照规定审批职工提取、使用住房公积金的；

（三）未按照规定使用住房公积金增值收益的；

（四）委托住房公积金管理委员会指定的银行以外的机构办理住房公积金金融业务的；

（五）未建立职工住房公积金明细账的；

（六）未为缴存住房公积金的职工发放缴存住房公积金的有效凭

证的；

（七）未按照规定用住房公积金购买国债的。

**第四十一条　【挪用法律责任】**违反本条例规定，挪用住房公积金的，由国务院建设行政主管部门或者省、自治区人民政府建设行政主管部门依据管理职权，追回挪用的住房公积金，没收违法所得；对挪用或者批准挪用住房公积金的人民政府负责人和政府有关部门负责人以及住房公积金管理中心负有责任的主管人员和其他直接责任人员，依照刑法关于挪用公款罪或者其他罪的规定，依法追究刑事责任；尚不够刑事处罚的，给予降级或者撤职的行政处分。

**第四十二条　【违反财政法规的处罚】**住房公积金管理中心违反财政法规的，由财政部门依法给予行政处罚。

**第四十三条　【违规担保责任】**违反本条例规定，住房公积金管理中心向他人提供担保的，对直接负责的主管人员和其他直接责任人员依法给予行政处分。

**第四十四条　【失职法律责任】**国家机关工作人员在住房公积金监督管理工作中滥用职权、玩忽职守、徇私舞弊，构成犯罪的，依法追究刑事责任；尚不构成犯罪的，依法给予行政处分。

## 第七章　附　　则

**第四十五条　【财会核算办法】**住房公积金财务管理和会计核算的办法，由国务院财政部门商国务院建设行政主管部门制定。

**第四十六条　【施行前为未缴存处理】**本条例施行前尚未办理住房公积金缴存登记和职工住房公积金账户设立手续的单位，应当自本条例施行之日起60日内到住房公积金管理中心办理缴存登记，并到受委托银行办理职工住房公积金账户设立手续。

**第四十七条　【施行日期】**本条例自发布之日起施行。

# 住房城乡建设部关于住房公积金异地个人住房贷款有关操作问题的通知

(2015年9月15日 建金〔2015〕135号)

各省、自治区住房城乡建设厅，直辖市、新疆生产建设兵团住房公积金管理委员会、住房公积金管理中心：

为落实《关于发展住房公积金个人住房贷款业务的通知》（建金〔2014〕148号）要求，推进住房公积金异地贷款业务，支持缴存职工异地购房需求，保障缴存职工权益，现就有关问题通知如下：

一、职责分工

（一）缴存城市公积金中心（含分中心，下同）负责审核职工缴存和已贷款情况，向贷款城市公积金中心出具书面证明，并配合贷款城市公积金中心核实相关信息。

（二）贷款城市公积金中心及受委托银行负责异地贷款的业务咨询、受理、审核、发放、回收、变更及贷后管理工作，并承担贷款风险。

（三）贷款城市公积金中心与缴存城市公积金中心要定期对异地贷款情况进行核对，掌握提取、还款、变更和逾期情况。

二、办理流程

（一）贷款城市公积金中心接受职工的异地贷款业务咨询，并一次性告知贷款所需审核材料。

（二）职工本人或其委托人向缴存城市公积金中心提出申请，缴存城市公积金中心根据职工申请，核实职工缴存贷款情况，对未使用过住房公积金个人住房贷款或首次住房公积金个人住房贷款已经结清的缴存职工，出具《异地贷款职工住房公积金缴存使用证明》。

（三）贷款城市公积金中心受理职工异地贷款申请后，向缴存城市公积金中心核实《异地贷款职工住房公积金缴存使用证明》信息真实性和完整性。核实无误的，应按规定时限履行贷款审核审批手续，并将结果反馈缴存城市公积金中心。缴存城市公积金中心对职工异地贷款情况进行标识，并建立职工异地贷款情况明细台账。

（四）缴存职工在异地贷款还贷期间，如住房公积金个人账户转移，原缴存城市公积金中心应及时告知贷款城市公积金中心和转入城市公积金中心。转入城市公积金中心应在接收职工住房公积金账户后，及时对异地贷款情况重新标识和记录。

（五）异地贷款出现逾期时，缴存城市公积金中心应配合贷款城市公积金中心开展贷款催收等工作，根据贷款合同可扣划贷款职工公积金账户余额用于归还贷款。

**三、相关要求**

（一）各省、自治区住房城乡建设厅要加强对住房公积金异地贷款业务的指导监督。各城市和新疆生产建设兵团住房公积金管理委员会要抓紧出台异地贷款业务细则，确保异地贷款业务有序开展。

（二）异地贷款业务缴存信息核实联系人要尽职尽责。缴存城市公积金中心和贷款城市公积金中心要相互配合，认真核实相关信息。如信息核实联系人、联系方式有变动，请以书面形式，及时报我部住房公积金监管司予以更新。

（三）我部将建设全国住房公积金异地贷款业务信息交换系统。各城市和新疆生产建设兵团公积金中心要按照异地贷款政策要求，抓紧开展信息系统升级改造，优化个人住房贷款业务流程，适应全国异地贷款业务信息化要求。

# 住房城乡建设部、财政部、中国人民银行关于切实提高住房公积金使用效率的通知

(2015年9月29日　建金〔2015〕150号)

各省、自治区、直辖市住房城乡建设厅（建委）、财政厅（局），新疆生产建设兵团建设局、财务局，中国人民银行各分行、营业管理部、各省会（首府）城市中心支行、副省级城市中心支行，直辖市、新疆生产建设兵团住房公积金管理委员会、住房公积金管理中心：

今年以来，各地贯彻落实全国加强住房公积金管理工作电视电话会议精神，按照《关于发展住房公积金个人住房贷款业务的通知》（建金〔2014〕148号）、《关于放宽提取住房公积金支付房租条件的通知》（建金〔2015〕19号）和《关于个人住房贷款政策有关问题的通知》（银发〔2015〕98号）要求，调整住房公积金使用政策，简化业务办理流程，资金使用效率有所提高。但部分地区住房公积金使用条件仍然偏紧，办理手续复杂，结余资金规模较大，制约了住房公积金作用的发挥。为切实提高住房公积金使用效率，按照国务院关于加快落实住房公积金使用政策的督查要求，现就有关事项通知如下：

一、提高实际贷款额度。2015年8月末住房公积金资金运用率低于85%的设区城市，要综合考虑当地房价水平、贷款需求和借款人还款能力，提高住房公积金个人住房贷款实际额度。在保证借款人基本生活费用的前提下，月还款额与月收入比上限控制在50%-60%。贷款偿还期限可延至借款人法定退休年龄后5年，最长贷款期限为30年。推行按月划转住房公积金冲还贷款本息业务。

二、设区城市统筹使用资金。同一设区城市住房公积金管理中

心和分中心应当统一住房公积金提取和贷款政策，统筹使用贷款资金。住房公积金管理中心或分中心贷款资金不足时，应允许缴存职工向同城住房公积金管理机构申请贷款。

三、拓宽贷款资金筹集渠道。有条件的城市要积极推行住房公积金个人住房贷款资产证券化业务，盘活住房公积金贷款资产。

四、全面推行异地贷款业务。缴存职工在缴存地以外地区购房，可按购房地住房公积金个人住房贷款政策向购房地住房公积金管理中心申请个人住房贷款。缴存地和购房地住房公积金管理中心应相互配合，及时出具、确认缴存证明等材料，办理贷款手续。具体办法由住房城乡建设部另行制定。

五、简化业务审批要件。缴存职工申请住房公积金个人住房贷款、同意根据本人住房公积金月缴存额推算其月收入的，不需单位出具职工收入证明。缴存职工租住商品住房申请提取住房公积金，除身份证明、本人及配偶无房证明外，不需提供其他证明材料。

六、提高管理效率和服务水平。各地住房公积金管理中心要优化内部人员配置，增加网点工作人员，工资待遇向网点工作人员倾斜。要充分利用受托银行业务网点优势，方便缴存职工就近办理住房公积金提取和贷款手续。

七、加快改造升级信息系统。各地住房公积金管理中心要根据政策调整和流程优化的需要，加快改造升级住房公积金管理信息系统，建立集12329服务热线、短信、微信、手机APP、网上业务大厅等功能于一体的综合服务平台，推进办理网上业务，为缴存职工提供高效便捷的服务。

八、建立考核问责制度。各级住房公积金监管部门要加强对城市住房公积金管理中心业务考核，将住房公积金资金运用率或住房公积金个人住房贷款市场占有率作为重要考核指标，考核结果要通报设区城市人民政府，并作为考核住房公积金管理中心负责人的重要参考。住房公积金资金运用率或住房公积金个人住房贷款市场占有率低的城市，要对住房公积金管理中心主要负责人进行约谈和问责。

本通知自2015年10月8日起执行。

# 住房和城乡建设部、财政部、中国人民银行等关于在内地（大陆）就业的港澳台同胞享有住房公积金待遇有关问题的意见

(2017年11月28日　建金〔2017〕237号)

各省、自治区、直辖市住房城乡建设厅（建委）、财政厅（局）、人民政府港澳事务（外事、侨务）办公室、台湾事务办公室，新疆生产建设兵团建设局、财务局、外事局、台湾事务办公室，中国人民银行上海总部、各分行、营业管理部、省会（首府）城市中心支行、副省级城市中心支行，直辖市、新疆生产建设兵团住房公积金管理委员会、住房公积金管理中心：

为贯彻落实中央有关要求，推动在内地（大陆）就业的港澳台同胞同等享有住房公积金待遇，为港澳台同胞在内地（大陆）就业、生活提供便利，促进港澳台同胞更好地融入内地（大陆）的经济社会发展，现就在内地（大陆）就业的港澳台同胞缴存使用住房公积金有关问题提出以下意见：

一、支持港澳台同胞缴存。在内地（大陆）就业的港澳台同胞，均可按照《住房公积金管理条例》和相关政策的规定缴存住房公积金。缴存基数、缴存比例、办理流程等实行与内地（大陆）缴存职工一致的政策规定。

二、同等享有使用权利。已缴存住房公积金的港澳台同胞，与内地（大陆）缴存职工同等享有提取个人住房公积金、申请住房公积金个人住房贷款等权利。在内地（大陆）跨城市就业的，可以办理住房公积金异地转移接续。与用人单位解除或终止劳动（聘用）

关系并返回港澳台的，可以按照相关规定提取个人住房公积金账户余额。

三、做好管理服务工作。各地住房公积金管理中心要按照本意见要求，结合当地实际，抓紧出台在内地（大陆）就业的港澳台同胞缴存使用住房公积金的实施办法。要简化办理要件，缩短业务流程，完善服务手段，为港澳台同胞提供高效、便捷的住房公积金服务。要采取有效措施，规范业务管理，强化风险防控，保障资金安全。

四、切实抓好政策落实。推动在内地（大陆）就业的港澳台同胞同等享有住房公积金待遇，是落实中央要求的重要举措。各省、自治区、直辖市住房城乡建设部门、财政部门、人民银行分支机构和港澳、台湾事务主管部门要各司其职，密切配合，加强政策指导和督促检查。各地住房公积金管理中心要切实抓好政策落实工作。各部门、各单位要加大政策宣传力度，主动引导社会舆情，使政策深入人心，支持更多在内地（大陆）就业的港澳台同胞通过缴存使用住房公积金实现安居。

以往规定与本意见不一致的，按本意见执行。

**实用附录**

# 1. 参保人员或用人单位
# 申请基本医疗保险关系转移接续流程图[①]

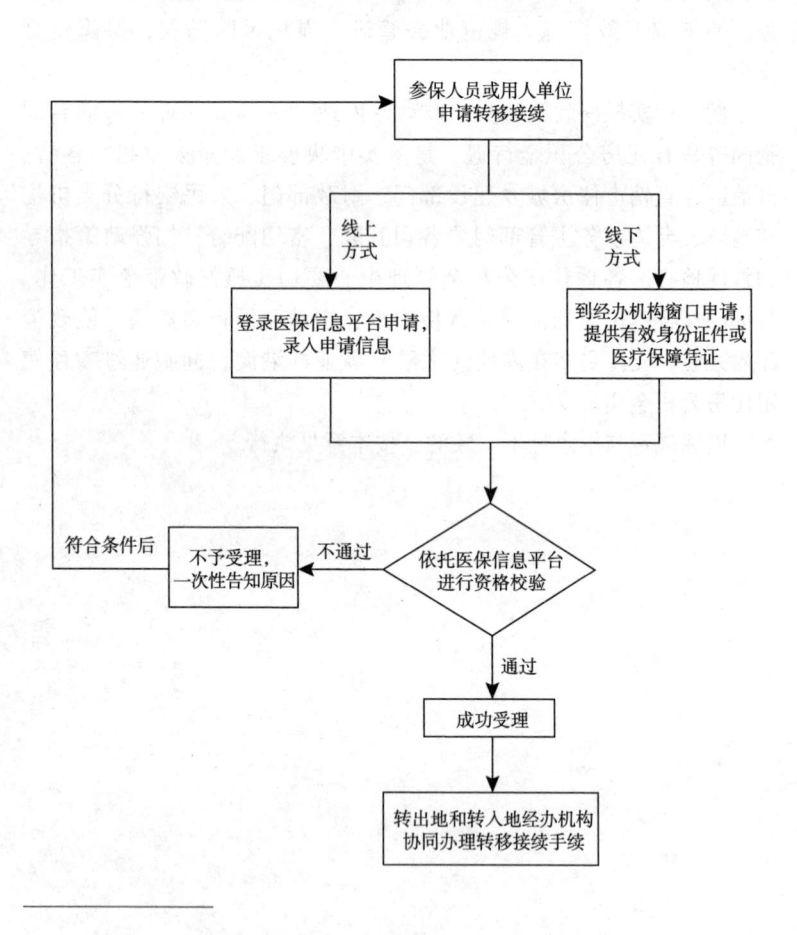

```
                    ┌─────────────────────┐
                    │ 参保人员或用人单位   │
                    │    申请转移接续     │
                    └─────────────────────┘
                       │                │
                  线上方式           线下方式
                       │                │
          ┌──────────────────┐  ┌──────────────────┐
          │ 登录医保信息平台申请, │  │ 到经办机构窗口申请, │
          │   录入申请信息     │  │ 提供有效身份证件或 │
          │                  │  │    医疗保障凭证    │
          └──────────────────┘  └──────────────────┘
                       │                │
                       └────────┬───────┘
                                ▼
      ┌──────────────┐   不通过   ┌──────────────────┐
      │ 不予受理,    │◀──────────│ 依托医保信息平台 │
      │ 一次性告知原因│            │  进行资格校验    │
      └──────────────┘            └──────────────────┘
           │ 符合条件后                     │ 通过
           │                                ▼
           │                        ┌──────────────┐
           └──────────────▲         │   成功受理   │
                                    └──────────────┘
                                            │
                                            ▼
                                ┌──────────────────────┐
                                │ 转出地和转入地经办机构 │
                                │ 协同办理转移接续手续   │
                                └──────────────────────┘
```

---

① 来源:《国家医保局办公室、财政部办公厅关于印发〈基本医疗保险关系转移接续暂行办法〉的通知》。

# 2. 工伤赔偿实用流程图

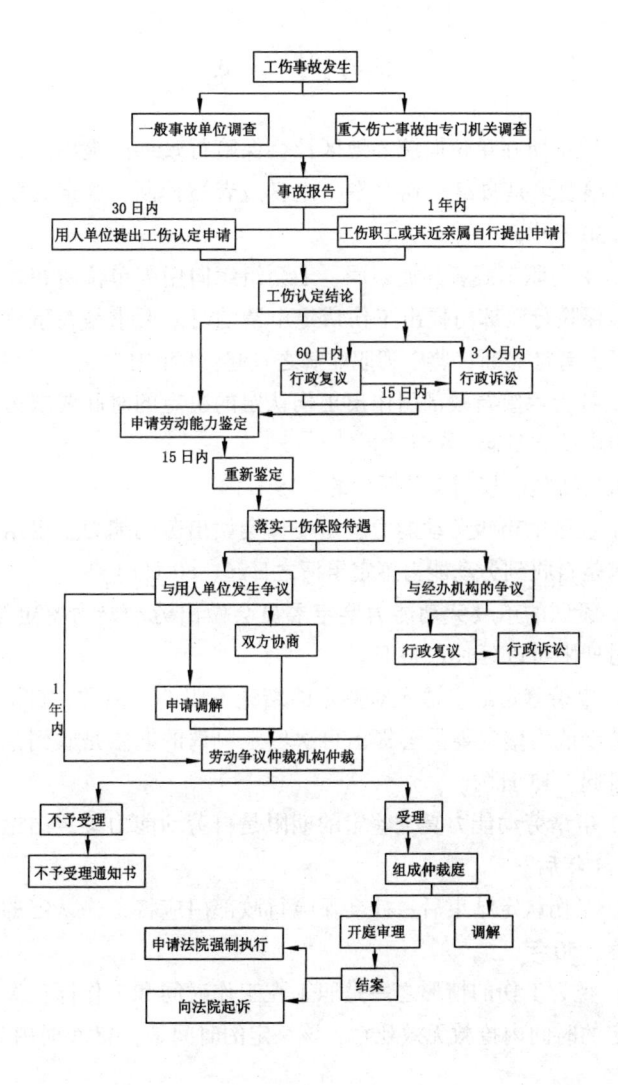

```
                          工伤事故发生
                               │
              ┌────────────────┴────────────────┐
       一般事故单位调查                    重大伤亡事故由专门机关调查
              └────────────────┬────────────────┘
                            事故报告
          30日内                │                1年内
    ┌──────────────────────────┼──────────────────────────┐
    用人单位提出工伤认定申请                 工伤职工或其近亲属自行提出申请
              └────────────────┬────────────────┘
                          工伤认定结论
                               │
                    ┌──────────┼──────────┐
                 60日内                  3个月内
                 行政复议  ──15日内──  行政诉讼
                               │
                      申请劳动能力鉴定
                          15日内
                          重新鉴定
                               │
                       落实工伤保险待遇
                               │
                ┌──────────────┴──────────────┐
          与用人单位发生争议               与经办机构的争议
                │                              │
             双方协商                    行政复议 ── 行政诉讼
                │
             申请调解
                │
      (1年内)  │
          劳动争议仲裁机构仲裁
                │
        ┌───────┴───────┐
      不予受理            受理
        │                 │
     不予受理通知书      组成仲裁庭
                          │
                  ┌───────┴───────┐
               开庭审理           调解
                  │
   ┌──────────────┼
申请法院强制执行   结案
   │
向法院起诉
```

369

# 3. 工伤赔偿数据速查

## （一）时　　效

1. 职工所在单位向统筹地区社会保险行政部门提出工伤认定申请的时限要求是自事故伤害发生之日或者被诊断、鉴定为职业病之日起：30 日内。

2. 工伤职工或者其近亲属、工会组织向用人单位所在地统筹地区社会保险行政部门提出工伤认定申请的时限要求是在事故伤害发生之日或者被诊断、鉴定为职业病之日起：1 年内。

3. 社会保险行政部门作出工伤认定的决定的时间要求为受理工伤认定申请之日起：60 日内。

事实清楚、权利义务明确的：15 日内。

4. 设区的市级劳动能力鉴定委员会做出劳动能力鉴定结论的时限要求是自收到劳动能力鉴定申请之日起：60 日内。

5. 设区的市级劳动能力鉴定委员会做出劳动能力鉴定结论的，必要时期限可以延长：30 日。

6. 申请鉴定的申请人对鉴定的结论不服的，向省、自治区、直辖市劳动能力鉴定委员会提出再次鉴定申请的期限是收到该鉴定结论之日起：15 日内。

7. 申请劳动能力复查鉴定的期限是自劳动能力鉴定结论做出之日起：1 年后。

8. 工伤认定结束后，社会保险行政部门应将工伤认定的有关资料保存：50 年。

9. 视为工伤的情形之一是职工在工作时间和工作岗位突发疾病在一定的时间内抢救无效死亡，该一定的时间是：48 小时内。

10. 工伤争议仲裁申请期限：从当事人知道或者应当知道其权利被侵害之日起一年。

11. 工伤争议仲裁裁决期限：受理仲裁申请的 45 日内，案情复杂的为 60 日内。

12. 劳动者不服工伤争议仲裁裁决，向人民法院提起诉讼的期限：收到仲裁裁决书之日起 15 日内。

## （二）赔偿计算

### 工伤医疗待遇的计算公式

1. 医疗费的计算公式

医疗费赔偿金额=诊疗金额+药品金额+住院服务金额

注：上述诊疗金额、药品金额、住院服务金额的计算依据是工伤保险诊疗项目目录、工伤保险药品目录、工伤保险住院服务标准。

2. 住院伙食补助费的计算公式

住院伙食补助费赔偿金额=统筹地区人民政府规定的伙食补助标准

3. 交通食宿费的计算公式

交通食宿费赔偿金额=统筹地区人民政府规定的具体标准

4. 辅助器具费的计算公式

辅助器具费赔偿金额=配置标准×器具数量

### 工伤伤残待遇的计算公式

1. 护理费的计算公式
（1）生活完全不能自理的护理费的计算公式

护理费赔偿金额=统筹地区上年度职工月平均工资（元/月）×50%

（2）生活大部分不能自理的护理费的计算公式

护理费赔偿金额=统筹地区上年度职工月平均工资（元/月）×40%

（3）生活部分不能自理的护理费的计算公式

护理费赔偿金额=统筹地区上年度职工月平均工资（元/月）×30%

2. 一次性伤残补助金的计算公式

一级伤残的计算公式为：

伤残补助金赔偿金额=本人工资（元/月）×27

二级伤残的计算公式为：

伤残补助金赔偿金额=本人工资（元/月）×25

三级伤残的计算公式为：

伤残补助金赔偿金额=本人工资（元/月）×23

四级伤残的计算公式为：

伤残补助金赔偿金额=本人工资（元/月）×21

五级伤残的计算公式为：

伤残补助金赔偿金额=本人工资（元/月）×18

六级伤残的计算公式为：

伤残补助金赔偿金额=本人工资（元/月）×16

七级伤残的计算公式为：

伤残补助金赔偿金额=本人工资（元/月）×13

八级伤残的计算公式为：

> 伤残补助金赔偿金额=本人工资（元/月）×11

九级伤残的计算公式为：

> 伤残补助金赔偿金额=本人工资（元/月）×9

十级伤残的计算公式为：

> 伤残补助金赔偿金额=本人工资（元/月）×7

3. 伤残津贴的计算公式

一级伤残为本人工资的90%，其计算公式为：

> 伤残津贴赔偿金额=本人工资（元/月）×90%

二级伤残为本人工资的85%，其计算公式为：

> 伤残津贴赔偿金额=本人工资（元/月）×85%

三级伤残为本人工资的80%，其计算公式为：

> 伤残津贴赔偿金额=本人工资（元/月）×80%

四级伤残为本人工资的75%，其计算公式为：

> 伤残津贴赔偿金额=本人工资（元/月）×75%

　　五、六级伤残津贴也以同样的方法，即本人工资乘以法定的比例（五级为70%，六级为60%）计算，但是，被鉴定为五、六级伤残的工伤职工只有在其保留与用人单位的劳动关系，用人单位应予以安排适当工作但难以安排的时候，才由用人单位按月对其支付伤残津贴。

## 因工死亡的赔偿金的计算公式

1. 丧葬补助金的计算公式

> 丧葬补助金赔偿金额=统筹地区上年度职工月平均工资×6

2. 供养亲属抚恤金的计算公式

（1）配偶

> 供养亲属抚恤金赔偿金额=工亡职工本人工资（元/月）×40%

注：如果工亡职工的配偶为孤寡老人的，每人每月在上述标准的基础上增加10%。

（2）其他亲属

> 供养亲属抚恤金赔偿金额=工亡职工本人工资（元/月）×30%

注：如果工亡职工的其他亲属为孤寡老人或者孤儿的，每人每月在上述标准的基础上增加10%。

3. 一次性工亡补助金的计算公式

> 一次性工亡补助金额=上一年度全国城镇居民人均可支配收入的20倍

图书在版编目（CIP）数据

五险一金 / 中国法治出版社编. -- 8 版. -- 北京：中国法治出版社，2025.3. --（实用版法规专辑系列）.
ISBN 978-7-5216-5076-1

Ⅰ. D922.182.39；D922.181.9
中国国家版本馆 CIP 数据核字第 20259GA649 号

策划编辑：舒 丹　　责任编辑：李璞娜　　封面设计：杨泽江

**五险一金（实用版法规专辑系列）**
WU XIAN YI JIN（SHIYONGBAN FAGUI ZHUANJI XILIE）

经销/新华书店
印刷/三河市国英印务有限公司

| | |
|---|---|
| 开本/850 毫米×1168 毫米　32 开 | 印张/ 12.25　字数/ 230 千 |
| 版次/2025 年 3 月第 8 版 | 2025 年 3 月第 1 次印刷 |

中国法治出版社出版
书号 ISBN 978-7-5216-5076-1　　　　　　　　　　定价：32.00 元

北京市西城区西便门西里甲 16 号西便门办公区
邮政编码：100053　　　　　　　　　　传真：010-63141600
网址：http://www.zgfzs.com　　　　　　编辑部电话：010-63141670
市场营销部电话：010-63141612　　　　印务部电话：010-63141606

（如有印装质量问题，请与本社印务部联系。）